U0480008

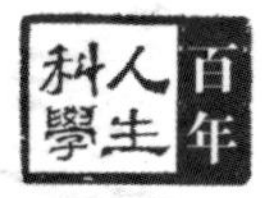

科学文化系列

国家科学思想库

科学与人生

中国科学院院士传记

周国治传

章梅芳／著

科学出版社

北京

内 容 简 介

周国治是中国乃至世界著名的冶金物理化学家。他在熔体物理化学性质、冶金热力学理论和过程动力学模型研究等方面取得重要成就。他提出的新一代几何模型被国际学术界称为“周模型”（Chou Model）；他系统研究了氧离子迁移的规律，并提出了“无污染脱氧”“无污染提取”等冶金新概念和新工艺；他建立了基于真实物理图像的气-固相反应动力学模型（RPP 模型），全面描述了各种因素对反应速率的影响等；“周模型”“周方法”被广泛应用于合金、熔盐、炉渣、半导体材料等多种体系，用来处理热力学和动力学问题，同时也被编入多部教材，引领并推动了冶金物理化学学科的发展。周国治还是一位冶金教育家，培养了一大批活跃在冶金基础理论研究和高校教育领域的杰出人才。本书以周国治院士的学术成长经历为主线，真实记录了其学习、生活和工作的方方面面，讲述了他醉心科研、热爱教学、甘为人梯等的感人故事，展现了新中国培养的第一代科学家爱国、创新、求实、奉献、协同、育人的科学家精神。

本书适合广大科技工作者、青少年学子以及对科学家的成长故事感兴趣的读者阅读。

图书在版编目（CIP）数据

周国治传 / 章梅芳著. -- 北京 ：科学出版社，2025. 1. --（科学与人生 ：中国科学院院士传记）. -- ISBN 978-7-03-080021-3

Ⅰ. K826.13

中国国家版本馆 CIP 数据核字第 20243ME939 号

丛书策划：侯俊琳

责任编辑：张　莉　姚培培 / 责任校对：韩　杨

责任印制：师艳茹 / 封面设计：有道文化

科学出版社出版

北京东黄城根北街 16 号

邮政编码：100717

http://www.sciencep.com

北京中科印刷有限公司印刷

科学出版社发行　各地新华书店经销

*

2025 年 1 月第　一　版　开本：720×1000　1/16

2025 年 1 月第一次印刷　印张：16 1/4　插页：6

字数：260 000

定价：98.00 元

（如有印装质量问题，我社负责调换）

周国治（1937— ）

周国治，广东潮阳人，生于1937年3月。1960年7月毕业于北京钢铁学院（现北京科技大学）冶金系，并提前留校在理化系任教。1979年赴美国麻省理工学院进修。1984年被破格提升为教授，并获首批“国家有突出贡献中青年专家”称号。此后，多次出国讲学和合作科研，曾在美国麻省理工学院、波士顿大学等多所海外大学任客座教授。1995年当选中国科学院院士。现为北京科技大学教授，上海大学、上海交通大学、安徽工业大学、重庆大学等多所大学兼职教授，同时兼任中国金属学会理事、国际矿业冶金杂志编委。

主要学术贡献包括：一是多元熔体和合金的物理化学性质的计算。导出了一系列各类体系的熔体热力学性质和相图的计算公式，概括了一些新原理和方法。提出的新一代溶液几何模型解决了国际上三十多年来几何模型存在的固有缺陷，为实现模型的选择和计算的完全计算机化开辟了道路，之后经过进一步发展，几何模型已发展成统一化模型，提出了唯象理论，并将热力学性质的计算进一步扩展到多种物理化学的计算中。二是氧离子迁移的理论和应用。周国治及其科研小组系统地研究了氧离子的迁移规律，并将这一理论成果应用于各种工艺过程中，提出了“无污染脱氧”“无污染提取”等冶金新概念和新工艺，并为描述和模拟各类冶炼过程打下了基础。这方面的成果取得了多项专利。三是材料在微小颗粒下的物理化学行为研究。建立了基于真实物理图像的气–固相反应动力学模型（RPP模型），全面描述了各种因素（温度、压力、形状、尺寸、产物结构等）对反应速率的影响。

迄今，周国治先后发表科研论文900余篇，获得3项美国专利和70多项中国专利；获国家自然科学奖三等奖1项、国家教育委员会科学技术进步奖一等奖1项、冶金工业部科学技术进步奖一等奖1项、国家教育委员会科学技术进步奖二等奖2项、上海市技术发明奖一等奖1项，获国家级教学成果奖二等奖1项、北京市教育教学成果奖一等奖1项。周国治的许多科研成果已被国内外专家学者以“周模型”和“周方法”应用于合金、熔盐、炉渣、半导体材料等多种体系，用来处理热力学和动力学问题；研究成果也被系统地编入多部高校教科书和专著中用来指导博士研究生和硕士研究生的论文工作。

1942 年的周国治（摄于昆明）

1947 年，在交通大学与周国范、周国城合影

1955 年前后，家人合影

1955 年大学入学登记表上的证件照

1955 年，周国治在北京钢铁工业学院大门口留影

1959 年的周国治

1960 年与同班同学合影（四人的名字里都有“国”字）

1966 年周国治在广西

1970 年周国治在湖南株洲

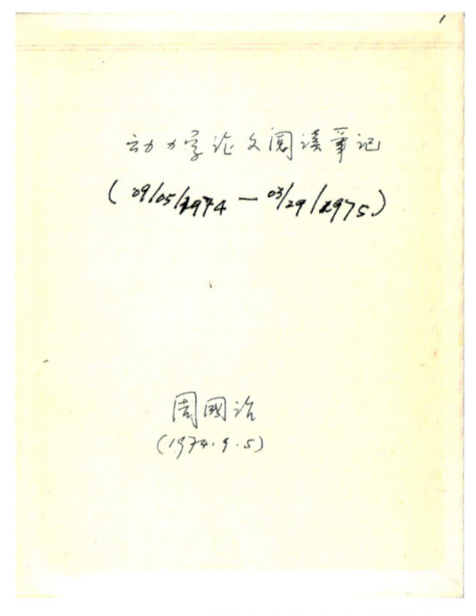

动力学论文阅读笔记

(09/05/1974 — 03/29/1975)

周国治

(1974.9.5)

1974—1975 年周国治的动力学论文阅读笔记本扉页

1978 年周国治的证件照

1985 年，周国治（左）与魏寿昆（中）在美国参加
第五届国际固态离子学会议时合影

1994 年，周国治（右一）参加国际相图会议期间与张永山、陈双林等合影

1996 年参加院士大会的中国科学院技术科学部部分院士合影（后排左六为周国治）

1999 年参加院士大会期间，周国治（后排右）与徐祖耀（前排左）、魏寿昆（前排中）、柯俊（前排右）院士等合影

2000 年，周国治（右）与教育部副部长周远清（中）等在甘肃合影

2009 年，与北京科技大学物理化学系的老同事合影（前排左二为周国治）

2017 年左右，周国治（中）与同事李丽芬夫妇、屠式真夫妇合影

2015 年左右，周国治（左六）、胡晓军（左五）与研究生在北京科技大学主楼前合影

2023 年，周国治与北京科技大学团队留影

前排从左到右：张国华、王丽君、周国治、李福燊、胡晓军、侯新梅

总 序 一

中国科学院学部科普和出版工作委员会决定组织出版“科学与人生：中国科学院院士传记”丛书，这是一项很有意义的文化工程。首批入传的22位院士都是由各学部常委会认真遴选推荐的。他们中有学科领域的奠基者和开拓者，有做出过重大科学成就的著名科学家，也有毕生在专门学科领域默默耕耘的一流学者。每一部传记，既是中国科学家探索科学真理、勇攀科学高峰的真实情景再现，又是他们追求科学强国、科教兴国的一部生动的爱国主义教材。丛书注重思想性、科学性与可读性相统一，以翔实、准确的史料为依据，多侧面、多角度、客观真实地再现院士的科学人生。相信广大读者一定能够从这套丛书中汲取宝贵的精神营养，获得有益的感悟、借鉴和启迪。

中国科学院学部成立于1955年，经过50多年的发展，共选举院士千余人，荟萃了几代科学精英。他们中有中国近代科学的奠基人，新中国的主要学科领域的开拓者，也有今天我国科技领域的领军人物，他们在中国的各个历史时期为科学技术的发展做出了历史性的贡献。“五四”新文化运动以来，一批中国知识精英走上了科学救国的道路，他们在政治动荡、战乱连绵的艰难岁月里，在中国播下了科学的火种，推动中国科技开始了建制化发展的历程。新中国成立后，大批优秀科学家毅然选择留在大陆，一批海外学子纷纷回到祖国，在中国共产党的领导下，开创了中国科学技术发展的新篇章。广大院士团结我国科技工作者，发扬爱国奉献、顽强拼搏、团结合作、开拓创新的精神，勇攀世界科技高峰，创造了举世瞩目的科技成就，为增强我国综合国力、提升自主创新能力做出了重要贡献，为国家赢得了荣誉。他们的奋斗历程，是中国科学技术发展的历史缩影；他们的科学人生，是中华民族追求现代化的集中写照。

当今世界，科学技术已成为支撑、引领经济社会发展的主要动力和人类文明进步的主要基石。广大院士不仅是科学技术发展的开拓者，同时也是先进文化的传播者，在承担科技研究工作重任的同时，还承担着向全社会传播科学知识、科学方法、科学思想、科学精神的社会责任。希望这套丛书的出版能够使我国公众走近科学、了解科学、支持科学，为全民族科学素养的提高和良好社会风尚的形成做出应有的贡献。

科学技术本质是创新，科技事业需要后继有人。广大院士作为优秀的科技工作者，建设并领导了一个个优秀的科技创新团队；作为教育工作者，诲人不倦，桃李满天下。他们甘当人梯、提携后学的精神已成为我国科技界的光荣传统。希望这套丛书能够为广大青年提供有益的人生教材，帮助他们吸取院士们追求真理、严谨治学的科学精神与方法，领悟爱国奉献、造福人民的科技价值观和人生观，激励更多的有志青年献身科学。

记述院士投身我国科学技术事业的历程和做出的贡献，不仅可为研究我国近现代科学发展史提供生动翔实的新史料，而且对发掘几代献身科学的中国知识分子的精神文化财富具有重要意义。希望“科学与人生：中国科学院院士传记”丛书能够成为广大读者喜爱的高品位文化读物，并以此为我国先进文化的发展做出一份特有的贡献。

是为序。

路甬祥

2010 年 3 月

总 序 二

“爱国、创新、求实、奉献、协同、育人”的新时代科学家精神，为科技工作者投身科技强国建设伟大事业提供了前进方向和价值坐标。科学家精神由一代代中国科技工作者铸就和书写，也需要一代代人接续传承、发扬光大。作为一项长期性的文化工程，中国科学院学部组织出版“科学与人生：中国科学院院士传记”丛书已有十余载。这套由一本本院士传记组成的丛书，记载了中国科学院院士群体激荡恢宏的科学人生，也记录了中国科学发展的历史。这里所展示的院士人生经历，不仅包含了他们各自的成长故事，彰显了他们家国天下的情怀、追求真理的精神、造福人类的胸襟和独特的人格魅力，而且展现了他们卓越的科学成就以及对国家、对人类的重要贡献。

“沧海横流显砥柱，万山磅礴看主峰。”自 1955 年中国科学院学部成立以来，先后有 1500 多位优秀科学家荣获中国科学院院士这一国家设立的科学技术方面的最高学术称号。近 70 年来，院士群体团结带领全国科技工作者，直面问题、迎难而上，肩负起时代赋予的重任，为新中国的科技事业发展奠定了坚实基础。特别是党的十八大以来，以习近平同志为核心的党中央坚持把科技创新摆在国家发展全局的核心位置，全面谋划科技创新工作，使我国科技创新发生了历史性变革，进入了创新型国家行列。面向世界科技前沿、面向经济主战场、面向国家重大需求、面向人民生命健康的一个个重大科技突破，离不开院士群体的创新和贡献，凝结着院士群体的心血和智慧。

“曾谙百载屈蹂史，不忘强国科技先。”共和国需要记述院士群体投身我国科学技术事业的历程和做出的贡献，弘扬院士群体胸怀祖国、献身科学、拼搏奉献、勇攀高峰的精神，为研究我国近现代科技发展史提供生动翔实的新史料；新时代需要发掘献身科学的院士群体的精神文化财富，为新时代中国特色社会主义文化发展提供丰饶充裕的源泉；中华民族伟大复兴需要宣扬院士群体追求真理、严谨治学的科学精神与方法，爱国奉献、造福人类的价值观和人生观，激励更多有志青年献身科学，为广大青年提供有益的读本。

一代人有一代人的使命，一代人有一代人的担当。我国科技事业取得的历史性成就，是一代又一代矢志报国的科学家前赴后继、接续奋斗的结果。院士群体胸怀祖国、服务人民，追求真理、勇攀高峰，坚守学术道德、严谨治学，甘为人梯、奖掖后学，得到全国人民的敬仰和尊重，被誉为“国家的财富、人民的骄傲、民族的光荣”，也必将激励广大科技工作者，担负起实现高水平科技自立自强、进入创新型国家前列的使命和责任。

党的二十大报告中明确指出，要“培育创新文化，弘扬科学家精神，涵养优良学风，营造创新氛围”①。一本院士传记，不仅记录了院士的奋斗史，更凝结了中国科学家的精神史。览阅院士传记，弘扬科学家精神，激励广大科技工作者树立家国情怀，勇于担当，甘于奉献；引导更多青少年心怀科学梦想，树立创新意识，营造崇尚科学的浓厚氛围，正是“科学与人生：中国科学院院士传记”丛书出版的价值和意义之所在！

中国科学院学部科学道德建设委员会

2024年3月

---

① 习近平. 高举中国特色社会主义伟大旗帜　为全面建设社会主义现代化国家而团结奋斗——在中国共产党第二十次全国代表大会上的报告. 北京：人民出版社，2022.

传 主 序

1937 年 3 月 25 日，我在南京出生。不久，家父就被派往香港工作。这是一个战乱的年代，我们刚离开，日本兵就攻占了南京，我们一家就在香港住下了，并在那里开启了我的童年生活……

1941 年 12 月，日军攻打香港并偷袭美国珍珠港，太平洋战争爆发。当时，香港处于英治时期，我们一家就住在一座小山脚下，一排五六户人家，除我们一家是中国人外，其他人都是英国人。停火后我们回家时，一排房子全部被日本军队所占领，住在这里的所有英国人都被抓捕关押。我们是住在这里唯一一户中国人，算放过我们一马，但所有衣物都一概不许带出，必须净身出户……

此后，中央机器厂派来两辆卡车把我们一家从香港接往昆明，我妈妈和姐姐坐前一辆车，爸爸和我及弟弟坐后一辆车，这一路足足走了好几个月。路上发生的故事和惊吓度足可编写一本小说……最终我们一家到达了昆明。在那里我们住了大约半年，最后爸爸决定还是去抗日战争（简称抗战）的内地重镇——重庆。

我在重庆的三年多时间里基本上就没有念书，原因是爸爸多次调换工作，搬家换地方。我们先后住过化龙桥对岸的第十兵工厂、李家沱的恒顺机器厂，还有就是九龙坡的国立交通大学（重庆总校）。当时，重庆经常有空袭警报，加上爸爸妈妈常带我去会朋友，所以我根本就没有时间念书，也没有心思念书。

1945 年底，我们随交通大学迁回上海，1946 年初，我家附近的上海市私立培真小学以照顾后方“抗战居民”的名义，勉强接纳我进了小学三年级。我的整个小学时代充满了艰辛。

1949 年，我考进了上海市文治中学，这是交通大学教授们合伙创办的中学，为了省学费，地点就选在文治大礼堂。不难预料，学生的成绩普遍较差。即使这样，我的成绩在班里还是垫底的！

那时，我的学习完全依靠姐姐，什么题目都请她帮忙。在一次斗嘴中，我得罪了她，后来，我有一道几何题解不出来，再去找她帮忙，她不帮忙了。“你不是很厉害吗？现在来求我了……”遭遇一顿奚落后，我只能回到房间靠自己冥思苦想，足足花了一个多小时终于把这道题解出来了。

从此以后，我也变了——一次几何课的最后十分钟，老师出了一道难题给大家做……当我举手示意做出时，全班同学的眼睛唰地一下都盯着我，老师立即跳下讲台向我的座位走来，看了我的手稿后说道：“嗯，对的！”这是多大的鼓励和荣誉啊！班上的同学开始知道“周国治变了”！接着我进入初三……我各门成绩都名列前茅，连政治考试都拿过 100 分。这引起了班里的轰动：“什么啊，（周国治）连团员都不是，政治还考 100 分！”其实是因为我将老师的讲稿一字不差地背了出来，她不给我 100 分都不行！

初中毕业后，要考高中了，凭借当时的实力，我考遍了附近的名校，真是无一不被录取。最终，我选择了离家近、名声好的市西中学。它的前身叫西侨中学，是专为外国人创办的，当时的校长赵传家刚从美国留学归来。

我的高中成绩在班里节节攀升，到毕业前已名列前茅。我的同班同学中还有杨振宁的弟弟——杨振复，他是我的好朋友。高三毕业前夕，市西中学的领导突然找我谈话并问及我的家庭和社会关系，他们特别关心我的港澳关系，后来我才弄明白，学校当时想选派我留学苏联。

我是广东人，免不了有港澳关系，但这样一来，我非但无法留学苏联，连国内的保密专业都读不了。这时妈妈想到的自然是上海交通大学。她带我去见了时任上海交通大学副校长——周志宏。结果一到他家，他就大谈北京钢铁工业学院（简称钢院，后依次改名为北京钢铁学院、北京科技大学）如何好，柯俊和肖纪美分别从英国和美国去钢院，而且他在美国的儿子也要启程去钢院……说得让我十分心动，从他家出来后我决心已下——考钢院。

事实是，当汽车进入校园时，我就大失所望了——新建的校园到处坑坑洼洼。更糟糕的是，开学后所讲的物理和化学课程几乎是中学课程的加长版。当知道我们上的数学课仅 120 学时，而清华大学、北京航空学院的同学却是 440 学时时，我的心态崩了，决心已下——退学。爸爸自知他也有责任，于是就写信给学校表明我退学的意愿和原因。可是此时为时已晚，因为紧接着，“三反五反”“知识分子思想改造”运动一个接着一个，我们已无力考虑这些了……

1958 年大搞科研，学校将我一人从班里抽调出来，进入柯俊、肖纪美的课题组搞研究，1959 年 3 月更是调我进入物理化学教研组并最终留校任教。从此，我就成为一名大学教师，我这样一个还没有念完大学的学生，就此开始了教师的生涯……

目录 CONTENTS

导　言

1937 年 3 月 25 日，周国治出生于江苏南京的一户书香之家，祖籍广东潮阳，是北宋大儒周敦颐的后代。1937—1945 年，周国治随父母辗转于香港、昆明、重庆等多地。1944 年，周国治因父亲周修齐在国立交通大学（重庆总校）任兼课教授，进入重庆九龙坡交通大学附属小学学习。在国立交通大学（重庆总校）兼职授课一段时间后，周修齐决定在该校全职工作。1945 年抗战胜利后，周国治一家随国立交通大学的教职员工坐军舰回到上海，周修齐前往位于上海的交通大学任教，全家最终在上海定居。1946 年初，周国治进入上海市私立培真小学插班学习。1949 年 9 月，周国治进入上海市文治中学就读初中。1952 年，周国治考入上海市市西中学就读高中。1955 年，周国治高中毕业，并以优异的成绩考取北京钢铁工业学院冶金系，被分配到钢铁冶金专业电冶金专门化一年级 1 班（一般根据毕业届次简称为“冶 60 • 1 班”）。1959 年 3 月，因成绩优秀、表现突出，周国治尚未大学毕业，就被提前抽调至北京钢铁工业学院物理化学系基础物化教研组任教。

1964 年，周国治在《金属学报》上阅读到中国科学院上海冶金研究所时任副所长邹元爔的一篇文章，并在其鼓励下开始投入冶金物理化学的热力学计算中。1964—1975 年，周国治先后提出 θ 函数和 R 函数计算法，解决了三元系中两相区边界上的活度计算等多项难题。1978 年，周国治由助教破格提升为副教授，在当时引起了不小的轰动。1979 年，周国治取得了留美访问学者资格，师从国际冶金界学术权威约翰・弗兰克・埃利奥特（John Frank Elliott）院士，投入热力学性质的几何模型计算工作。留美期间，周国治在“由相图求活度”这一课题上全面、系统地做出重要工作，先后发表二十余篇相关论文，在国际上处于领先地位。

20 世纪 70 年代末至 90 年代，周国治在冶金熔体理论、多元体系物理化学性质的计算和预报、气−固相反应动力学、冶金电化学等领域取得了突出的成绩。在熔体物理化学性质的研究中，他提出了一系列简单的具有各种特色的三元系和多元系偏摩尔量的简单计算方法；在相图提取热力学性质方面，他系统地给出了由相图提取各种热力学性质的方法；在相图计算方面，发现和归纳出一些规律，如“氧位递增原理”，这一原理在化合物自由能的估算以及相图计算中得到了广泛应用，有助于更准确地预测和计算化合物的热力学性质；在溶液模型研究方面，他提出了由熔体二元系热力学性质计算多元系热力学性质的新一代几何模型，被国际学术界称为“周模型”，解决了传统几何模型难以克服的种种矛盾，为实现模型计算的完全计算机化开辟了道路。近期这方面的工作又有进一步的进展，几何模型已发展成统一化模型，提出了唯象理论，将热力学性质的计算进一步扩展到多种物理化学性质的计算中。在动力学的研究中，周国治系统研究了氧离子迁移的规律，并提出了“无污染脱氧”“无污染提取”等冶金新概念和新工艺；建立了基于真实物理图像的气−固相反应动力学模型，全面描述了各种因素（温度、压力、形状、尺寸、产物结构等）对反应速率的影响。

自 1959 年参加工作至 2023 年的 65 年时间里，周国治与他的团队一直坚持不懈、持之以恒地开展冶金物理化学基础研究，在科研的道路上砥砺前行，多年来因在多元熔体和合金的物理化学性质计算、氧离子迁移的理论和应用、材料在微小颗粒下的物理化学性质及反应机理等方面取得的成果获得了国家自然科学奖三等奖、国家教育委员会科学技术进步奖一等奖、冶金工业部科学技术进步奖一等奖各 1 项，国家教育委员会科学技术进步奖二等奖 3 项，上海市技术发明奖一等奖 1 项。在其学术生涯中，周国治迄今先后发表科研论文 900 余篇，获得 3 项美国专利和 70 多项中国专利。这些科研成果已被国内外专家学者以“周模型”

和“周方法”应用于合金、熔盐、炉渣、半导体材料等多种体系，用来处理热力学和动力学问题，并被系统地编入多部高校教科书和专著中，用以指导博士研究生和硕士研究生的科研工作。1995 年，周国治当选中国科学院院士。为表彰其在冶金科学技术和冶金工程领域做出的突出贡献，2011 年，中国金属学会授予他“学会荣誉会员”；2017 年，日本钢铁协会（ISIJ）授予他“外国人名誉会员”；北京科技大学为其颁发“魏寿昆科技教育奖 • 魏寿昆冶金奖”。

在学生培养方面，周国治门下先后培养了 70 多名博士、硕士研究生，其中有 3 名学生的论文获得“全国优秀博士学位论文”，周国治本人也获得“全国优秀博士学位论文指导教师”“北京市高等学校教学名师奖”等多项荣誉，他指导的毕业生中有 2 人获得国家杰出青年科学基金支持，2 人入选“长江学者奖励计划”特聘教授，他所带领的团队获得“北京市优秀教学团队”称号，相关课程改革及配套教材建设项目荣获北京市教育教学成果（高等教育）一等奖，课程入选“国家级精品资源共享课”等多项成果。

周国治与国内外各类高校及科研机构有着广泛的学术交流与合作，曾在瑞典皇家理工学院（KTH Royal Institute of Technology）、麻省理工学院（Massachusetts Institute of Technology，MIT）、波士顿大学（Boston University）等国际名校任客座教授。他受聘于上海大学、湖北省耐火材料与高温陶瓷重点实验室、耐火材料与冶金国家重点实验室等多个科研机构，担任《矿冶学报 B–冶金》（*Journal of Mining and Metallurgy Section B-Metallurgy*）、《稀有金属》（*Rare Metals*）等多个学术期刊编委，在重要冶金企业建立了院士工作站，为推进冶金工程学科交流合作和推动冶金行业发展贡献了重要力量。2003 年，周国治被推选为中国人民政治协商会议第十届全国委员会委员；2008 年，周国治担任中国科学院第十三届技术科学部常务委员会委员，在冶金科技进步、行业发展和国家建设咨政服务中发挥了重要作用。

周国治一生致力于冶金物理化学的基础研究，不断提高我国冶金领域在国际上的地位，追求将理论研究成果转化成现实生产力，以科技进步带动国家经济发展。至今，虽然年事已高，但周国治依然活跃在理论钻研的一线，为溶液理论模型计算、冶金材料可持续发展研究持续贡献着自己的力量。

将周国治从一名书香子弟成长为中国科学院院士和国际冶金物理化学领域标志性人物的学术成长历程，纳入整个中国社会历史变迁和国际学术交流合作的大环境中考察，梳理其个人学术成长与国家建设、社会发展以及国际范围内冶金物理化学领域基础研究发展的关系，有助于思考当下我国科技创新与科技人才培养方面存在的问题及解决之道。

本书除导言、附录和后记外共分 8 章，整体以时间顺序为主线，描述了周国治成长为我国冶金物理化学相关领域奠基人和引领者的具体历程。其主要分为如下阶段：学龄前及中小学教育时期、大学时期、教学科研起步时期、“文化大革命”于艰难中做研究时期、走向国际学术圈时期、开展溶液几何模型探索与气-固相反应动力学研究时期、将理论研究转向实践成果应用时期。除第八章最后两节是对周国治的社会活动、家庭等进行介绍，以凸显周国治参与社会活动及晚年家庭生活中的一面以外，全书的写作均将其学习、科研、师生、同行、亲友、学术活动、思想追求以及所处时代背景等各方面的内容穿插到不同时期，进行灵活的组织阐述。

本书充分利用收集到的文献资料与口述访谈资料，力图尽可能完整全面地展现周国治作为一位冶金物理化学科学家的成长历程，揭示其对待科学的严谨和执着、对待学术同行的信赖和合作、对待亲人朋友的可亲和包容、对青年学子倾注的大爱等多个不同方面，勾勒出一个生动鲜活的科学家形象。

第一章　坎坷浮沉向阳生（1937—1955年）

1937年7月7日，日军向卢沟桥一带的中国军队开火，中国守军第29军予以还击，抗日战争全面爆发，史称“七七事变”（又称“卢沟桥事变”）。同年12月13日，国民政府首都南京沦陷。日军攻入南京城，开始了人类历史上惨无人道的南京大屠杀，南京城1/3的建筑被毁，30万同胞被杀害。一个刚出生3个多月的男婴随着父母家人在战争的烽火中颠沛流离。他在多年后成为中国科学院院士，在冶金材料物理化学理论研究和冶金新工艺研究等方面做出了卓越贡献。

他，就是周国治。

一、世代书香的沿承

周国治，祖籍广东潮阳，1937年3月25日出生于江苏南京的一个知识分子家庭。父亲周修齐，广东潮阳人，上海交通大学教授，曾留学德国，常以实业报国的思想教育子女。母亲罗碧焜，广东人，经人介绍与周修齐认识并结为夫妇。周修齐与罗碧焜育有四子一女，周国治排行第二，上有一个姐姐，下有三个弟弟。

周姓人十分重视家族传承，有修撰族谱的传统。在族谱中，对周姓人影响最大的是一些为族人所订立的宗规、族训。一些周姓族谱还标明了自己的堂名，通过这些堂名可以看出本族独特的文化旨趣。按照家族辈分来算，周国治本名叫周照熙，是“照”字辈，其父周修齐，是“修”字辈。据周国治称，他们的家族辈分正是从周敦颐这一脉沿袭下来的。

周敦颐，又名周元皓，原名周敦实，字茂叔，谥号元公，北宋道州营道楼田堡（今湖南省道县）人，世称“濂溪先生”。周敦颐是“北宋五子”之一，宋朝儒家理学思想的开山鼻祖，文学家、哲学家，著有《周元公集》《爱莲说》《太极图说》《通书》等。周敦颐这一脉本应在江西九江，但至第七代时，其后辈周寿梅因考中进士前往广东潮阳做官，并带着家中的两个兄弟一同前往，因而将这一脉落户在潮阳。这一脉在后来的发展中逐渐分支，据《人民日报（海外版）》[①]刊登的消息，鲁迅（原名周树人）、周恩来也属这一脉周氏后人。周国治在访谈中提到，与他们系同一家族[②]。

周国治的父亲周修齐，生于1905年，卒于1999年，享年94岁。周修齐的父亲为商人，在南通、苏州、上海一带生意做得很大，家境殷实。周修齐是家中最小的儿子，天资聪颖，因而深得父亲宠爱，周修齐青少年时期便得以在上海市教会中学读书。教会学校的形式在中国近代并不少见，最早可追溯至16世纪末期，西方教会开始在中国建立教会学校，目的是培训传教士，至19世纪初，开始面向华人教学。早期招收中国穷苦教徒子弟或无家可归的乞丐，后逐渐扩展到富家子弟，旨在将西方宗教及文化传入中国。据史料记载，到20世纪初，上海共创立教会学校63所，其中小学33所、中学25所、大学5所[③]。周修齐青少年时期就读的教会学校就是上海市的这25所教会中学之一。

1922年，17岁的周修齐考入同济大学机械系。同济大学的前身是1907年德国医生埃里希·宝隆（Erich Paulun）在上海创办的德文医学堂；翌年改名为同济德文医学堂；1912年与创办不久的同济德文工学堂合并，更名为同济德文医工学堂；1923年正式定名为同济大学；1927年改称国立同济大学，是中国最早的七所国立大学之一。1927年，周修齐大学毕业。结束了5年的大学生活（当时国立同济大学机械专业学制为

---

① 鲁迅周恩来属同宗本家[N]. 人民日报（海外版）. 2000-06-17：4版.

② 周国治访谈，访谈时间：2019年7月19日。

③ 李晓凡. 论清末上海学堂的全英语教学模式[J]. 兰台世界，2014，(34)：171-172.

5 年），周修齐于 1927 年 11 月赴德国柏林工业大学机械系留学。留德期间，因各种机缘，周修齐结识了邓演达①、廖承志②等人。

1927 年，周修齐在德国（供图：周国治）

1931 年学成回国后，周修齐先后在西门子公司和国立同济大学任职。在此期间，周修齐认识了同是广东人的罗碧焜，两人互相欣赏，喜结连理。罗碧焜生于 1917 年，卒于 1994 年，是家里的小女儿，父亲是武状元出身，家境非常好。她从小就接受私塾教育，因此饱读诗书，文雅聪慧，人也长得十分漂亮。与周修齐结婚后，二人相濡以沫几十年，感情十分深厚。在周国治的记忆中，母亲是个很有才华的人，性格热情开朗，为人大方，在父母的朋友圈子里十分有名。中华人民共和国成立之前，作为家庭主妇，罗碧焜主要负责照顾一家人的饮食起居和孩子们

---

① 邓演达（1895—1931），广东惠阳永湖人，著名的国民党左派领导人，中国农工民主党创始人。1927 年底，邓演达抵达柏林，与宋庆龄等人交换对中国革命问题的意见，并与侨德的部分中国国民党人组织了一个学会，讨论有关中国问题，应是在此期间，赴德留学的周修齐结识了邓演达。

② 廖承志（1908—1983），广东惠阳人，中国无产阶级革命家、社会活动家。1928 年春，廖承志在上海加入中国共产党，在法南区委宣传部工作，同年 11 月被派往德国，并于 1929 年在德国汉堡领导中国海员运动。在德期间，廖承志与留学德国的周修齐结识，1932 年回国。

的教育，同时也跟着周国治的父亲学习电焊方面的知识和技术。中华人民共和国成立之后，一家人到上海稳定下来，罗碧焜在上海大众电焊器材制造厂工作，并成为有名的配药技师。在周国治的印象中，有一段时间母亲的工资收入比身为上海交通大学教授的父亲的还要高。

周国治的祖父母和外祖父母家或为商人或为官员，家境都非常殷实，因此周国治的父母都得到了良好的教育。他们结婚为人父母后，更加重视对子女的教育，虽然一家人经历了不少磨难，但从未放松对孩子们的教育。周国治就是在这样的书香之家长大的，父母的言传身教对他产生了深远的影响。

二、曲折的避难之路

1937 年，日军进攻上海，周修齐带着妻女前往南京，正是在那时罗碧焜生下了周国治。不久，战火蔓延到南京，周国治一家紧急避难，尚在襁褓中的周国治同家人辗转武汉、长沙，最终于 1937 年底到达香港。

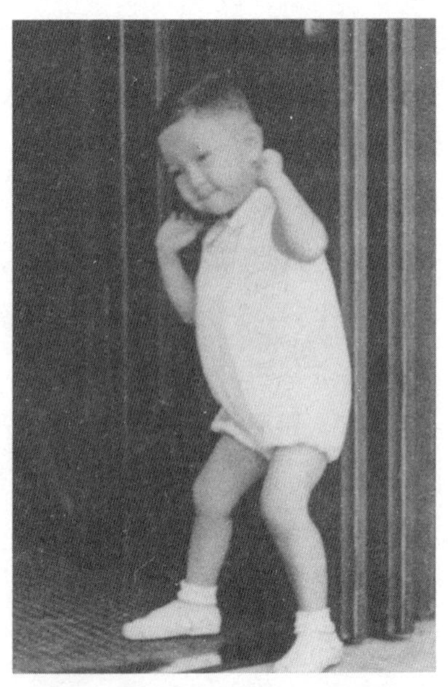

1940 年的周国治（供图：周国治）

西门子公司是德国公司，因周修齐有留德经历，1928 年 9 月至 1931 年 1 月曾在德国通用电气公司（Allgemeine Elektricitäts-Gesellschaft，

AEG）做过一段实习工程师，周修齐回国后便于 1931 年 11 月顺利应聘到上海西门子电机公司工程部工作，担任工程师。西门子公司是世界最大的机电类公司之一，1847 年由维尔纳·冯·西门子（Ernst Werner von Siemens）创立。1932 年 11 月，周修齐被调到香港西门子公司工作过几年，于 1935 年 8 月回内地，并于同年 9 月离开西门子公司到国立同济大学附设高级工业职业学校担任专职教师。

1935 年，周国治的大姐周国范出生。因为战争，1937 年，一家人不得不离开上海到南京暂避战乱，随着南京沦陷，尚在襁褓之中的周国治不得不随着父母和大姐一起再次辗转。此时，周修齐也离开了国立同济大学，先后被国民政府资源委员会①中央机器厂（现沈机集团昆明机床股份有限公司）聘请做驻港总代表、工程师兼设计科长。

中央机器厂是抗战前期国民政府资源委员会投资创办的第一个国营大型机器制造厂，是资源委员会三年重工业建设计划的十大工程之一。中央机器厂最初选址湖南湘潭，后因战争局势影响迁至云南昆明。中央机器厂的主要生产目标为制造航空发动机、动力机械和工具机具等。中央资源委员会主任翁文灏、副主任钱昌照在“四周年厂庆词”中称“中央机器厂为国营机器工业中最早之厂，其规模设备，在全国首屈一指”②。

据周国治回忆，周修齐能被中央机器厂聘请，是因为受到了时任中央机器厂筹备委员会主任委员、中央机器厂首任总经理王守竞③的推荐和邀请④。王守竞于 20 世纪 20 年代中期留学美国，1929 年学成回国，先后受聘于浙江大学、北京大学，1933 年主持筹建中国的光学工业，投身国防事业，其间与德国联系购买军工设备，1936 年负责筹建中央机器

---

① 资源委员会是国民政府所属主管重工业的主要机构，前身为 1932 年 11 月作为参谋本部所属的秘密国防研究机关而设立的国防设计委员会。其工作重点是研究国防经济，在全国范围内调查矿业与重工业，制定统制计划；进行矿业、冶金、电力的技术研究等。1935 年 4 月，国防设计委员会改组为隶属于军事委员会的资源委员会。资源委员会是抗战时期国民政府的最高经济领导部门，不但支撑了中国的抗战，而且为战后的中国工业现代化打下了基础。

② 陈思亮. 王守竞与中央机器厂[M]//昆明市盘龙区政协文史资料委员会. 盘龙文史资料第 21 辑：盘龙纵横——献给盘龙区建区 50 周年. 北京：中国文史出版社，2006：239.

③ 王守竞（1904—1984），著名物理学家。1922 年，王守竞入清华大学学习，后赴美留学并于 1925 年夏获康奈尔大学物理学硕士学位；1926 年秋，转入哥伦比亚大学继续攻读物理，获该校哲学博士学位。王守竞在量子力学方面取得很大成就，他的多原子分子非对称转动谱能级公式被后人称为“王氏公式”，至今仍为大学物理教科书所引用。

④ 周国治访谈，访谈时间：2019 年 7 月 19 日。

厂。周修齐与王守竞的相识机缘与过程不得而知，但从后来周国治一家从香港回昆明的安排可见二者关系之密切。1949 年，王守竞赴美常居，在美国国防部与麻省理工学院合办的林肯实验室工作，直到 1969 年退休。改革开放后，我国相关部门极力邀请王守竞回国工作，但此时他已经重病在身，无法成行。据周国治回忆，他在美国麻省理工学院访学时，曾受父亲嘱托，打算前去拜访在麻省理工学院任教的王守竞，得知当时王守竞已经离世，颇感遗憾[①]。

一家人从南京辗转到香港时已经是 1937 年底，周修齐作为中央机器厂驻港总代表，主要职责是解决战争期间的物资匮乏问题，经他多方张罗，相关工作卓有成效。据周国治回忆，父亲的主要工作是采购，权力很大，但父亲为人清廉，在工作中从来都是本分尽责。父亲的品性也为年幼的周国治树立了榜样。

1940 年，周国治在香港时的家庭合影
（前排第一位是周国范，后排从左到右分别为周修齐、周国城、罗碧焜、周国治）
（供图：周国治）

在周国治现在看来，在香港的近四年时光，算得上是他童年生活中最安定的四年。1938 年，周国治的大弟弟周国城在香港出生，当时他虽

① 周国治访谈，访谈时间：2019 年 7 月 19 日。

年纪尚小，记忆无甚，但通过当时拍摄的一些照片来判断，在香港时一家五口人的生活过得是比较平顺的。在此期间，父亲和留德同学会的同学也经常聚会，其中还包括周国治后来的岳父邓士章，家里十分热闹。

1940 年，留德同学会在香港合影（前排左起第四位是邓士章、第五位是罗碧焜，后排左起第六位为周修齐）
（供图：邓美华）

然而，1941 年 11 月 6 日，日本中国派遣军第 23 军奉命制定攻占香港的计划，并在该月底完成作战准备。12 月 8 日，香港保卫战爆发。日军发起攻击，空军轰炸启德机场的英机，夺得机场制空权。14 日，日军占领九龙，并炮击香港。18—19 日登陆并占领香港岛东北部。25 日下午 7 时 30 分，英军投降，日军占领香港。东旅英军于 26 日凌晨才向日本军队投降。在此背景下，周国治一家人不得不再次辗转至内地。

谈及日军攻打香港的时候，周国治回忆起一段插曲。当时的香港还在英国的殖民统治下，周国治家所住的房子属于英国人居民区，是一排不到十户的靠山二层小洋楼。日本兵抓了英国人后，直接占领了这片房屋，其中也包括周国治一家人的居所。房屋被占领后，家中必备的生活物品全都没有了。无奈之下，周修齐只得带着四岁多的周国治去找日本兵要回衣服。令周国治印象深刻的是，要衣服时，日本兵塞给他一块糖。出门后，父亲就对他说："快丢快丢，不能吃，有毒呢！"年幼的周国治一下子被吓哭了[①]。如今说起来这段经历，周国治依然记忆犹新。经

① 周国治访谈，访谈时间：2019 年 7 月 19 日。

日本兵这一侵占，周国治家里值钱的家当都没有了，甚至连必备的衣物也所剩无几。王守竞得知这一消息后，派了两辆车把周国治一家从香港接往昆明。于是，周国治和父亲、弟弟坐一辆车，母亲和姐姐坐另一辆车，一家五口动身前往昆明。

前往昆明的这段路足足走了三个月。据周国治回忆，当时的车不是烧汽油的，也不是烧煤油的，而是烧木炭的，遇到难走的路段甚至必须要下车靠人力去推。从香港到昆明，车子走的多是山路，山坡和弯道居多，车一停就容易打滑，十分危险，尤其是到贵州一处叫七十二道拐的盘山路段，一路上连翻了好几辆车。周国治一家人因此专门派人塞木制三角块，车一停就马上将这些三角块塞在车轮下固定车辆，以避免翻车。据周国治回忆，母亲和姐姐坐的那辆车抛锚了，想拦住后面的车辆请求帮助，没想到他们眼睁睁地看着后面的三辆车翻下了山沟。这段路程走得十分艰苦，终于到达昆明，一家人在昆明度过了短暂的平静时光。在昆明期间，周国治、周国范、周国城姐弟三人在家门口留下了一张珍贵的合影。

1942 年，周国治姐弟三人在昆明家门前的合影（左起：周国城、周国范、周国治）
（供图：周国治）

1942 年 9 月，位于重庆的第十兵工厂请周修齐任职，周国治一家又从昆明辗转前往重庆，这一待就是三年多。在重庆避难期间，周修齐前后在三个地方工作过。1942 年 9 月至 1943 年 12 月，周修齐在兵工署第十兵工厂任工程师兼实验室主任。第十兵工厂的前身是国民政府兵工署炮兵技术研究处，该处于1936年3月筹建，同年4月在南京正式成立，内分制炮厂、炮弹厂、枪弹厂三部分，另附设机械厂及动力厂。1937年8月，该处迁往湖南株洲董家墩，1938年6月迁往重庆，勘定厂址为江北忠恕沱。1941年元旦，炮兵技术研究处改称为兵工署第十兵工厂，下设总务处、成品库、购运科、秘书处、会计处、工务处、技术处、警卫大队等[①]。第十兵工厂曾是抗战时期生产新型炮弹最多的兵工厂，现重庆市江北区将其传统风貌区进行功能更新，暂定名“洋炮局1862文创园”，定位于打造成中国最具影响力的以军工为主题的都市旅游胜地。在周国治的印象里，第十兵工厂靠近江边，过江就是化龙桥，厂方为他们一家人提供了很好的住所。在第十兵工厂工作期间，周修齐结识了俞大维[②]等人。据周国治回忆，父亲经常带周国治参加厂里的聚会和应酬，让他见识了更多的场面，接触了更多的人。

抗战时期，工程人才紧缺，周修齐因机械专业背景而备受欢迎。1944年初，他受周仲宣[③]之邀到重庆恒顺机器厂股份有限公司任总工程师。周国治一家从化龙桥搬到了李家沱。“周恒顺”不是一个人名，而是一个“商标”（或老字号企业），全称为“周恒顺机器厂”，为周庆春、周仲宣父子创办的家族企业。周恒顺机器厂的前身为周天顺炉冶坊，原址在湖北武昌，1905年改名为周恒顺机器厂。1938年武汉沦陷前夕，周恒顺机器厂内迁至重庆分厂，其间曾与民生轮船公司合资经营，改名为恒顺机器厂股份有限公司，董事长由双方轮流担任。该厂在当时的后方民营工业中出类拔萃，社会各界前往参观者络绎不绝。抗战胜利后，周仲宣于1946年将恒顺机器厂股份有限公司部分迁回汉阳，并于同年年底开工运转。1950年，恒顺机器厂股份有限公司与中南工业部公私合营，改称中南工业部公私合营中南恒顺机器厂。1954年遭大水，机器厂遂迁往武昌管布局旧址（今解放桥附近）改组为武汉动力机厂。1958年，重庆

① 陆大钺. 重庆市档案馆简明指南[M]. 北京：科学技术文献出版社，1989：72.

② 俞大维（1897—1993），生于湖南长沙，祖籍浙江绍兴斗门，知名弹道学专家。历任国民政府军政部少将参事、参谋本部主任秘书、驻德大使馆商务专员、军政部兵工署署长、军政部次长、交通部部长等。

③ 周仲宣（1881—1967），湖北武昌人，实业家，其父周庆春曾创办周天顺炉冶坊。周仲宣17岁继承父业经营周恒顺机器厂，后创办大庆轮船公司，1920年建造船厂，中华人民共和国成立后曾任湖北省财经委员。

的恒顺厂也归并改建为重庆水轮机厂[①]。在恒顺机器厂工作期间，因国立交通大学（重庆总校）教授王达时[②]与周修齐是旧识，便说服周修齐到国立交通大学（重庆总校）任教。

在重庆期间，周修齐的社交活动非常多，有单位组织的活动，还有留德同学会的活动。在周国治的记忆里，有一次很多人来李家沱聚会，开了很多小轿车，因为没有桥，一排小轿车都停在江对面的九龙坡，看起来十分气派。周国治因此结识了不少人，锻炼了胆量，在一些大场面里也从不怯场。

1944 年 1 月至 1945 年，周修齐在国立交通大学[③]（重庆总校）任兼课教授。兼职授课一段时间后，周修齐决定在该校全职工作，抗战胜利后被列入交通大学分批复员的行列。1945 年 12 月，周国治一家随国立交通大学（重庆总校）的教职员工坐军舰回到上海，周修齐留在位于上海的交通大学任教。

在周国治的记忆里，初回上海的父亲十分激动，拉着他的小手在交通大学周边转了好几圈，问他的感觉如何。当时的上海已是深冬，天气十分寒冷，周国治只感觉到冷，体会不了父亲当时的激动心情。回到学校以后，一家人被临时安排在交通大学对门的校外宿舍居住，等待学校分配住所。没想到，周国治父亲的手气很好，在抓阄中抓了个“头彩”，一家人因此搬进了交通大学校内的一栋小洋房（位于今天的钱学森图书馆附近）。周国治记得，当时的邻居都是赫赫有名的学者教授，诸如钟兆琳、陈大燮、张钟俊、曹鹤荪等。

---

① 湖北省地方志编纂委员会. 湖北省志・工业志稿・机械[M]. 武汉：武汉大学出版社，1990：343-349.

② 王达时（1912—1996），江苏宜兴人，1934 年毕业于交通大学土木工程系，1938 年获美国密歇根大学土木工程硕士学位。回国后，曾任复旦大学教授、交通大学工学院院长、同济大学副校长等职。

③ 国立交通大学最早始于南洋公学后更名为交通部上海工业专门学校。1921 年，北平邮电学校、北平铁路管理学校、唐山工业专门学校以及交通部上海工业专门学校合并，改称交通大学上海学校，后又更名为交通部南洋大学。1927 年，北伐胜利，北洋政府垮台，南京国民政府成立，交通部南洋大学交由国民政府交通部接管，改名为交通部第一交通大学。1928 年，国民政府任命蔡元培为交通部第一交通大学校长。随后，该校更名为国立交通大学。日军侵占上海租界后，国立交通大学本部从上海转移到重庆九龙坡，称为国立交通大学（重庆总校）。在此时期，国立交通大学开展院系建设。重庆商船专科学校并入国立交通大学，组建造船等新专业，创办电讯研究所。抗战胜利后，国立交通大学（重庆总校）师生分批复员上海，校名随之改为交通大学。至 1957 年，国务院、高等教育部批准交通大学分设西安、上海两部分。1959 年，经国务院批准，交通大学上海部分正式定名为上海交通大学。

1947 年，周国治在交通大学校园的花坛前（供图：周国治）

在这种环境中，周国治度过了一段相对平静快乐的童年时光。那时候，周国治有着这个年龄段的男孩子一样的顽皮。他最喜欢做的事情是养蛐蛐，家里有很多盆蛐蛐，都是周国治和弟弟逮回家养的。他们按战斗力的大小对这些蛐蛐进行排队命名，分别有“头盆”“二盆”“三盆”。夏秋之际，兄弟二人晚饭后便出门逮蛐蛐，用自制的煤油灯照亮，带上在街边买的网和自制的竹筒，从墙缝、草丛、乱石堆里找蛐蛐，一般能确保晚上 11 点前回家。据说有一次，两人跑到离家很远的一个偏僻的地方，逮到了很多个头很大的蛐蛐，非常兴奋，回到家已是半夜。因为担心父母责骂，二人悄悄地从一楼爬窗进屋，没想到周修齐一直在屋里等他们。周修齐既担心又生气，见他们一进来就给了周国治一巴掌，打在了他的脖子上。周国治被打时没觉得疼，就是一不留神，手里装蛐蛐的竹筒不小心掉在地上，蛐蛐们顺势而逃，一晚的战利品付之东流，令兄弟二人心疼不已。更糟糕的是，他们“损失惨重”不要紧，逃出去的蛐蛐分散在家里的各个墙缝，连着好几个晚上叫个不停，以至于一家人好几天都没睡好觉。

中华人民共和国成立前夕，台湾糖业公司请周修齐去做“铁道部”部长。台湾糖业公司成立于 1946 年，由国民政府合并日军占领时代的所有制糖会社（“台湾制糖”“明治制糖”“盐水港制糖”等）而来。20 世纪五六十年代，台湾糖业公司因大量外销糖产品，成为当时台湾最大的企业。据周国治回忆，台湾糖业公司同时也是台湾铁路股份有限公司的大股东，这意味着台湾当时的铁路基本上由台湾糖业公司控制。被邀请做“铁道部”部长，职位高，收入高，周修齐有些动心，便买好船票准备去台湾。结果正要出发的时候，前面有艘轮船在宁波附近出事故了。这艘船正是李昌钰①的父亲李浩民所乘坐的“太平轮”②。

得知“太平轮事件”之后，罗碧焜无论如何也要周修齐把买好的船票退了。最终，周修齐一家就没有去台湾而是留在了上海。

1949 年 5 月，上海战役打响，中国人民解放军第三野战军主力对国民党军重兵据守的上海发起了城市攻坚战。据周国治回忆，当时解放军打到了上海郊区，国民党调动部队占据交通大学作为兵营，要求全校师生员工限期内全部搬离学校。周国治一家在上海没有房子，之前一直住在交通大学内的宿舍楼里，这一下便没有了住的地方。因为时间紧急，一家人一时也找不到合适的地方居住，于是周修齐找到了自己的中学和大学的校友邓士章③帮忙。

邓士章是黄埔军校创建者之一，又因其哥哥邓仲元而深受孙中山的信任。邓仲元，原名邓士元，别名邓铿，曾任广东军政府陆军司司长、粤军总参谋长兼粤军第一师师长，参加过广州黄花岗起义、光复惠州、讨伐袁世凯、驱除龙济光、统一广东等斗争，功勋卓著。1922 年 3 月 21 日，邓仲元在广州市广九车站遇刺殉难，年仅 36 岁。邓仲元被暗杀后，孙中山为其建了“邓铿将军墓”。1935 年，国民政府通过了《纪念邓仲元办法》，并将每年 3 月 23 日确定为“先烈邓仲元先生殉国纪念日”。邓

① 李昌钰（Henry Chang-Yu Lee），1938 年生于江苏如皋，1943 年随母亲迁往台湾，美籍华人，著名刑事鉴识专家。李昌钰的父亲李浩民是如皋富商。抗战胜利后，李浩民将家庭和生意迁往台湾。1949 年 1 月 27 日，李浩民准备赴台和家人共度春节，于是带着大量鱼苗登上“太平轮”，结果船上大多数乘客遇难，李浩民也未能幸免。李浩民遇难后，李家就此败落，只留下妻子李王淑贞和 13 个孩子。

② “太平轮事件”发生于 1949 年 1 月，由上海驶往台湾基隆的中联轮船公司客轮“太平轮”因超载、夜间航行未开航行灯而被撞沉，导致船上近千名绅士、名流罹难。与其相撞的是荣毅仁哥哥荣鸿元的货船“建元轮”。这一事件曾被称为“中国的泰坦尼克号”。

③ 邓士章（1898—1967），黄埔陆军速成学校第 2 期、同济大学及德国柏林工业大学毕业；1924 年，任黄埔陆军军官学校筹备委员、军校军械处处长；1926 年，任国民革命军总司令部少将高级参谋；1932 年任国民政府军政部兵工委员；1939 年，任兵工署驻香港办事处兵工委员；1949 年 11 月 9 日，在香港参加“两航起义”，与陈卓林飞抵北京；中华人民共和国成立后，任国家民用航空总局顾问，中国人民政治协商会议第二、三、四届全国委员会委员。

仲元是功绩卓著的辛亥革命元勋、民国时期有名的军事将领和军事教育家。中华人民共和国成立后，中央人民政府追认邓仲元为革命烈士。由于邓仲元被暗杀，孙中山送邓士章到德国进行培养。这样一来，邓士章与周修齐有了更直接的联系，加上二人都是广东人，两家走得比较近，邓士章后来也成为周国治的岳父。

据周国治回忆，周修齐找到邓士章后，邓士章只问了一句话："我房子有，你敢不敢住？"周修齐问是什么房子，邓士章回答说："国民党陆军总司令——何应钦，他的房子在我手上。"何应钦，中华民国陆军一级上将，1924 年任广州市孙中山元帅府参议，不久，任黄埔军校少将总教官，后兼教导一团团长，成为蒋介石亲信。1944 年，何应钦任国民党陆军总司令，1948 年任国防部部长，支持蒋介石发动反革命内战。考虑到实在没有地方去，自己又认识廖承志等人，心里很坦荡，所以没有必要怕，走投无路的周修齐便决定住。现在回忆起来，周国治觉得那时父亲的决定非常大胆，因为毕竟会担心解放军来了以后一时难以解释清楚其中原委。为了壮胆，周修齐拉了当时也没有地方住的同济大学副校长王达时和交通大学物理系主任周同庆[①]一同住下。周同庆当时已经找到了住的地方，但他提出来说交通大学物理系有很多仪器还没有安放的地方，是否可以搬进公馆，并且派一名助手也住进去帮忙照应一下，周修齐同意了，交通大学于是派了负责物理实验课的胡永畅[②]同去。据交通大学的学生回忆，胡永畅上课认真负责，讲课的时候喜欢在讲台底下走来走去，上海解放后大家才知道他也是一名中共地下党员[③]。

何应钦公馆坐落于上海市淮海中路和高安路的交界处，是一座大型花园洋房，前后都有大花园，种满了花草树木，后花园还有一个网球场，周围被高墙围着，院墙内十分宁静，属于非常高档的地区。还是孩子的周国治自然和大人的焦虑忧心不同，他经常和小伙伴们一起爬树

---

① 周同庆（1907—1989），江苏昆山人，我国著名物理学家、教育家、中国科学院院士（学部委员），长期从事光学与光谱学、气体放电、等离子体及物质结构等研究工作，是我国最早从事光学、真空电子学和等离子体物理学等领域研究的领军人物之一。

② 胡永畅（1922—1992），1943 年浙江大学物理系毕业，历任交通大学校务委员会委员、中国科学院上海办事处副主任、中国科学院华东分院秘书长、中国科学院上海分院副院长，中国科学院副秘书长、院党组成员，浙江大学校友会总会副会长等。

③ 姜斯宪. 思源 • 激流（上海交通大学校史研究口述系列 • 第四辑）[M]. 上海：上海交通大学出版社，2019：302-303.

摘枇杷、掏鸟蛋。1949 年 5 月 20 日左右，枪声和爆炸声响起，当时两家人都没有睡着，早晨起来发现大门口已有士兵把守，围墙也有岗哨，不准出入。原来，由于何应钦的重要性，解放军派了一个连的兵力将周国治一家暂住的何应钦公馆包围了起来，封锁了所有出入口。后来，还是胡永畅找准时机，在解放军换岗期间翻墙而出。事情就在这时有了转机，作为中共地下工作者的胡永畅和党组织取得联络后，主动解释说明了情况，周修齐、王达时两家人才顺利搬离了何应钦公馆。

中华人民共和国成立后，交通大学校园得以归还给师生，但校舍破坏严重，一时间也无法收拾整理出来，周国治一家临时搬进了交通大学对面的“校长楼”暂住。“校长楼”坐落于交通大学校园的北校门，靠近淮海西路，是一座砖质的二层楼房。这栋楼很大，交通大学校长王之卓住在一楼最西边的一套，与周国治家紧挨着，再往东住的是后来成为华东化工学院筹建人之一的苏元复教授一家。当时，几家的小孩子也玩在一起，周国治还把斗蛐蛐的游戏带到了孩子们中间，带着其他孩子去逮蛐蛐。至此时止，周国治一家曲折的避难之路才算结束。也是从此时始，交通大学为周国治创造了良好的学习环境。

1949 年，周修齐和王达时两家人在上海的何应钦公馆合影
（前排左起：周国城、周国治、周国平、周国范、周国强、王素珍；
后排左起：周修齐、罗碧焜、王达时夫人、王达时）（供图：周国治）

三、学习生涯的转折

在重庆的三年多时间本该是周国治接受启蒙教育的时候，但因为战争，周国治没能接受稳定、连续的小学教育。用他自己的话来说，他早年在学业上“简直是一塌糊涂”。

当时正值抗战激烈的时候，重庆的防空警报特别多。据周国治回忆，那几年日军飞机经常到重庆轰炸，当地就有专人负责用气球来提醒民众紧急避难，日军飞机一来轰炸就升起红气球。若升起红气球，当地就组织民众躲到防空洞；若升起绿气球，就意味着警报解除。当时重庆的民众虽然对日军飞机的轰炸心惊胆战，但长期下来也已经习以为常了。周国治说：“到了重庆，我们整天就躲在防空洞，一拉警报就躲防空洞。”这是周国治童年时期无法接受稳定、连续教育的主要原因。

那段时间，周国治的父母经常带他参加同学会、交流会等活动，周国治认为自己年少好玩的天性也影响了自己早年的学习。周国治笑着回忆道：

> 我姐姐比我大两岁，我弟弟比我小一岁多，我有的时候跟我姐姐同班，有的时候又跟我弟弟同班，在重庆的那几年，一点儿书都没念，在昆明也是没念，所以我才把学业都荒废了。[①]

1945 年底回到上海后，周国治按照年纪应该读三年级，但上海的学校有入学考试，从未参加过考试的周国治进入考场后十分紧张。考试这一段有个插曲。据周国治回忆，他拿到试卷后什么题也不会做，但巧的是他在考场的座位挨近门窗，带他来考试的表哥就在窗口教他做题，想给他答案。周国治一下就慌了，担心被老师发现，他认识到这是作弊行为，正义感让他决定一个字也不听，一道题也不抄。最后他旁边位置的同学听到答案居然考了满分，而周国治自己反而考得一塌糊涂，甚至都没及格[②]。后来，学校考虑到他刚从重庆过来，便有所照顾，最终录取了他。周国治进入上海市私立培真小学就读，这算是周国治正式接受教育的开始。校舍实际上就是一座小洋楼，小学的学生基本是在楼前的庭院里读

---

① 周国治访谈，访谈时间：2019 年 7 月 19 日。

② 周国治访谈，访谈时间：2019 年 7 月 19 日。

书。如今这座小洋楼还在，只不过门前的庭院已改成宽阔的大马路了。

上海市私立培真小学今址（照片由章梅芳拍摄，经周国治确认）

上海市私立培真小学当时的校长是叶克平，江苏宿迁人，1912 年生，东吴大学法学院毕业，中华人民共和国成立前是中共上海地下组织在文化教育界的主要领导之一。叶克平曾任上海市浦滨小学教师，上海市私立培真小学教导主任、校长，上海市中等教育研究会理事长。叶克平一生淡泊名利，立志为国家培育人才，他多次婉拒仕途，在上海教育界享有盛名，曾被誉为上海“十大教育巨头”之首。但当时的上海市私立培真小学并不是非常优秀的学校，周国治的父母是因为其离家最近而送周国治去该校就读的。

在上海市私立培真小学读书期间，周国治深得老师和同学的喜爱。周国治举了两个典型的例子。

一次考试，周国治拿了好几张成绩单回家。四门课四个整六十分，跟父亲说都及格了。父亲一看就火了，把装成绩单的口袋一摔，说道：“什么及格？你考个整六十分，我都考不到整六十分！那么巧，四个整六十分？老师加的（成绩）！”周国治跟父亲解释说不是加的成绩，父亲反而更生气了。母亲一直偏爱周国治，拿他当宝贝，便出来劝和。周国治从小身体不好，母亲还曾报名让他去学习太极拳以强健体魄，她这时就站出来让周修齐不要再计较，周修齐才肯作罢。后来回想起这件事，周国治觉得这确实是老师对自己的偏爱。

1947 年，周国治在上海与某太极拳社的老师同学合影
（左边第一个小孩即为周国治）（供图：周国治）

另一件事就是，贪玩的周国治带了一把打火药的玩具枪到学校。当时学校全体学生在第一节课八点时要唱歌，周国治在唱歌的时候没忍住，小手放在裤子口袋里摸手枪玩，没想到一不小心扣动了扳机，“砰”的一声惊动了全班，所有同学都震惊了，歌声都停了，大家四处张望，想知道声音是从哪里发出来的。老师很生气，问是谁干的，这时同学们已经发现烟正从周国治的裤兜里往外冒。周国治心虚不已，想着这下肯定完了，心爱的手枪要被没收了。当堂的老师朝周国治这一排走过来，挨个掀学生的桌板排查，结果一无所获，只好回到讲台开始上课。当时，周国治暗自庆幸没有被查到。对此，周国治回忆道：

> 其实老师在保护我，你知道吗？我的兜冒烟，他掀桌板干吗？这就表示他查过了。没查到，那就算了。现在我知道了，老师那时候对我还是很好的。①

念小学的时候，周国治的学习成绩不好，但动手能力很强。除了会自制斗蛐蛐的各种小工具，家里大大小小的东西坏了，他都会主动去

① 周国治访谈，访谈时间：2019 年 7 月 19 日。

修。这也是受父亲周修齐的影响。当时，一家人住在33号楼，小楼配电容量很小，保险丝经常会被烧坏，每当这时候，总是周修齐去修理，更换保险丝。周国治看在眼里，记在心里。后来，父亲不在家的时候，保险丝坏了，他就自告奋勇地爬上梯子去修理。在他印象中，有一次他去修的时候，突发奇想觉得爸爸用的细铜丝容易烧断，不如换一根粗一点的铜丝，那样会更耐用，没想到换上以后一合闸，“嘭”的一声，家里的电扇爆了，还起了火，吓得周国治赶紧拉下电闸跑去救火。尽管没酿成大祸，但周国治心里依然惴惴不安，担心父亲回来会责罚他。没想到，父亲听说这件事以后非但没有责怪他，还做了自我检讨。他自称是自己的错，并跟周国治解释说，应该使用保险丝而不是细铜丝，因为保险丝一过载就会熔化，可是他没买到保险丝，所以就凑合着用极细的铜丝代替，细铜丝在超电流下也会被熔断从而起到保护作用；没想到周国治用粗铜丝，这样它熔不断就非常危险。可见，周修齐对儿子的教育显然不是家长式的作风，他敢于在孩子面前做自我批评，同时还能利用生活中的例子对孩子进行知识启蒙和教育。尽管当时的周国治未必能明白其中的科学道理，但无疑对他后来凡事愿意多问几个为什么产生了积极的影响。

中华人民共和国成立后，周国治一家重新搬回交通大学，周国治也被送到就近的文治中学读书。文治中学是当时交通大学的教授为了省钱让自己的子女读书所创办的一所中学，借用唐文治①先生之名，称为文治中学。当时的文治中学校舍由一间叫文治堂的礼堂改造而成，该礼堂为纪念前校长唐文治的功绩命名如此。交通大学原有上院文治堂作为学校大礼堂。抗战胜利后，原礼堂难以满足需要，学校决定新建一座大礼堂。1946年，交通大学同学会推选赵曾钰组织筹委会，在校友中募集资金施工。1947年奠基，1949年落成，1950年4月8日校庆，由茅以升、赵祖康、顾毓琇、王之卓等校友代表同学会移赠，并将新大礼堂命名为新文治堂。据周国治回忆，当时文治堂的构成主要是舞台和大厅，然后就是几间化妆室、播音室和工具间。学校就将这几间房子改成初高中的班级教室，一共大概办了六个班，从初一到高三全部招生，老师们

① 唐文治（1865—1954），著名教育家、工学先驱、国学大师，著有《茹经堂文集》《十三经提纲》《国文经纬贯通大义》《茹经先生自订年谱》等。曾任上海高等实业学堂（上海交通大学前身）及邮传部高等商船学堂（大连海事大学、上海海事大学前身）监督（校长），创办私立无锡中学（无锡市第三高级中学前身）及无锡国学专修学校（苏州大学前身）。

的办公室就在放映室和过道、走廊上。一个班有五十几个人，周国治的成绩排在倒数几名。在他的记忆里，当时学校的师资队伍中，科班出身的教师数量比较少，老师的形象等各有不同。教物理的老师是不习惯新疆的生活而跑回上海的，教几何的老师岁数比较大还留着胡子，教英文的老师则年轻时髦。

新建时的新文治堂（供图：姜玉平）

文治堂今景（照片由章梅芳拍摄）

当时，周国治学习成绩不好，做家庭作业时很苦恼，他的大姐周国范功课非常好，周国治在很多课程上求教于姐姐，尤其是数学，姐姐通常会很耐心地为他解答。“结果有一次吵了架，”周国治回忆道，“后来要交家庭作业了，几何题我做不出来，半天了，实在没办法，又去找她。结果我姐说：‘你现在来找我了，你刚才那么横。’几句话后她就不教了，这下就把我憋回去了。一回去，没办法，（我）怎么都要把它解出来。结果花了一个多小时，我还真把这道题做出来了。”几经挫折，坚持思考，终于做出来题的周国治很高兴，得意地跑去跟姐姐炫耀说：“不要你教，我照样做得出，你看看是吧？”周国范一看，生气地说：“好，你神气了，你以后再别来问我！”“我就不问你了！”从那以后，周国治开始自己思考解题，成绩也越来越好。

“一个顶嘴，这是我一生最大的转变。”周国治笑道，“唯一的损失就是钢琴她不教了，我也不会了，我现在弹的水平还是她最后一次教我的那首曲子，其他的我都弹不出来。”①

正是这一次靠自己的努力，成功地破解了一道几何题，对周国治后来的学习产生了积极影响。他开始变得自信，并且对学习逐渐感兴趣，上课专心了。有一次在几何课上，老师讲完课后留出 5 分钟出了一道题让学生去做，周国治很快就做了出来，但周国治之前成绩很差，做出来后不敢举手，便反复检查自己的解题步骤验算答案。反复检查多遍确认没问题后，周国治便鼓起勇气举起了手。这一下，全班同学都震惊了，连老师也惊讶地从讲台上下来走向周国治。看到周国治的答案后，他点点头说周国治做对了。

这件事对周国治产生了很大的影响——原来自己也可以解出来难题，班上没人做出来，就自己能做得出，这给了他莫大的自信。从那以后，周国治的几何越学越好，每次考试测验都能拿满分。越学越好，越好就越有兴趣，越有兴趣就越爱学。几何学得好大大激发了周国治的学习热情，他的奋斗方向也朝着其他学科延伸，每门学科都要学得好，要考高分甚至满分，这是他对自己的要求。在这种情况下，周国治的成绩直线上升，到初三时已在班上名列前茅，升学考试后他被市西中学、南洋模范中学、上海市立上海中学等上海当时一流的学校录取。最终，周国治选择到市西中学就读。

---

① 周国治访谈，访谈时间：2019 年 7 月 19 日。

市西中学今貌（照片由章梅芳拍摄）

市西中学位于上海静安区，是上海市实验性示范性高中。学校前身为尤来旬学校，于 1870 年由具有中英混合血统的邦妮夫人（Madame Bonnie）创办，校址在虹口美租界的密勒路，主要招收在沪的欧亚混血侨童。借由英籍商人汉壁礼爵士（Sir Thomas Hanbury）所捐赠的大笔款项，尤来旬学校得以扩大和改善，校名先后改为“汉壁礼蒙养学堂”“汉壁礼男童/女童公学”“公立暨汉壁礼西童男学/女学”“公立暨汉壁礼侨童男校/女校”。抗战胜利后，于 1946 年在“公立暨汉壁礼侨童男校/女校”的基础上，留美博士赵传家建立了市西中学，今址在上海市静安区愚园路 404 号。在周国治的印象中，市西中学的对数表等参考书上还印有“剑桥大学赠送”等英文字样。

当时，上海市立上海中学需要寄宿，其他私立学校的学费比较贵，比如周国治的弟弟上的南洋模范中学每学期学费是 60 多元。相比之下，作为公立学校的市西中学每学期学费只要 16 元。为此，周国治选择了市西中学。他不仅考上了好学校还给家里省了钱，因此获得了父亲奖励的永久牌自行车。据周国治回忆，那时的永久牌自行车很贵，要 150 元一辆，需要父亲半个月的工资才能买到。这辆自行车饱含着父亲对其努力的认可和鼓励，周国治从此在学习上更有冲劲了。

1955 年夏天，周国治家庭合照
（前排从左到右分别是周国城、周国强、罗碧焜、周国平、周修齐；
后排从左至右分别是周国治、周国范）（供图：周国治）

和在文治中学的情况不同，初中成绩名列前茅的周国治升入市西中学后，刚开始学习还感觉到有些吃力，但贵在坚持，高中的周国治在学业上从未放松，学习劲头反而更足。勤奋好学、追求上进的周国治不仅想做到几何成绩好，还想做到每门科目成绩都要好，拿下更高的分数。用他自己的话来说，要做到“数理化稳步上升，政史地也毫不落下”。在考试时，周国治凭借着良好的记忆力，几乎能将所有知识点全部背出，经常拿到满分。1955 年高中毕业时，周国治的成绩已经是班里数一数二的了。在他的印象中，自己的高考成绩在班上排第二名。应该说，市西中学三年的学习为周国治之后的科研生涯打下了坚实的基础，他的课程无论是数理化还是政史地都学得十分扎实，他不仅以这一扎实的基础去迎接高考，后来甚至还靠着这些基础去自学和奋斗，最终走上了科学研究的道路。

第二章　艰苦的大学时光（1955—1959年）

1955年，中华人民共和国已经成立6年，以发展工业为核心的第一个五年计划正如火如荼地进行着，钢铁工业作为国家工业发展的重中之重，吸引着千万热血青年投身于“钢铁强国”的建设之中。1955年8月，在父亲的殷切希望中，含着满腔热血，怀着一身抱负，周国治踏入北京钢铁工业学院的校门。这一年，我们的祖国正欣欣向荣地发展着，社会主义三大改造即将完成。遗憾的是，随后我们便开始走向艰难的探索阶段。此时的周国治，未曾想到，满是期待的大学生涯，竟会随着社会的迷惘与躁动而陷入沉浮之中。

一、高考志愿

20世纪50年代，世界范围内掀起了一场工业化的浪潮，而此时，中华人民共和国刚刚成立，百废待兴。第二次世界大战之后，世界两极格局对峙极为激烈。随着冷战的逐渐展开，以苏联为首的社会主义阵营和以美国为首的资本主义阵营之间的矛盾不断激化。两大阵营不仅在政治制度与军事实力上展开了全方位竞争，还围绕着两种不同的经济发展道路展开了激烈较量。中华人民共和国成立初期，资本主义阵营对中国进行政治孤立、经济制裁与军事封锁，朝鲜战争的爆发加剧了东北亚的紧张局势，中国周边的战争威胁并未消失。如何快速发展经济、巩固新生的社会主义政权成为政府最为关心的问题。苏联与一些东欧国家以资金与技术援助的形式积极支持中国的经济建设，来自苏联的援助在中国工业化的发展进程中起到了重要作用。在苏联的帮助下，新中国奋发图强，社会主义三大改造、第一个五年计划相继展开，祖国的精神面貌日新月异，社会主义事业蒸蒸日上。

苏联对华援助的其中一种方式是培养中国专家，主要通过接受中国留学生学习和技术干部实习两种途径来实现，中苏分别于 1951 年和 1952 年签订《关于中国公民在苏联进行生产技术实践的条件的协定》《关于中华人民共和国公民在苏联高等学校（军事学校除外）学习之协定》①；另一种方式则是派遣技术人员、专家、教授到中国指导教学。

中国政府向苏联派遣留学生大致可以分为几个阶段。第一阶段是 1950—1953 年，采取“严格选拔，宁少勿（毋）滥”的方针，共派遣 1708 名留学生。第二阶段是 1954—1956 年，采取“严格审查，争取多派”和“以理工科为重点，兼顾全面需要”的方针，共派遣 1213 名研究生、4640 名大学生，另有进修教师 135 名、实习生 6802 名。第三阶段为 1957—1958 年，采取“多派研究生，一般不派大学生”的方针，其中派出研究生 544 名、大学生 60 名、进修教师 176 名、实习生 874 名。第四阶段为 1959—1965 年，派遣留学生数量很少。1960 年以后，每年派往苏联的留学生只有数人至数十人②。

1955 年，周国治即将迎来人生的重大转折点——高考，经历三年充实的学习与扎实的累积，周国治对自己充满信心。但就在此时，却发生了让周国治甚至全家人都意料不到的事情。

学校的行政管理领导忽然召集年级中学习成绩优异的学生，周国治本以为这是为了指导成绩好的学生报考大学，却发现领导们询问的是与报考不相干的问题。“当时他就问了我一个问题——有没有海外关系？我是广东人，我小时候从香港出来，不可能没有海外关系，这个是肯定有

① 蒋菁. 中国社会主义道路选择问题研究[M]. 北京：五洲传播出版社，2016：120.

② 张久春，蒋龙，姚芳. 新中国初期向苏联派遣留学生[J]. 百年潮，2008，(11)：56-59.

的。”[①]周国治非常坦白地承认了自己有海外关系，虽然也提到了自己与有着海外关系的人从不交往，但还是造成了始料未及的影响。

原来学校领导是秉承“严格审查，争取多派”的方针，通过审查学生的社会背景与家庭情况，以决定这些优秀学生的去向。那些经调查没有问题的学生，不少获得了去苏联留学的机会，没去成苏联的基本也被保送到清华大学等著名高校，其中就包括周国治的同学、好朋友孙祖训[②]，他被保送到清华大学工程物理专业学习。

海外关系造成的限制，不但让周国治失去了去苏联留学和保送到好大学的机会，连一些重点大学的保密专业，包括周国治十分喜爱的物理相关专业，也被限制报考，剩下的选择十分有限。在当时能够选择的专业之中，作为国家工业建设重点的钢铁冶金行业是最具前景的，经过一番深思熟虑，周修齐鼓励周国治学习冶金专业。周修齐是金属焊接方面的权威专家，焊接又被称为“小冶金”，为此他就希望周国治未来能在冶金领域有所作为，为国家工业建设做出贡献。但周国治母亲不同意，她只有一个原则，就是让孩子念离家近的交通大学，她实在舍不得周国治离家太远。

二人几经商讨未果，母亲和刚从美国回来的中国科学院冶金陶瓷研究所（中国科学院上海硅酸盐研究所前身）所长周仁[③]的太太十分熟悉，于是带着周国治去周仁家寻求指导和帮助。不巧的是，那天周仁刚好不在家，周仁的太太接待了周国治母子。在周国治的记忆中，周仁的太太十分洋气，由于刚从国外回来，还不适应说普通话，周仁的太太与周国治母亲交流大多使用英语。因为周仁不在，二人最终未能解决问题。但周国治的母亲是个十分执着的人，她随即又找到当时的交通大学机械系系主任周志宏[④]，期望得到一些指点。

---

① 周国治访谈，访谈时间：2019 年 11 月 6 日。

② 孙祖训（1937—），出生于湖北武汉，幼年随父母迁居上海，1955 年毕业于上海市市西中学，1961 年本科毕业于清华大学工程物理系，1965 年研究生毕业后分配到核工业部原子能研究所（中国原子能科学研究院前身），学术研究方向是带电粒子核反应。1985—1996 年任中国原子能科学研究院院长。

③ 周仁（1892—1973），冶金学家和陶瓷学家，上海科学技术大学首任校长，中国钢铁冶金学、陶瓷学的开创者和奠基人之一，原中央研究院院士，1955 年当选中国科学院院士（学部委员）。

④ 周志宏（1897—1991），冶金与金属材料专家，中国合金钢与铁合金生产的奠基人之一。1955 年当选中国科学院院士（学部委员）。

周志宏是冶金与金属材料领域的专家，后来担任上海金属学会理事长和交通大学副校长，他的话在当时颇具权威性。没想到周志宏在听说周国治有意向学习冶金专业之后，连连道“好极了，好极了”，随即推荐周国治到北京钢铁工业学院去学习冶金专业，而并没有如周国治母亲所愿鼓励周国治报考交通大学。

周志宏（照片引自《中国科学技术专家传略·工程技术编·冶金卷1》）

北京钢铁工业学院于1952年由北洋大学、唐山铁道学院、山西大学、北京工业学院、西北工学院、清华大学6所著名院校的采矿和冶金相关学科共同组建而成。作为新中国钢铁工业的最高学府，它传承了中国近代史上第一个矿冶学科的火种，孕育着新中国钢铁强国的梦想。1960年，北京钢铁工业学院更名为北京钢铁学院。对很多人来说，“钢院”这个简称使用得更为广泛。1988年，北京钢铁学院更名并定名为北京科技大学。

冶炼系（后改称冶金系）始建于1952年创校之时，是代表北京钢铁工业学院特色的学科系之一。清华大学钢铁学院1952年度第一学期学生人数统计表显示，新设的北京钢铁工业学院共设有4个系9个专业及1个钢铁机械专修科。这4个系分别是采矿系、冶炼系、金相及热处理系、钢铁机械系。其中，冶炼系设有钢铁冶金专业，分为炼铁、炼钢和电冶金三个专门化，教授 11 名（当时全校仅有 25 名教授），学生 306 名[①]。至 1955 年，冶金系至少设有 4 个教研组，分别是炼钢教研组、炼铁教研组、冶金原理物理化学教研组、电冶金教研组，设有电冶、炼钢、炼铁、冶金、铸工等 17 个实验室[②]。其中，电冶金教研组是新中国的第一个电冶金教研组。

20 世纪 60 年代的北京钢铁学院全景（供图：周国治）

周志宏推荐周国治报考北京钢铁工业学院冶金专业的理由有三：其一，北京钢铁工业学院的冶金专业在国内确属前沿；其二，北京钢铁工业学院有两位即将留学归来的教授——肖纪美[③]和张兴钤[④]，以及已经回国任教的柯俊[⑤]教授，三人都能带回学术前沿的最新思想；其三，周志宏的儿子周以苍也即将回国，选择到北京钢铁工业学院任教。听了周志宏的话，周国治非常兴奋，当下就决定要报考北京钢铁工业学院。周国治回忆道：

> 所以我的第一志愿——北京钢铁工业学院；第二志愿，照顾妈妈，填上海交大，离家近；第三志愿，清华；第四志愿，北大。我这个志愿现在看来是个笑话，当时很正常，事实上我们班上好多考

---

① 《北京科技大学（北京钢铁学院）纪事》编辑组. 北京科技大学（北京钢铁学院）纪事 1952—2012[M]. 北京：科学出版社，2013：8.

② 《北京科技大学（北京钢铁学院）纪事》编辑组. 北京科技大学（北京钢铁学院）纪事 1952—2012[M]. 北京：科学出版社，2013：20-21.

③ 肖纪美（1920—2014），金属材料科学家、冶金教育家。1957 年 10 月，到北京钢铁工业学院任教，先后任金属物理教研室主任、材料失效与控制研究所所长、环境断裂开放实验室主任，1980 年当选中国科学院院士（学部委员）。

④ 张兴钤（1921—2022），金属物理学家，中国金属物理领域的奠基人之一，1955 年回国任北京钢铁工业学院教授，1991 年当选中国科学院院士（学部委员）。

⑤ 柯俊（1917—2017），材料物理学及科学技术史学家，中国金属物理、冶金史领域奠基人。自 1954 年开始，在北京工业钢铁学院任教，先后任北京钢铁工业学院金属物理教研室主任、物理化学系系主任、北京钢铁学院副院长；1980 年当选中国科学院院士（学部委员）。

上清华北大的，成绩都在我之后。①

高考结束后填报志愿时，周国治经过谨慎分析，决定填报当时北京钢铁工业学院冶金系最好的专业——电冶金专业。

出于“儿行千里母担忧”的心理，周国治的母亲迫切地想让周国治把第一志愿改成交通大学，不要离家太远，而父亲周修齐及周国治本人都不同意更改志愿，坚持要到北京钢铁工业学院学习。

填报高考志愿的时候还有一个有趣的插曲。当时周国治的语文老师李辉群反对他填报的志愿，她是复旦大学文学系代理主任刘大杰的夫人。李辉群老师认为周国治在班里成绩拔尖，其他成绩在周国治排名之后的学生都填报北京大学、清华大学，周国治应该更换一个更好的志愿。据周国治回忆，李辉群拿到他的志愿申请表后，以“周国治身体弱小，钢铁需要大力气”为由，反复劝说周国治更改志愿，但周国治还是听从了周志宏和父亲的建议，坚持了原先的选择，最终以第一志愿被北京钢铁工业学院录取。

此时的周国治还未想到，这份坚持让他的人生从此偏离了个人设想的轨道，走向一条自己从未想象过的道路。自此，周国治与冶金行业和物理化学结下了“剪不断，理还乱”的情缘。

二、校园印象

1955 年夏天，在即将到北京求学之际，周国治的父母和姐弟与他一起庆祝，全家人在中山公园留下珍贵的合影。7 月底，高考后的暑假即将结束，上海当年考上大学要北上的 1000 多名学生坐上从上海到北京的“新生北上团”专列，一同踏上了远离家乡的北上求学之路。全家人兴高采烈地来为周国治送行，与周国治一起考上北京钢铁工业学院的还有同班同学蒋国昌、韩瑛。

① 周国治访谈，访谈时间：2019 年 11 月 6 日。

1955年，周国治一家在中山公园留影
（从左至右：周国平、周国城、周国强、周国范、周修齐、罗碧焜、周国治）
（供图：周国治）

由于学生众多，列车超员 10%，又因为是加班车，“新生北上团”专列为了给其他列车让路，逢站必停。经历了三天四夜的拥挤与颠簸，周国治于 1955 年 7 月 30 日才到达北京前门火车站，彼时的周国治迷迷糊糊地感觉自己成了个泥人。在前门火车站下了火车，坐上学校派来接应的大卡车，周国治隐约感受到，大学生活好像和自己想象中的不太一样。

周国治回忆道：

> 到了北京都傻眼了，我们当时是从前门下车的，（学校）开了一辆大卡车来接我们。这个大车开进钢院我又傻一次，当时钢院西校门还在，主楼建了，理化楼、教学楼建了，可是后面（区域）全没建，都是山沟沟，就跳（着走）、跳、跳，最后跳到九斋。[①]

北京钢铁工业学院自 1953 年 9 月从清华大学迁往满井村新址，10 月 8 日在新址开课。至 1955 年夏，基础设施仍在建设之中，除了必备的教学用楼、办公用楼、学生住宿的地方，其他设施不是还未开建就是正

① 周国治访谈，访谈时间：2019 年 11 月 6 日。

在建设中。学校路面坑坑洼洼、凹凸不平，到处堆着土堆，沟壑纵横，这和当时交通大学的校园环境自然没法相比。父亲在交通大学上班，自中学起就生活在交通大学校园里的周国治，面对这样一幅景象，心里难免有些泄气。

1955 年，刚入学的周国治在建设中的学生宿舍前留影（供图：周国治）

可想而知，北京钢铁工业学院的学生宿舍也是刚建成。因为北洋大学与清华大学的相承关系，北洋大学的宿舍称为“斋”，共有甲、乙、丙、丁、戊、己、庚七处，清华园内也有得名于《大学》中“三纲领八条目”的“明、新、善、静、平、强、诚、立”八个斋，北京钢铁工业学院也沿用了“斋”的叫法来给学生宿舍命名，一斋到十斋先后落成。

周国治入学后被分配到九斋的 228 房间，这是一个不到 14 平方米的狭窄空间，里面放了两张上下铺的双人床和一张单人床，要张袂成帷地住满 5 个人。这还不是最让周国治难以忍受的，公用卫生间的状况更是让他十分不适应。

入学不久后，很快到了冬天，周国治在同学的带领下到清华大学、北京航空学院（1988 年 4 月改名为北京航空航天大学）游玩。其中有一件事让周国治颇为介怀。

在清华大学工字殿（现被称为工字厅）后厅北面厅门外，可见一脉青山、一池秀水、一塘碧荷、两座古亭，这就是被称为园中园的“水木清华”，工字厅门外上方正额“水木清华”四字，传说是康熙皇帝御墨。

两旁朱漆圆柱悬有清代咸丰、同治、道光三代礼部侍郎殷兆镛撰书的名联“槛外山光历春夏秋冬万千变幻都非凡境，窗中云影任东西南北去来澹荡洵是仙居”，可见此处风景秀美，宛若仙居。冬日里，池塘结冰，这里便成为学子们滑冰的好去处。当时，在清华大学读书的同学便会拉着周国治去清华园里的“水木清华”滑冰。

从南方来的周国治、蒋国昌、韩瑛等人，对北方特有的滑冰运动有着强烈的向往之情，但北京钢铁工业学院又不像清华大学那样有现成的水池。为了满足同学们滑冰的愿望，学校便提前在路上浇水铺冰，赶上天气冷、运气好，浇好的水就能凝结成冰，但在多数情况下，就算等几天几夜，冰也冻不成。

相对较差的校园环境和生活条件，让刚迈入校门的周国治对自己的大学生活有些失望。但彼时在北京和北京钢铁工业学院的校园时光中，依然有许多有意思的事，让周国治的生活充满亮色。

周国治于 1955 年 7 月 30 日到达北京，8 月 2 日安顿下来以后，与友人共游颐和园。当时，旅游的概念还没在新中国普及开来，颐和园里的游客非常少。时值 8 月，夏蝉有节奏地聒噪，衬托着一池荷花顾自在阳光下静谧盛开，排云殿、佛香阁等建筑，飞檐斗拱、廊腰缦回，高处下望，美景无限。回忆颐和园之行，周国治不禁接连感慨：“简直太美了！那时候颐和园和现在不一样，非常安静，没有多少人，我们玩下来，简直太高兴了。”①

除此之外，丰富的校园文化生活也给周国治留下了深刻印象，其中最重要的就是北京钢铁工业学院的交谊舞会。

交谊舞是起源于西方的国际性社交舞蹈，又称舞厅舞。交谊舞早在 20 世纪 20 年代左右传入中国。中华人民共和国成立初期至五六十年代，交谊舞在中国尤其是在文化界、各个事业单位、国有企业、各大高校中广泛流行起来。在 20 世纪 50 年代的大学里，会跳交谊舞仿佛成为学生必备的技能，在一些高校中，学校的学生组织甚至发起“扫舞盲”活动。在宿舍的走廊里、在昏暗狭窄的过道上，学生们在课业之余抓住一切机会学习跳舞，无数美好动人的故事在舞会上发生。舞蹈在那个物资匮乏的年代里，给予了青年人宝贵的精神食粮。

---

① 周国治访谈，访谈时间：2019 年 11 月 6 日。

当时，举办交谊舞会在各大高校里风靡一时，北京钢铁工业学院也不例外。不但如此，北京钢铁工业学院的舞会在当时还颇负盛名，每逢周六夜晚，教师和学生汇聚一堂，大家在北京钢铁工业学院的大饭厅中迈起轻盈的舞步，伴随着优美的旋律，人们翩翩起舞，忘掉了一周的劳累。

时任北京钢铁工业学院教务长的魏寿昆①从德国留学归来，对交谊舞并不陌生，他的妻子又是音乐教师，在文艺方面很是活跃，于是跳舞就成为二人的共同爱好。每逢周六，魏先生都会暂停一周忙碌的工作，挤出宝贵的时间和夫人共同沉浸在优雅的舞蹈之中②。当时，魏寿昆伉俪是最受观众青睐及追捧的舞者，二人最喜爱的舞蹈是“快、慢圆舞曲”③。

由于那时录音机还没流行开来，舞会只能放唱片或者由乐队伴奏，而当时还在北京钢铁工业学院读书、比周国治高一年级的学长、后来成为中国工程院院长的徐匡迪④，就经常在舞会上要么拉大提琴要么吹号来为舞会伴奏。

当年舞会上轻松、热闹的氛围，以及北京钢铁工业学院的老师和同学们的优雅舞姿为周国治的大学时光增添了不少色彩。然而，校园生活终究只是大学的一小部分，并不能完全影响周国治的学习心态；学业上的不顺心，才真正让他一度想要转专业甚至退学重新参加高考。

三、课程学习

1955 年 9 月，得到周志宏推荐，如父亲所愿，周国治进入北京钢铁工业学院冶金系钢铁冶金专业电冶金专门化学习，然而学习并不如想象中的那么顺利。

---

① 魏寿昆（1907—2014），冶金学家、冶金物理化学家和冶金教育家，中国冶金物理化学学科创始人之一。1935 年毕业于德累斯顿工业大学化学系，获工学博士学位，1936 年任北洋工学院矿冶系教授，1956 年被教育部批准为一级教授，1980 年当选中国科学院院士（学部委员）。

② 《师者如兰》编委会. 师者如兰[M]. 北京：冶金工业出版社，2006：108.

③ 张晶晶. 魏寿昆：芝兰非独 静水流深[N]. 中国科学报，2013-03-29（6）.

④ 徐匡迪（1937—），出生于浙江崇德，钢铁冶金专家，中国工程院院士、美国国家工程院外籍院士、俄罗斯工程院外籍院士、瑞典皇家工程科学院外籍院士，上海市原市长、中国工程院原院长。1959 年，从北京钢铁工业学院毕业后留校任教于冶金系电冶金教研室；1963 年，被调到上海工学院冶金工程系工作。

本来是直奔柯俊和肖纪美两位知名教授而来，结果肖纪美比周国治到校还晚，而柯俊则在1956年创办了金属物理专业。1957年，肖纪美回国，直接到金属物理专业就职。在钢铁冶金专业电冶金专门化学习的周国治，就这样遗憾地与这两位教授擦肩而过。

更令周国治深感郁闷的是，理科出身、凡事都要讲理论的他，无论在性格方面还是在学习兴趣、思维方式方面，都与当时更加强调经验数据和实践操作的钢铁冶金专业有些格格不入。

当时，冶金系在大学一年级不开设专业课，教授的都是普通物理、普通数学、普通化学等，除此之外还有一些工程方面的基础课，如画法几何、机械制图、材料力学等，到高年级再增设相应的专业课。据周国治回忆，大学一年级的基础课对数学、物理、化学要求不高，数学学了微积分，这对于他来说倒是新鲜事物，但是只学习不到140个学时，而周国治在清华大学和北京航空学院的同学则要学习400个学时。

> 印象最深刻的一个例子，叫作泰勒级数，我们的数学必修课，要求非常简单，不证明，拿起来会用就行了。我以前读书总是要刨根问底的，你这里什么证明也没有，那叫什么？后来跟我那些同学一（比）对，我感觉自己简直就没学到东西。[①]

据周国治回忆，当时化学课的内容超出高中化学课内容的部分较少，对于中学数理化基础打得非常牢固的他来说，不需要花多少精力去学习。除了数学、物理、化学等科目，钢铁冶金专业电冶金专门化的学生还要学习机械零件、机械制图等基础课，这些科目也多要求学生记住各个知识点。这让周国治觉得这个专业不怎么追究深层次的学理，他多少有些“吃不饱”的感觉。

实际上，当时北京钢铁工业学院冶金系有许多专业能力很强的名师，系主任由林宗彩[②]教授坐镇，教学方面由系秘书长周荣章[③]协助管

---

① 周国治访谈，访谈时间：2019年11月6日。

② 林宗彩（1917—2000），冶金学家，教育家，我国转炉炼钢技术研究和开发的先驱者之一。1940年毕业于国立西北工学院矿冶系，1948年获美国匹兹堡大学工学硕士学位，回国后在交通大学任副教授。中华人民共和国成立后，受聘任北方交通大学唐山工学院（即唐山交通大学，今西南交通大学）冶金系教授。1952年全国高等学校院系调整后调入北京钢铁工业学院任教授，1954年起担任冶金系系主任，1979—1983年任北京钢铁学院副院长。

③ 周荣章（1927—2005），冶金教育家。1952年8月，调入北京钢铁工业学院任助教，历任讲师、副教授、教授，以及冶金系炼钢教研室副主任、主任，冶金系副主任、主任等职。

理，还有魏寿昆、朱觉[①]这样的大牌教授，师资力量并不弱，在全国冶金领域绝对是一流水平。由于冶金专业在当时属于热门专业，报考北京钢铁工业学院的学生也非常优秀，和周国治一同考来的蒋国昌等人，在上海市市西中学时的成绩也是名列前茅，还有从杭州市第一中学考来的徐匡迪等人，都是抢着报考来北京钢铁工业学院的。

但对于彼时的周国治来说，尚未接触到专业性更强的课程，基础课程过于简单，教师们对大学一年级学生的知识掌握程度要求较低，不追求“刨根问底”，这多少让他有些不满足。周国治本人对数学、物理等更具理论探索性的内容更感兴趣，加上经常与清华大学、北京航空学院的同学交流与对比，导致他颇为郁闷。

作为工科院校，北京钢铁工业学院十分重视实践，在人才培养的过程中尤其注重将学生的课程学习与劳动实习相结合。大一下学期，周国治和同学们就一起参与了一次工厂实习。当时，他被分配到太原市西北钢铁公司［太原钢铁（集团）有限公司前身］，主要的实习任务是做炉前工，每天负责铲炉渣，这让周国治更加感到困惑和迷茫。大学毕业后将来的人生方向是不是就要做自己不喜欢也不擅长的类似工作？周国治的专业思想有些动摇了。进入暑期，他便给父亲修书一封，希望要么转专业，或者干脆退学回家重新参加高考。

> 同学学得都比我多，我考得很好，（每门课的成绩）都5分，但这些有什么用？我就决定要转（专业）。我爸爸让我这么一讲，他也着急了，他觉得他也有责任，是他鼓动我读的冶金专业。我妈妈最高兴我回上海，我跟我爸爸说不行，要么我就转专业，要么就退学重考，结果我爸爸就着急了，就给北京钢铁（工业）学院写信。[②]

收到儿子来信的周修齐认为自己有很大责任，当初是他力主周国治学习冶金专业的，且在妻子提出要修改高考志愿时，坚决支持儿子去北京钢铁工业学院，这使得周国治失去了念交通大学等高校其他专业的机会。为此，周修齐亲自给北京钢铁工业学院冶金系教研组的刘述宁修书一封，请求将周国治转到柯俊教授创办的金属物理专业学习。

---

① 朱觉（1914—1996），冶金学家和教育家，我国电渣冶金的奠基人、电冶金教育的开拓者。1952年全国高等学校院系调整，从唐山交通大学调往北京钢铁工业学院，先后任教授、博士研究生导师、副院长。

② 周国治访谈，访谈时间：2019年11月6日。

1956 年，周国治在太原市西北钢铁公司实习时留影（供图：周国治）

收到学生家长的信函，北京钢铁工业学院冶金系非常重视，但转专业在当时是不大可能的。周国治是 1955 级学生，而金属物理专业从 1956 年才招收第一批本科生。转专业就意味着要降级了，而且也没有先例可循。考虑到学生家长的爱子之心，又不能不理会，刘述宁只好通过系主任林宗彩来给周国治做思想工作，周国治回忆道：

> 他来跟我谈话，就说“在这个专业你要安心”，就做思想工作。他是通过林宗彩系主任来找我谈话，意思就是让我在这个专业安心。①

但此时的周国治已经下定决心，无论如何都不想读钢铁冶金专业了。不巧的是，当时的社会形势开始发生变化，学生的学习安排后来逐渐被各种运动所影响。即使转专业成功，对于实际的学习也已经意义不大了。在周国治的记忆中，“反右整风”、“大跃进”、教育革命运动等接连而来，让许多人自顾不暇，自己转专业的事也就被彻底遗忘了，他本人也不得不放弃“折腾”。回忆起这段经历，周国治依然唏嘘不已：“怎么还能奢求别的？只能继续随大流，在冶金专业读下去。”②

1956 年 9 月，周国治升入大学二年级，开始接触包括冶金物理化学在内的专业课。20 世纪 50 年代，北京钢铁工业学院在专业教学和学科发展规划方面主要是学习苏联的经验。1959 年，中央人民政府先后为北京钢铁工业学院聘请了金属开采、钢铁冶金、金属压力加工、冶金机械

① 周国治访谈，访谈时间：2019 年 11 月 6 日。

② 周国治访谈，访谈时间：2019 年 11 月 6 日。

等方面的苏联专家顾问 7 人和交流学者 4 人，他们对北京钢铁工业学院建立教学组织、安排教学活动、修订教学计划和教学大纲、开展科学研究、培养师资等工作起到了促进作用[①]。当时，冶金系通过教学大纲的审定开设的 7 门专业课程包括“炼铁”“普通炼钢”“电冶金”“普通冶金”“冶金企业组织计划”“冶金炉”“冶金原理”，全部采用苏联教材。

此时的周国治，纵然专业没有转成，有些许的意难平，却并没有在学业上放弃自我，仍旧在努力学习。在各个科目的各类考试中，周国治几乎都能考到 5 分的好成绩，这在当时的冶金系里是难得一见的。在冶 60 • 1 班，更是很少有同学能够各科都考到 5 分，这也让周国治获得了不少像“三好学生”这样的荣誉称号。

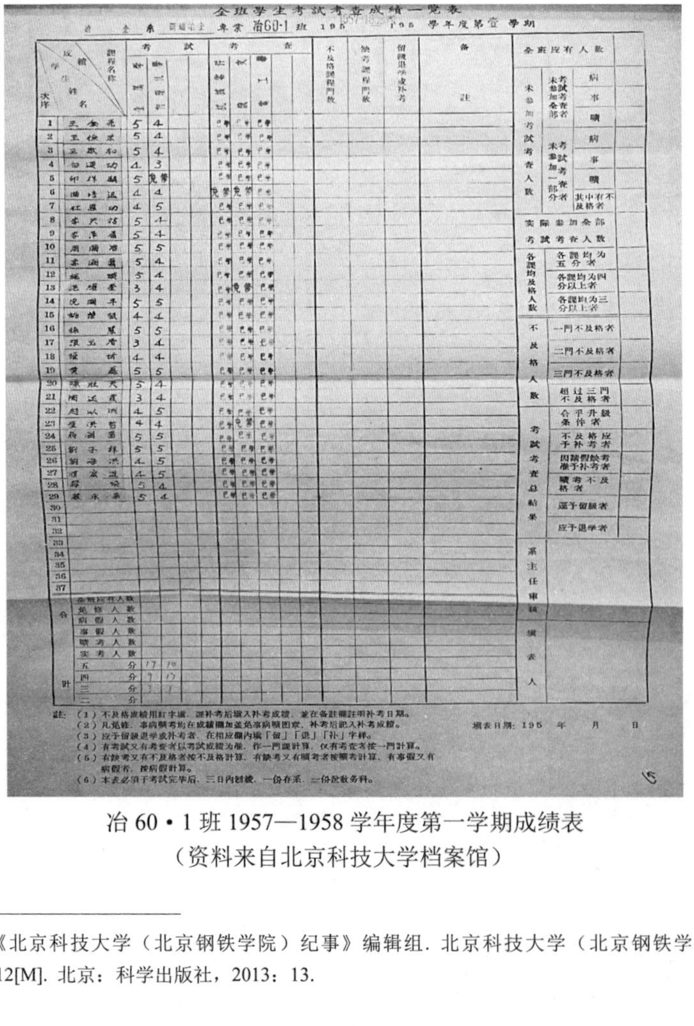

冶 60 • 1 班 1957—1958 学年度第一学期成绩表
（资料来自北京科技大学档案馆）

---

① 《北京科技大学（北京钢铁学院）纪事》编辑组. 北京科技大学（北京钢铁学院）纪事 1952—2012[M]. 北京：科学出版社，2013：13.

遗憾的是，1956 年苏联共产党第二十次代表大会召开之后，中苏关系逐渐破裂，在华的苏联专家开始陆续撤离中国，北京钢铁工业学院的教学尤其是专业课程的教学和科研受到很大影响。1957 年 1 月 25 日，被派往北京钢铁工业学院的苏联冶金机械专家索柯洛夫（Л. Д. Соколов）回国，6 月 14 日，彼得里琴柯（А. М. Петлихинко）和苏霍托里斯卡娅（У. А. Сухотолиская）两位苏联铸工专家回国。当时，全国性的整风运动展开，这对周国治的课程学习再次产生了不利影响。

1957 年 4 月 27 日，中共中央发出《关于整风运动的指示》，决定在全党进行一次以正确处理人民内部矛盾为主题，以反对官僚主义、宗派主义和主观主义为内容的整风运动。根据中央精神，从 5 月中旬开始，北京钢铁工业学院开始开展整风运动。6 月 8 日，中共中央发出《关于组织力量准备反击右派分子进攻的指示》，整风运动转向了反右派斗争。随后，北京钢铁工业学院对新学年的教学计划进行修订，各年级周学时数和课程门数均有减少；6 月 11 日，系主任、专业教研组主任会议决定毕业生毕业答辩评分只以“及格”与“不及格”计，一、二、三年级学生的考试延后一周；18 日，系主任会议进一步决定，全部考试改为笔试考查①。据周国治回忆，仔细算来，他踏踏实实学习的时间只有一年半不到，专业课的学习则只有半年而已。

不仅学习时间得不到保证，“反右”运动中的思想改造几乎影响到每个人。据统计，1957 年 8 月，北京钢铁工业学院反右派斗争进入处理阶段，教师、干部和学生有 370 余人被错划为“右派”分子，直到 1978 年底，根据中央精神，党委对所划“右派”全部改正②。其中，周国治所在的钢铁冶金专业就有 3 名同学被划为“右派”，个人命运受到很大影响③。身材瘦小、性格内向的周国治，原本是个害羞内敛的人，但在这样的形势下，有时也不得不参与相关活动。

1958 年 5 月，中国共产党第八次全国代表大会第二次会议正式通过了党的社会主义建设总路线，号召全党和全国人民争取在 15 年或者更短

① 《北京科技大学（北京钢铁学院）纪事》编辑组. 北京科技大学（北京钢铁学院）纪事 1952—2012[M]. 北京：科学出版社，2013：39-41.

② 《北京科技大学（北京钢铁学院）纪事》编辑组. 北京科技大学（北京钢铁学院）纪事 1952—2012[M]. 北京：科学出版社，2013：41.

③ 周国治访谈，访谈时间：2019 年 11 月 6 日。

时间内，在主要工业产品的产量方面赶上和超过英国。会后，全国各条战线迅速掀起了“大跃进”的高潮。8 月，中共中央政治局在北戴河举行扩大会议，提出 1958 年钢产量要在 1957 年 535 万吨的基础上翻一番，达到 1070 万吨，作为 1958 年实现“大跃进”的主要步骤。为实现该指标，全国掀起了“全民大炼钢铁运动”，并且“以钢为纲”，带动了其他行业的“大跃进”，把运动推向了高潮。

6 月 10 日，高芸生[①]院长在全院大会上代表党委做“关于社会主义建设总路线”的报告，号召全院师生“鼓足干劲，苦干，实干，争取五年内把北京钢铁工业学院建设成为红旗学院”。会后，各院系分别开会讨论院系的“跃进指标”。同时，学校在完成“七一”献礼项目后掀起了生产建设高潮：院内筹建的第一座小高炉于 6 月 22 日破土动工，29 日即可出铁，被命名为“跃进号小高炉”。1958 年下半年，北京钢铁工业学院的“大跃进”运动更加深入。

在周国治的印象中，当时他的许多同学被派往西北等边远地区以及一些条件艰苦的山区去大炼钢铁，他个人则相对比较幸运地留校搞科研，因为当时的北京钢铁工业学院还有另一个重要的任务在进行，那就是国庆献礼。1958—1960 年，北京钢铁工业学院最重要的活动主要有三类：一是教育革命运动，创办校内工厂，推进教学、科研和生产相结合；二是带动和支援全国的大炼钢铁运动；三是开展“技术革命”，鼓励和推进科研“献礼”。这几件事与周国治个人的成长生涯有着密切的关联，不仅影响了周国治大学的课程学习，也对他后来转向物理化学教学和科研产生了影响。

“献礼”实际上是“大跃进”运动的一个组成部分。1958 年 8 月 14 日，北京钢铁工业学院召开全体师生员工大会，魏景昌[②]副院长代表党委和学院行政领导做《十一国庆献礼动员》报告，各院系纷纷表达了决

---

① 高芸生（1910—1966），河北武清（现天津市武清区）人，先后任大冶县工矿委员会书记，华中钢铁公司监委、经理，中南重工业部黄石市办事处主任，中共黄石市委书记兼中共中南工业部华中钢铁公司（大冶钢铁厂前身）委员会书记、315 厂筹备处副主任；1952 年 12 月，任部属华中钢铁公司副总经理兼大冶钢铁厂厂长；后任中共湖北省委委员、中南财经委员会副主任、武汉钢铁公司副总经理等职；1956 年，调任中共北京钢铁工业学院委员会第一书记兼北京钢铁工业学院院长。

② 魏景昌（1910—1992），河南汝南人，教育工作者和钢铁工业专家，曾任湖北省交通厅副厅长、华中钢铁分公司党委副书记兼副总经理，1952 年 12 月担任北京钢铁工业学院首任党支部书记，同时兼任副院长，1953 年 10 月卸任党支部书记一职，继续担任副院长至 1956 年 6 月。

心。1958 年 8 月 28 日，高芸生向全院师生做当前工作任务的报告，代表党委号召全院师生苦干 30 天制造先进产品向国庆献礼。北京钢铁工业学院的献礼活动分为院内和院外两部分：三年级和四年级的大部分学生与部分青年教师由中央分配去各地指导钢铁生产，支援全国钢铁工业“大跃进”；留校师生员工继续通过大搞科研、技术革命、钢铁生产、大兴建厂、大搞教学改革和坚持体育锻炼等方式完成献礼。10 月 1 日，北京钢铁工业学院师生员工完成 370 件作品向国庆献礼[①]。

其中，柯俊、肖纪美、张兴钤、朱觉等教授均在为国庆献礼做准备，留在学校研究高温合金、特种炼钢等科研项目。当时，这些教授需要一名大学生助教过来帮忙干活，成绩优异的周国治被幸运地选中留校搞科研，没有被派到外地去支援大炼钢铁。在周国治的记忆中，这次科研经历中有一个闹笑话的地方让他记忆犹新，那就是“中药炼钢”项目，即把枸杞、岐黄等中药材倒进炼钢炉里，搞特种炼钢。虽然大家都知道这是在胡闹，但当时也不得不这么做。“倒进去都成了碳”，自然什么也没炼出来[②]。

随后，周国治被分配到石景山钢铁厂做炉前工。这一次，周国治非常幸运地逃过一劫。当时，他被分配到钢铁厂 6 号炉工作，恰逢某一天轮到周国治休息，6 号炉刚好在那天发生炉缸爆炸。至今说起来，周国治还心有余悸。不久，周国治又被派到北京城西北的清河制泥厂，从事土高炉的生产工作。在清河镇，周国治大概待了半年时间。

在周国治看来，“大跃进”尤其是大炼钢铁运动在一定程度上导致北京钢铁工业学院不再是让人特别稀罕的地儿了，最直接的表现就是优质生源减少。据他回忆，他 1955 年入学时，冶金系的几个专门化方向——电冶金、炼钢、炼铁，几乎每个方向都能招满，1 个班有 30 多个人，算起来 1955 级冶金系有 300 多人，到了 1958 级，报考北京钢铁工业学院的学生显著减少了。

1957 年到 1958 年的这段时间，在周国治的记忆里，自己几乎完全没能安心地学习。对周国治来说，他学习成绩优秀，1959 年 3 月被提前

---

① 《北京科技大学（北京钢铁学院）纪事》编辑组. 北京科技大学（北京钢铁学院）纪事 1952—2012[M]. 北京：科学出版社，2013：51-54.

② 周国治访谈，访谈时间：2019 年 11 月 6 日。

1958 年，周国治（第二排右五）在清河水泥厂与同学等合影留念（供图：周国治）

抽调参加工作，后来又错过了回炉学习的机会，五年大学算起来实际的课程学习时间少之又少。对比今天的大学生，有那么好的学习环境和学习条件，周国治对自己的那段大学学习历程充满了感慨。

四、提前毕业

对于北京钢铁工业学院来说，1957 年的反右派斗争和 1958 年开始的“大跃进”，加上教育革命运动，使得原有的教学秩序被打乱，生产劳动被列入教学计划，师生纷纷下工厂、下农村；同时，教师尤其是有影响的老教师在教学中的主导作用受到影响，其中一些人被划为“右派”，教师队伍一下子缩水了许多，急需一批政治上可靠的青年教师充实教学力量。

冶金系 1954 年招生时将 4 年学制改为 5 年，造成 1958 年没有毕业生，无法从毕业生中遴选合适的人加入教师队伍。虽然 1959 届的许多学生毕业后留在了学校工作，但师资队伍建设的力度还是不够。这样的情况显然不只发生在北京钢铁工业学院及其冶金系，当时国内很多高校及其院系也大都如此。为此，一些高校开始从未毕业的学生中抽调一些政治上合格的优秀人才提前毕业，并留校任教。据周国治回忆，冶金系也决定抽调一部分 1960 届的学生。就这样，成绩优秀、父亲是大学教员、算是普通职员家庭出身的周国治，便被提前抽调出来任教。当时冶金系与他一同被抽调的 1960 届学生里，除他之外，还有炼钢专业的 3 名同学。

1959 年 3 月，本该在 1960 年 7 月才毕业的周国治，保留了学籍，以被抽调到物理化学系基础物化教研组任助教的名义提前毕业。

1960 年 8 月 1 日，周国治获得了正式的本科毕业文凭，拿到了毕业证书。学校毕业文凭登记表显示其文凭编号为（60）钢本字第 2315 号。周国治的大学生涯就这样结束了。回忆起自己的大学阶段，周国治满是遗憾。本是抱着一腔热血，打算努力深造，一心搞科研，但先是被不尽如人意的生活条件以及不太顺利的学业浇了一盆凉水，紧接着又赶上社会上的运动，周国治的北上求学之路可谓是跌宕起伏。

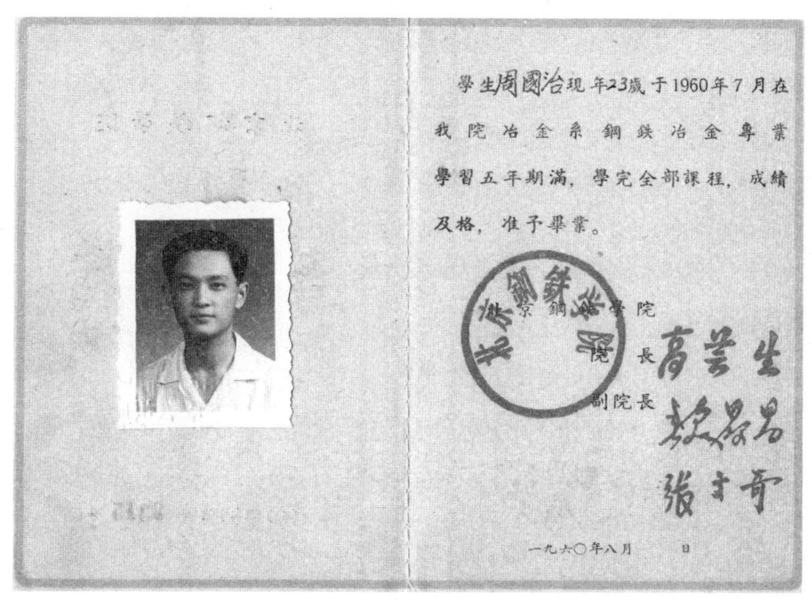

學生周國治現年23歲于1960年7月在我院冶金系鋼鐵冶金專業學習五年期滿，學完全部課程，成績及格，准予畢業。

北京鋼鐵學院

院　長

副院長

一九六〇年八月　　日

1960 年，周国治的大学毕业证书（供图：周国治）

更让他伤心的是，由于大学的后半段社会上的运动闹得厉害，同学之间的情谊变得很淡薄。1960 年 7 月，班里同学拍毕业合影，周国治和大家在一起拍了照片。至今想起当时的情景，依然唏嘘不已。

1960 年，冶金系钢铁冶金专业 60 • 1 班毕业照（第三排左二为周国治）
（供图：周国治）

但是人间自有真情在，在这混乱的时期，还是有美好而浪漫的爱情故事上演，而且就发生在与周国治同一届的钢铁冶金 60 • 2 班。一名陈姓男同学与一名李姓女同学相爱，陈出身于高干家庭，李则出身于“右派”家庭。陈的父母自然不同意二人交往。当时，李被下放到遥远的新疆，陈则留在北京钢铁学院冶金系稀有金属教研组工作。最后，陈冲破了家庭的阻力，不远千里，把李从新疆追了回来，二人组建了幸福的家庭。这个动人的故事让周国治至今回想起来心中仍充满了温情。

可以说，周国治的大学生活过得并不如意，但是，人生总是充满了各种可能性。他认为自己的大学阶段因种种原因而没能打下扎实的知识基础，但他并没有因此而消极放弃。在那样的年代里，只学了一年半的周国治，虽然有些沮丧，却依然一步一个脚印踏实地走了下去。他尽可能地学好各门课程，尽可能地利用一切时间加紧学习，在自己的能力范围内，做好自己认为对的事情。这一点在他后来的科研生涯之初，体现得更为明显。机会总是留给有准备的人。1959 年，22 岁的周国治提前结束大学生活，加入北京钢铁工业学院物理化学系基础物化教研组从事教学工作，这是他人生的一次重要转折。事实表明，他抓住了这次难得的机会，并且成功地为自己后来的学术转型奠定了基础。

第三章　教学科研初起步（1959—1966年）

20世纪50年代末至60年代中期，我国经历了“大跃进”、反右派斗争和三年困难时期等，这些困难造成的影响几乎波及每一个普通人，周国治也不例外。然而，只有勇于为梦想坚持不懈的人，才不会被时代的洪流裹挟着前行，周国治就是这样一个寻梦之人。尽管大学的知识基础打得并不牢固，但凭着自己的聪明才智和一股闯劲，周国治将教学工作做得有声有色。不仅如此，他更是凭着对科研探索的无尽热情和执着付出，为自己寻找到了未来数十年为之奋斗的学术方向。

一、主讲“物理化学”

1959年3月，因物理化学专业师资力量不足，成绩优秀的周国治提前毕业，被抽调到北京钢铁工业学院物理化学系基础物化教研组留校任助教。

物理化学系简称理化系，始建于1956年，由柯俊、魏寿昆等人发起，柯俊担任系主任。该系设置冶金物理化学和金属物理两个专业以及四个教研室，这四个教研室承担了全校外语、数学、化学及物理四个专业的基础课教学工作。当时，北京钢铁工业学院作为一个传统工科院校，设置的物理化学系却是带有偏理科性质的院系，系内冶金物理化学和金属物理两个专业，更是被称为北京钢铁工业学院的“两大理论台柱”。

1959 年夏天，周国治一家人到浙江莫干山避暑。父母对周国治提前毕业并留校任教十分支持，虽然母亲还是希望自己的大儿子能留在身边，能回上海工作，但是周国治能留在北京钢铁工业学院依然是件值得高兴的事情。毕竟，在母亲看来，儿子体质比较弱，实在不适合去钢铁厂做工人。在父亲看来，儿子适合做科研，家里的氛围一直就是崇尚科研，他们家是书香家庭，周国治能继续在冶金材料方面从事科研和教学工作，成为大学教师，是值得高兴的事情①。

1959 年夏天，周国治一家人在莫干山合影
（前排从左到右：罗碧焜、周修齐、周国强，后排从左到右：周国平、周国城、周国治）（供图：周国治）

1959 年 7 月，周国治以教师的身份匆匆登上讲台，开始给电冶金方向 1962 届的学生讲授“物理化学动力学”课程中的冶金反应动力学。回忆自己当年 7 月就要开始上课的事，周国治感到有些啼笑皆非：

> 我的物理化学，半年是正正经经学（的），下学期几乎就没怎么学（过），就搞运动搞掉了。好笑的是，我是物理化学下半册刚学完，3 月（被抽调）出来的，7 月就叫我上课，就讲“物理化学”

① 周国治访谈，访谈时间：2021 年 8 月 2 日。

了，现在再看觉得是有点儿胡闹。[①]

一般来说，当时刚抽调出来的年轻助教只负责编写给学生用的习题卡，或者是在教研组有集体活动时负责扫雪、除草、大扫除等杂活，而周国治从3月被抽调到7月正式上讲台授课不过隔了不到4个月，这是之前从未有过的先例。当时教研组有一位高诒善[②]教授，同时也是物理化学系的系副主任，在一次偶然的集体活动（劳动拔草）中，他出了一道从莫斯科钢铁学院带来的物理化学难题，作为助教的周国治提出可以将这道题编进习题卡提供给学生。高诒善觉得这道题太深、太难，没人能做出来，没想到周国治说愿意试试，劳动结束后跟着高诒善去他家拿到了题目，结果他很轻松地就解出了这道难题，这让高诒善对他刮目相看。于是，周国治得以破格录用，不再只是给学生编习题卡，而是正式登上讲台，开始承担课堂授课任务。

虽然得到了教研组的认可，但这并不代表周国治能获得学生的认可。学生们都知道这位周老师和他们学的是同一个专业，年纪轻轻的，都没有学成毕业就来讲课，因而十分不服从他的管教，调侃他为“小老师”，还在课堂上起哄。周国治对这样的情况也早有心理准备，心里憋着一口气，在备课时格外卖力，甚至精心撰写了关于冶金反应动力学方面的心得论文。论文中的许多内容都是书上找不到的原创，是周国治自己钻研的成果。耗费如此多的心血，再加上在授课中颇有技巧，周国治的讲课效果非常好，学生们开始对他刮目相看，课堂起哄的情况不再有了，答疑的时候，学生们对他更是十分尊重。

当时，罗泾源是这门课的主讲老师，他觉得周国治的授课内容很新颖，授课效果也很不错。出色的授课能力让教研组的前辈和同事们眼前一亮，于是决定从1959年9月开始，把冶金专业13个班300多人的大班“物理化学”课全部交给周国治。提前毕业短短数月的周国治自此开始上大班课，担任冶金专业“物理化学”课程的主讲教师，课程中还涉及一些统计热力学的内容。

---

① 周国治访谈，访谈时间：2019年11月6日。

② 高诒善（1914—1968），1937年毕业于清华大学化学系，抗战时期随校迁入国立西南联合大学。先后在重庆大学、西南师范学院等任教；1954年，调往北京钢铁工业学院物理化学系；曾以教授身份到苏联留学深造，回国后任北京钢铁学院物理化学系副主任。

冶金专业算是工科类专业，学生自然也就是工科学生，而统计热力学对当时学工科的学生来说理论性过强，就如同让学习普通物理和化学的学生学习经典物理化学，是有一定难度的，且统计热力学学习到深处，范围还要扩大，向上走要更宏观，向下走要更微观，这时就体现出周国治理论基础的扎实。他对课程的掌握得心应手，上起课来游刃有余。当时物理化学系系主任柯俊的办学理念非常强调对基础学科知识的掌握，冶金物理化学专业和金属物理专业之所以是五年半学制，就是为了多出半年时间来加强数学、物理的学习。周国治凭借扎实的学科基础和出色的教学能力，很快在系里获得一片赞誉。至今，他的同事们回忆起来，都称赞周国治上课上得好。关于他上课的特点，听过他讲课的陈廷琨回忆道：

> 他（讲课）讲得好！他讲课干净利落，他要讲什么一定讲清楚，不会让你觉得听完课后还没听明白。就是他不讲的就不提，他提的事就一定要说清楚，所以这样让不论是听课的还是复习的学生都方便，我觉得这是他的特点。有的老师上课的时候就恨不得把所有的知识都教给你，讲得很多，但是不利落。[①]

周国治的物理基础和数学基础都非常好，所以他讲的课逻辑性强。周国治的同事熊楚强回忆道：

> 他把里面的物理概念都讲得非常清楚，我给你举个例子，比如说我们讲薛定谔方程，波函数是最难懂的东西，但是拿到周国治那里，他可以讲得非常具体、非常形象化，物理模型特别清楚，物理概念讲得非常清楚。[②]

当然，能快速地在讲台上站稳脚跟，除周国治具有刻苦钻研的精神外，也与其父亲、姐姐、弟弟都是科研人员有关，他的家庭有着浓厚的学术氛围。据熊楚强回忆，当年他曾到周国治位于上海的家里做客，第一次见到周国治的弟弟周国强，周国强便拉着他探讨物理问题，足见周国治的家庭学术风气之浓，这使得周国治对科学的钻研精神与兴趣都非

---

① 陈廷琨访谈，访谈时间：2020 年 7 月 22 日。

② 熊楚强访谈，访谈时间：2020 年 7 月 20 日。

常强烈[①]。

就这样，在学业上不甚顺利的周国治，在北京钢铁学院的教书之路却颇为顺畅。可能是在教育方面颇具天赋，在之后的日子里，周国治成为教研组的骨干力量，也被委以重任承担一些艰巨的工作，如参与指导来北京钢铁学院进修的老师。

1961年，周国治与基础物化教研组教师、进修教师合影
（前排正中者为周国治）（供图：周国治）

1961年，周国治承担了冶金工业部老干部班的教学培训任务。当时的冶金工业部从部长到司长、处长，很多领导是工农兵出身，文化水平不高，缺乏相关的专业知识，显然不利于冶金工业部自身的科学运转及对全国冶金行业发展的科学领导与业务指导。中央非常重视这个问题，提出要大力提升这些老干部的专业知识水平。当时的北京钢铁学院隶属于冶金工业部，顺理成章地成为向这些老干部提供专业知识再教育和培训的最合适的院校。就这样，当时的北京钢铁学院接受了老干部班的教

① 熊楚强访谈，访谈时间：2020年7月20日。

学培训任务。

老干部班的学员专业基础比较差，学员的文化水平也参差不齐，从小学到中学不等，很少有人接受过正规的大学教育。对他们而言，“熵”“焓”这些概念太抽象，确实难以理解，加上其中一些人是倔脾气，对老师的教学方法不满意就让换老师。开班之后，一个又一个老师被赶下台，基础物化教研组对此一时间束手无策。恰逢此时教研组出了一个大家都说讲课讲得好的年轻助教周国治，他就被派去老干部班试一试。

与照搬物理化学公式的其他老师不同，周国治颇有巧计，他知道老干部们不爱听那些枯燥、艰深的理论，就用更容易被老干部班“学生”所接受的讲道理、讲故事的形式授课，没想到效果很好。回想起这件事，周国治还有些小得意。

> 你去给他们讲东西，就别从数学公式开始讲了，从他们生活中有感受、能体会的事来讲。举个例子，物理化学有个最大的研究课题就是反应有个过程，这个过程有方向，就是从左到右反应。怎么去讲呢？我们物理化学有个“熵”，$dS \geqslant \delta Q/T$ 的话就是自发的，等于就是平衡的，但你这么讲，人家受不了。所以我就讲通俗的例子，水从高处流向低处，你就可以判断谁低谁高。但速度就不一样了，如果路曲曲拐拐的那就慢，如果很顺畅，一个斜坡就很快。结论就是：一个过程能不能进行，就看高度差，流的速度多快，就看路面光滑不光滑。我就从这个角度给他们讲，他们全接受了。①

就这样，周国治被老干部班的学员愉快地接纳了，顺理成章地留下来，担任冶金工业部老干部班“物理化学”课的主讲教师，后来他接连带了两届老干部班，直到“文化大革命”开始。

二、东躲西藏搞研究

从 1959 年 3 月被提前抽调，到 1960 年 7 月拿到学校补发的毕业证书，周国治始终觉得自己在学业上有所欠缺，学得不扎实。虽然从 1958 年秋至 1960 年党对知识分子的政策有所调整，但反右派斗争扩大化的影

---

① 周国治访谈，访谈时间：2019 年 11 月 6 日。

响依然余波荡漾。这一切对刚刚毕业的周国治产生了一定的影响，但并没有阻挡住他的求学之心。除日常备课和必要的读书学习之外，一有闲暇，周国治就偷偷地从事与物理化学相关学术前沿的学习和探索。

据周国治回忆，当时社会上盛行订阅《红旗》杂志，在学校里，许多学生、助教、老师都自愿花钱订阅《红旗》，他自己也是其中的一员。

《红旗》杂志由中国共产党中央委员会主办，创刊于 1958 年 6 月 1 日。那个年代著名的“两报一刊”，指的是《人民日报》、《解放军报》和《红旗》杂志。《红旗》堪称中国理论第一刊。“两报一刊”经常联合发表社论或文章，很有权威，在国内外有相当的影响。

在那些依然不太敢光明正大地钻研业务的日子里，周国治经常研读《红旗》，有时把课本、补习资料放在《红旗》下面，趁没人注意，就挪开《红旗》，悄悄读一读下面的学习资料或做公式推演，一有人注意到自己，就认真研读《红旗》。

> 当时我们是三个人住一个房间，旁边还有来串门的，一串门进来不就看见你在搞什么了嘛。所以，当时我又想搞业务，又不敢，那怎么办？明天有课，就名正言顺备课；明天没有课那不好看书，我们只能看《红旗》，《红旗》我也会认真看，不过人一走，我就抓紧看一看下面的数学书。①

据周国治回忆，尤其是在 1958—1959 年，自主读书和学习受到不小的影响，情况到 1961 年以后才开始好转②。1959—1961 年，三年困难时期给中国的经济发展造成沉重打击，粮、油和蔬菜、副食品等的极度缺乏严重危害了人们的健康和生命。在这期间，除了需要躲躲藏藏地在艰难的环境中学习和搞科研，还有另一个严峻的问题困扰着周国治——吃不饱饭。

1959 年开始做助教的周国治，一个月的工资是 46 元，到 1960 年涨到 56 元，之后一直到 1979 年没有再涨过工资。当时，周国治父亲一个月的工资为 300 元，周国治的姐姐、弟弟都在上海生活，因此能够靠着父亲的接济生活，相比之下，远在北京的周国治只能依靠自己。不过，

① 周国治访谈，访谈时间：2019 年 11 月 6 日。

② 周国治访谈，访谈时间：2019 年 11 月 6 日。

比工资低更严峻的问题是，根本买不到食物。

> 那时候还有个问题，吃不饱，没东西吃，大家就去街上买罐头，到处去买，果酱啊……有个老太太（卖东西），大家围上去买，（我）也跟着排队，排排排，排到前面一看，（结果是）卖《红旗》的。[①]

1961年7月19日，中共中央同意聂荣臻《关于当前自然科学工作中若干政策问题的请示报告》和国家科委党组、中国科学院党组《关于自然科学研究机构当前工作的十四条意见（草案）》[简称《科研十四条（草案）》]的报告。党中央认为，请示报告中提出的各项政策规定和具体措施是正确的，在自然科学工作中必须坚决贯彻执行；这份文件的精神，对于一切有知识分子工作的部门和单位，也都是适用的。要求各高校、大中厂矿、医院、报社、杂志社、出版社等单位的党委，都应当认真地讨论，结合自身的情况，参照执行。为此，知识分子成为团结的对象，中共中央希望各单位积极调动他们的积极性，使他们能够放心、负责地去做工作。要切实保证他们的工作时间，要求和帮助他们踏踏实实做出成果[②]。同年9月15日，《教育部直属高等学校暂行工作条例（草案）》（简称《高教六十条》）经中国共产党中央委员会书记处讨论通过，明确提出"思想政治工作不但要管红，而且要管专""把在业务上比较努力，但是在政治上进步较慢，或者政治上处于中间状态的人，指为走'白专道路'，是不对的"[③]。

1962年2月16日至3月12日，国家科学技术委员会在广州召开全国科学工作会议。3月2日，周恩来在全国科学工作会议和文化部、中国剧协召开的剧本创作座谈会共同组织的大会（简称"广州会议"）上，做题为《论知识分子问题》的报告，重新肯定了他在1956年提出的知识分子的绝大部分已经是工人阶级的一部分的结论，以及当时提出的对知

---

① 周国治访谈，访谈时间：2019年11月6日。

② 中共中央同意聂荣臻《关于当前自然科学工作中若干政策问题的请示报告》和国家科委党组、中国科学院党组《关于自然科学研究机构当前工作的十四条意见（草案）》的报告（一九六一年七月十九日）[M]//中共中央文献研究室. 建国以来重要文献选编：第十四册. 北京：中央文献出版社，1997：514-516.

③ 中华人民共和国教育部直属高等学校暂行工作条例（草案）（一九六一年九月）[M]//中共中央文献研究室. 建国以来重要文献选编：第十四册. 北京：中央文献出版社，1997：580-607.

识分子的正确政策。3 月 4 日回北京前，陈毅跟他谈了准备在会上讲话的大意。他赞成陈毅的讲话，强调我们的科学家和知识分子是人民的科学家、社会主义的科学家、无产阶级的科学家，是革命的知识分子，应该取消资产阶级知识分子的帽子。3 月 5 日和 6 日，陈毅在“广州会议”的讲话中，宣布给广大知识分子“脱帽加冕”，即脱掉“资产阶级知识分子”之帽，加上“劳动人民知识分子”之冕。3 月 28 日，周恩来在第二届全国人民代表大会第三次会议的《政府工作报告》中再次强调，要团结知识分子，信任和关心他们，使他们更好地为社会主义服务，再次明确宣布，我国的知识分子是劳动人民的知识分子①。

在此背景下，高校的教学和科研环境开始好转。1962 年 4 月，北京钢铁学院庆祝建院 10 周年，制定了 1962 年科学研究重点项目计划，并举行了学术研讨会，其中炼铁、炼钢、冶金机械、金属学、采矿等 6 个教研组分别宣读了学术报告并进行了讨论②。

当时，北京钢铁学院还组织了一场“回炉”运动，要求被抽调提前毕业的助教重回课堂继续学习，以提高知识水平，巩固理论基础，其中就包括 1959 届、1960 届和 1961 届提前毕业的留校生。始终觉得自己学得不扎实的周国治也一心想要跟随大部队“回炉”再造，踏踏实实地重新学习。

然而，很多年轻助教参加“回炉”学习，基础物化教研组又没有新鲜血液加入，导致师资力量严重不足。周国治的教学能力十分出众，在系里承担了多门课程的教学任务，系主任柯俊实在不舍得放周国治走。据周国治回忆，为了留住他，柯俊提出等他结束教学任务后，就介绍他到南开大学化学系进修三年，并把他推荐给自己的同学杨石先去读硕士研究生。周国治一听便动了心，就此留在教研组继续做助教，放弃了“回炉”再造的机会③。据周国治回忆，这并不是柯俊唯一一次挽留他，希望他继续留在教研组。1962 年，冶金工业部有色金属司要调他去做部长助理，爱才的柯俊没有将这件事告诉周国治，而是主动提出让周国治

① 夏杏珍. 60 年代前期党对知识分子政策的反思和调整[J]. 当代中国史研究，2001，8（4）：107-117.

② 《北京科技大学（北京钢铁学院）纪事》编辑组. 北京科技大学（北京钢铁学院）纪事 1952—2012[M]. 北京：科学出版社，2013：81.

③ 周国治访谈，访谈时间：2019 年 11 月 6 日。

的室友许汝豪前去有色金属司担任该职，就这样将周国治留了下来。让周国治没想到的是，许汝豪刚调到有色金属司没多久，就赶上“文化大革命”，被下放到昆明市的农场劳动，后来又去了攀枝花钢铁厂，再也没能回到北京。

1962年，魏寿昆和邵象华[①]开始给物理化学专业1962级本科生讲授“冶金过程物理化学”“真空冶金在炼钢过程中的应用”两门课程，周国治被教研组安排负责这两门课的教学辅导工作。据周国治回忆，这是新开设的课程，全国独此一份，由北京钢铁学院的一级教授魏寿昆和冶金工业部钢铁研究院的邵象华研究员领衔讲授，可见课程的前沿性和重要性[②]。十分幸运的是，正是这段经历让周国治迈入了真正的学术研究的大门，可以说成为这两门课程的助教是周国治走上冶金物理化学学术前沿的一个关键的推动因素。其中，魏寿昆更是启发周国治走上冶金物理化学学术领域前沿的重要前辈。

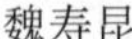

魏寿昆

邵象华

北京钢铁学院的冶金物理化学专业是中华人民共和国成立后的第一个物理化学专业，因此开设的许多课程都缺少教材及资料。为了更好地保证教学效果，魏寿昆编写了《活度在冶金物理化学中的应用》作为上

① 邵象华（1913—2012），钢铁冶金学家、钢铁工程技术专家，中国钢铁冶金工程的奠基人和开拓者之一，中国科学院院士（学部委员），中国工程院院士。

② 周国治访谈，访谈时间：2021年8月2日。

课使用的教材。他把从国外带回来的最前沿的知识，系统地、有条理地全部编写进这部教材，今天看来，这部教材奠定了冶金物理化学学科在我国的发展基础。据周国治回忆，在当时，连国外都没有这种全面、系统的教材。这本书对周国治产生了举足轻重的影响。

魏先生把当时世界上一流的东西全部拿来，可以这么说，他那本书，每一个题目、每一个章节，就是一大篇论文，都是最前沿的，后来我（的）论文也是一篇一篇这么（写）出来的。①

由于没能“回炉”再学习，又不甘于放弃在学术上的探索，加上受魏寿昆《活度在冶金物理化学中的应用》一书的影响，周国治决心要自学数理化，开始疯狂地给自己补课。当时，他给自己列了一个庞大的补课清单，按照理科的高标准严格要求自己，内容包括数理方程、线性代数、概率论、微分几何、场论、“四大力学”（理论力学、电动力学、量子力学、热力学与统计物理）、量子化学、物质结构等，这些对他来说几乎是空白的内容。他认为自己是一个理科教师，必须掌握这些基本的知识。

后来我不是想“回炉”不让我回嘛，不让我回我自己很清楚我不行的。我就靠我的中学，我高中那三年是扎扎实实地真正学到东西的。大学也没学东西，后面也不可能学，所以对我来讲就要补。……他们回班补课了，一个个在上课，我没有，我在教课，我就靠自己补，补数学、补物理、补化学，一样一样补。②

周国治的补课方式有两种。一种是随班听课，这种方式比较适合他。然而，因为他此时的身份已经不是学生，有自己的教学任务，所以去听课时不能总是做到按点到，时间上受到的约束比较多。另一种方式是自学，自学的时间可以自由掌握，相对好一些。然而，随着自学补课的深入，有三个问题日益凸显并困扰着周国治。一是助教工作任务繁重，能用来学习的时间很少；二是由于缺乏老师的指导，自学的速度太慢，往往容易受其他事情的拖累，学习进度得不到保证；三是数理化知

① 周国治访谈，访谈时间：2019 年 11 月 6 日。

② 周国治访谈，访谈时间：2019 年 11 月 6 日。

识浩如烟海，独自学习很难找到方向，怎么补都补不完。自学一段时间后，周国治觉得不能再这样下去，一定要走一条新路，要到学术的最前沿去钻研。

> 当时我就冷静下来思考怎么办，我将来的出路在哪，后来就觉得不对，我不能再去补基础了。补基础太慢，太费时间，而且解决不了任何问题，有的时候看不懂的地方还会被卡住。我想我不能再这么下去了，必须走一条新路，什么叫新路？就是我必须跑到前沿去，跑到学科的前沿。论文，就邹元爔这些学者做的论文才是前沿，所以在1962年我下定决心去看论文。①

由于魏寿昆回国的时间比较早，《活度在冶金物理化学中的应用》一书虽然基本网罗了冶金物理化学领域的重要课题，但书中涉及的相关知识内容此时已经不都在学术的最前沿。为此，周国治盯上了刚刚回国的邹元爔②等人。他仔细研读了他们的论文，打算先了解新内容，遇到问题再回到基础找方向来进行补习。邹元爔时任中国科学院上海冶金研究所

邹元爔
（照片引自《中国科学技术专家传略·冶金卷》第401页）

① 周国治访谈，访谈时间：2019年11月6日。

② 邹元爔（1915—1987），冶金学家，半导体材料专家，中国冶金物理化学活度理论研究的先驱，中国科学院院士。

副所长，研究主要涉及熔渣和金属中组分的活度、渣和金属间的平衡、火法和湿法冶金过程中的物理化学基本理论。他完成了大量二元系、三元系冶金体系中组分活度和金属间化合物生成自由能的研究，为冶金物理化学积累了宝贵的数据。周国治的学术生涯就是在魏寿昆的启发下，在与邹元爔对话及其指引下开始起步的。

在这一段自学时期，周国治充分利用聪明的头脑和数理化的扎实基础，在魏寿昆等教授的启发下，通过孜孜不倦的探索，开始有了一些创新性想法，并着手准备撰写学术论文。然而，虽然 1961 年尤其是 1962 年高校的科研业务环境有所好转，但当时学校里依然有一些比较“左”的人，他们对于一心投入学术钻研的周国治有些看不顺眼。1963 年至 1966 年上半年，中共中央在全国城乡开展社会主义教育运动，即“四清”运动。“四清”在农村最初是“清账目、清财物、清工分、清仓库”，后期在城乡中表现为“清思想、清政治、清组织和清经济”。“四清”运动开始后，周国治被下放到天津杨村镇进行劳动改造和操练。在此期间，周国治每天除了拉练，还要割麦子，参加大量劳动，再次失去了集中精力读书和钻研学术的机会。

1963 年，周国治在天津市杨村镇某空军部队参与操练
（第三排右起第四人为周国治）（供图：周国治）

由于身体较弱，周国治于 1964 年回到北京钢铁学院坚持上课和指导学生。7 月，他带“化 65 • 4 班”学生去大连实习，此时的他整个人看起来十分瘦削。不过，身体因素丝毫没有成为他从事科研的障碍。回到学校的周国治不肯放弃钻研，继续关注学术前沿。当时，周国治在学术期刊上读到邹元爔发表的多篇论文[①]，尤其是邹元爔 1963—1964 年在《金属学报》[②]上连续发表的 3 篇论文。

1964 年，周国治在大连市海滨（供图：周国治）

众所周知，由于高温实验的困难，利用已知相图来求活度，是解决活度数据来源的有效方法之一。邹元爔沿着这一思路，提出由化合物生

---

① 这四篇论文分别是：徐元森，邹元爔. $PbCl_2$-$SnCl_2$ 和 $PbCl_2$-$CdCl_2$ 熔体中的活度. 化学学报，1963，29（3）：181-189；邹元爔. Cu_2S-FeS 熔体中的活度. 金属学报，1963，6（1）：83-86；徐元森，邹元爔，刘辅链. CaO-CaF_2 和 CaO-SiO_2-CaF_2 系熔渣和 HF-H_2O 气体间的平衡研究. 金属学报，1964，7（1）：24-31；邹元爔. 铟-锑和锡-碲系的热力学数据与相图的关系. 金属学报，1964，7（2）：123-129.

② 《金属学报》创刊于 1956 年，是由中国科学技术协会主管、中国金属学会主办、中国科学院金属研究所承办、科学出版社出版的材料冶金领域的学术性期刊，是我国材料冶金方面最早的期刊之一，主要刊登冶金科技和材料科学与工程方面具有创新性、高水平和有重要意义的原始学术论文，以及反映学科发展状况的综述和信息性文章。

成的自由能来计算活度的另一种计算方法，但是，他的方法在化合物成分点附近的计算中遇到了被积函数趋于无穷大的困难，这限制了该方法的使用。周国治心念一动，便抓住这个难题紧紧不放。在他看来，如果能解决这个问题，将为由化合物相图求活度的方法开创新的广阔天地，其意义不言而喻。

于是，周国治投入解决“被积函数出现无限大”的“战斗”中。凡事爱多问几个为什么的周国治，通过类比推理，逐渐找到了解决该问题的方向。他记得前人处理过类似的问题，在吉布斯-杜安（Gibbs-Duhem）方程的积分中，曾出现过端点被积函数出现无穷大的问题，前人引进了一个 α 函数来解决问题。根据类比推理，只要能在化合物成分点找到一个类似的函数，就能解决这个问题。经过一段时间的苦苦思索，一天夜里，周国治脑中灵光一现，想到了一个初步的解决方案。他当时高兴地从床上一跃而起，挑灯伏案，奋笔疾书，第一时间把自己的想法写了下来，第二天天一亮就赶忙把写好的信和解决方法一并寄给了邹元爔。回忆起当时的情景，周国治至今依然记忆犹新：

> 我要学邹元爔最新的东西当然要去看他的文章，一看就发现了一个大问题，他这个文章最大的问题是什么呢？当算到化合物附近的时候，那个函数一下子趋于无穷了，不能算了，所以他的方法应用根本就是受限制的。行，我就抓这个问题，看看能不能解决。在抓问题的时候，我就联想到一个问题，所以联想很重要。在教学方法上，我后来跟小学生也强调联想。联想了什么问题呢？这个问题其实在相图的边缘上已经出现过了，当时解决的办法是 α 函数，但是化合物不在旁边，在当中，α 函数就没法用了。后来我就琢磨来琢磨去，找了个方法……如果变成一个有限的，我把化合物这一端也变成有限的，就可以算了……这个思路是对的，但方法非常困难，当时找出来是不容易的，结果我就找出来了，花了好多天，这个叫 θ 函数。我找出来之后，半夜就跳起来了，当时琢磨的时候，是从十一二点一直算到凌晨三四点。同宿舍的郑华光被吵醒了，说：“你干吗啊周国治？”我也不好说。做出来后我就寄给邹元爔，我说您这个问题我解决了。告诉他之后，他马上就回我信了，这我

真没想到。①

收到周国治的来信，邹元燨十分高兴。虽然此时他已是很有声望的知名科学家，而周国治不过是一个青年助教，他却丝毫没有高傲之情，而是立即给周国治亲笔回信称赞周国治的解决办法“颇具巧思”，并将自己所有的科研材料和数据一一亲手抄录，无私地寄给了周国治。这件事可以说是周国治学术生涯的另一个转折点，表明周国治的自主探索取得了第一步的成果。应该说，邹元燨是周国治学术成长道路上的第二位贵人。周国治至今回忆起来仍然感慨不已，称赞邹院士对年轻人才的培养和重视。

> 所以我就觉得邹元燨这些科学家真是了不起，他根本没有看不起我。……还夸我这个夸我那个。……那个时候还没复印啊什么，反正他全抄下来给我，我（后来发表的）那篇文章都是用他的数据。我是发明（了）一种方法，用的全是他的计算数据。他是发明（了）一种方法，但是他中间有一段计算不出来，我算出来了，我需要用数据证明，他就给我数据。②

1984 年，周国治（左）与邹元燨的合影（中间为邹元燨）（供图：周国治）

① 周国治访谈，访谈时间：2020 年 12 月 11 日。

② 周国治访谈，访谈时间：2019 年 11 月 6 日。

据周国治回忆，当时也有其他老师给邹元爔写过信，希望探讨一些学术问题，但并不是都能收到回信。得知此事，周国治既惊又喜，只能把这件事藏在心里，连魏寿昆、柯俊等老教授都不敢告诉，他默默地靠通信与邹元爔进行学术交流。后来，在多次学术交流中，周国治依然能从邹元爔那里得到指点和帮助，对此周国治感念至深。

三、第一篇学术论文

1965 年，在邹元爔的关怀和指导之下，周国治凭借不懈的努力，终于在《金属学报》第 4 期上发表了他的第一篇学术论文《θ 函数在变通的 Gibbs-Duhem 关系式中的应用》。当时，这篇论文是以“读者来信”的方式刊登的，但依然是一篇完整的论文，其影响之深远连周国治自己都没有预料到。正是这篇论文，敲开了周国治后来前往美国做学术访问的大门，让周国治成为“文化大革命”之后最早进入美国学术界的中国科学工作者之一。

诚如上文所说，在这篇论文中周国治提到，在邹元爔的一些系统的活度计算中，曾多次用到各种形式变通的吉布斯-杜安关系式，但在某些情况下，由于遇到了图解积分的困难，影响了活度系数的完整计算，限制了一些新方法的推广和应用，而他尝试从一般的变通式入手，分析可能出现图解积分困难的各种情况，提出克服这类困难的普遍方法——θ 函数法。随后，他充分阐述了 θ 函数法的合理性，并讨论了 θ 函数与广泛采用的函数之间的联系[①]。据周国治回忆，15 年之后，麻省理工学院的埃利奥特教授还在用这篇文章中的方法来指导博士研究生的研究工作。

论文一发表，邹元爔十分高兴，对周国治更加另眼相看了。周国治希望能报考他的研究生，然而这一次又被柯俊阻拦。对此，周国治回忆道：“后来我还有个想法，就考他（邹元爔）的研究生，柯俊先生担心我会因此离开教研组，就怎么也不同意。”[②]于是，这件事最终也是不了了之。

---

① 周国治. θ 函数在变通的 Gibbs-Duhem 关系式中的应用[J]. 金属学报，1965，8（4）：545-548.

② 周国治访谈，访谈时间：2019 年 11 月 6 日。

第8卷 第4期 金属学报 Vol. 8, No. 4
1965年10月 ACTA METALLURGICA SINICA Oct., 1965

·讀者来信·

θ 函数在变通的 Gibbs-Duhem 关系式中的应用

編輯同志:

近年来,在一些系统的活度计算中[1-4],曾多次地用到各种形式的变通的 Gibbs-Duhem 关系式. 在某些情况下,由于遇到了图解积分的困难,影响了活度系数的完整计算,限制了一些新方法的推广和应用.

本方法试图从一般的变通式入手,分析可能出现图解积分困难的各种情况,提出克服这类困难的普遍方法——θ 函数法. 对于本方法的合理性,也从数学上作了必要的探讨. 并讨论了 θ 函数与广泛采用的 α 函数之间的联系.

1. 变通的 Gibbs-Duhem 关系式的一般形式及 θ 函数对它的变换

根据 Gibbs-Duhem 关系式,不难导出变通式的一般表示式:

$$d\log\gamma_1 = \frac{x_2}{[n_1-(n_1+n_2)x_1]}\,d\log\gamma_1^{n_1}\gamma_2^{n_2}, \tag{1}$$

式中 x_1, x_2 和 γ_1, γ_2 分别表示第一、二组元的克分子分数和活度系数, n_1, n_2 则为任意二整数.

由分析得知,唯有 n_1, n_2 同号时上式才会出现图解积分的困难,因此只讨论 n_1 和 n_2 为同号时的情况。为了克服计算上的困难,现在引入一个新的函数,称之为 θ 函数.

定义:

$$\theta \equiv \frac{\log\gamma_1^{n_1}\gamma_2^{n_2} - b}{[n_1-(n_1+n_2)x_1]^2}, \tag{2}$$

式中:

$$b = (\log\gamma_1^{n_1}\gamma_2^{n_2})_{x_1=n_1/(n_1+n_2)}. \tag{3}$$

将式(2)代入式(1)中,若选取纯物质作为标准状态,则积分得:

$$\log\gamma_1 = (1-x_1)[n_1-(n_1+n_2)x_1]\theta - n_2\int_{x_1=1}^{x_1=x_1}\theta\,dx_1. \tag{4}$$

通过下面对 θ 函数的分析,可以看出,以上式(4)的图解积分是切实可行的.

2. θ 函数的性质

(1) 在整个 x 轴上 θ 函数均具有确定的数值

显而易见,除 $x_1 = n_1/(n_1+n_2)$ 这点外, θ 函数在整个 x 轴上都应具有确定的数值. 而当 $x_1 = n_1/(n_1+n_2)$ 时, $\theta = 0/0$, 是否有极限就有待进一步的分析.

当 $x_1 \to n_1/(n_1+n_2)$ 时, θ 函数的分子分母的一阶导数仍然为零. 对于分母这是明显的, 对于分子则可作如下证明,对 Gibbs-Duhem 关系式

$$x_1\frac{d\log\gamma_1}{dx_1} + x_2\frac{d\log\gamma_2}{dx_1} = 0, \tag{5}$$

两边取极限

$$\lim_{x_1\to n_1/(n_1+n_2)}\left(x_1\frac{d\log\gamma_1}{dx_1} + x_2\frac{d\log\gamma_2}{dx_1}\right) = \lim_{x_1\to n_1/(n_1+n_2)}\left[\frac{1}{n_1+n_2}\,\frac{d\log\gamma_1^{n_1}\gamma_2^{n_2}}{dx_1}\right] = 0, \tag{6}$$

因为 b 是一常数,所以

$$\left[\frac{d(\log\gamma_1^{n_1}\gamma_2^{n_2} - b)}{dx_1}\right]_{x_1=n_1/(n_1+n_2)} = 0.$$

本信于1964年5月26日收到.

周国治发表的第一篇学术论文（节选）

更让周国治郁闷的是，这一年，“四清”运动还在如火如荼地开展中，他的科研工作因此依然受到较大影响。1965年1月4日，北京钢铁学院在1965届学生和物理化学系1964届本科毕业生、1964届研究生范围内集中开展阶级教育和社会主义教育活动。2月2日，中共中央、国务院发出《关于组织高等学校理工科师生参加社会主义教育运动的通知》，要求从1965年暑假开始，分期分批组织高年级师生（包括研究生）参加一期“四清”的全部过程或主要过程。同时，北京钢铁学院还派了283名教师和干部参加农村社会主义教育运动①。

---

①《北京科技大学（北京钢铁学院）纪事》编辑组. 北京科技大学（北京钢铁学院）纪事1952—2012[M]. 北京：科学出版社，2013：93.

当时，周国治随物理化学专业的学生被下放到驻扎江西的某部队改造[①]。据周国治回忆，他在江西修了3个多月的铁道，还曾因为身体瘦弱，在劳动中不堪重负而晕倒。后来，在1965年8月的一份“北京钢铁学院‘当兵’人员鉴定表”中，周国治在自己的“自我鉴定”中提到，自己“不够虚心，锻炼不够”“要继续培养刻苦耐劳的精神”[②]。

论文的发表和邹元爔的青睐有加，让周国治无形中遭到一些人的嫉恨，他的教学科研再次受到影响。“其实就是一件事，不让你碰业务，所以从那儿开始再没碰过业务了，割稻子、割麦子这些，没少找我。”[③]

然而，第一篇学术论文的发表对周国治科研生涯的影响不可估量，关键是给周国治带来了信心和勇气。趁着这股势头，周国治希望能够横扫所有其他四五种类型的二元相图计算活度的方法。为此，从江西回到北京后，周国治继续发扬钻研精神，一心埋首于学术研究，无时无刻不在琢磨着各种科研问题，沉浸在知识探索的海洋中如痴如醉。可科研的环境仍旧不理想，周国治想要学习和钻研的简单愿望只能靠东躲西藏来实现。

这一切都被周国治的同事屠式真[④]看在眼里，他是周国治的好友，敬佩周国治刻苦钻研的精神，也同情周国治虽求知若渴却没有理想的学习环境，于是向他施以援手。据周国治回忆，当时在宿舍搞研究不太现实，屠式真便带着他躲到屠式真的舅舅周有光[⑤]家中学习。当时，周有光一家住在北京景山东街，这使周国治难得有了一个相对安稳的环境。周有光一家人对周国治很是友善，不但允许周国治在自己家中看资料做研究，周有光的爱人张允和[⑥]还义务给周国治做饭。就这样，景山东街的周有光家成为周国治搞科研的“根据地”。同时，周国治也收获了屠式真这

---

① 根据调查，20世纪60—70年代开发的江西省乐安县古城721矿，是亚洲最大的铀矿石开采基地，来自全国各地的专家、工人在此为中国核工业做贡献，此时的6709部队9分队应该是在为铀矿的运输修建铁路。

② 北京钢铁学院“当兵”人员鉴定表，北京科技大学档案馆。

③ 周国治访谈，访谈时间：2019年11月6日。

④ 屠式真（1937—2019），上海人，毕业于北京大学化学系，1960年被分配到北京钢铁学院物理化学系工作。

⑤ 周有光（1906—2017），中国著名语言学家，早年研读经济学，1955年进入中国文字改革委员会，专职从事语言文字研究。周有光是汉语拼音方案的主要制定者，主持制定了《汉语拼音正词法基本规则》，对中国语文现代化的理论和实践做了全面、科学的阐释，被誉为“汉语拼音之父”。

⑥ 张允和（1909—2002），著名的“张家四姐妹”（又称“张氏四兰”“合肥四姊妹”——张元和、张允和、张兆和、张充和）中的“二姐”，中国语言文字专家。

位挚友，弥补了大学期间没能结交到多少志同道合的好朋友的遗憾。

在此之前，周国治发表的《θ 函数在变通的 Gibbs-Duhem 关系式中的应用》一文是关于一个相图的计算公式的研究，一旦公式出来，便可以不断地根据公式对更多种类的相图进行推算。对于每一种相图，根据所给条件的不同，可以创造各种不同的方法。在魏寿昆编写的《活度在冶金物理化学中的应用》一书的引领下，周国治的研究灵感不断被激发。在他本人看来，这个时期是他科研创新的第一个高峰期，他写了大量论文。看着自己的累累硕果，周国治很是兴奋，写都写了，虽然很多人觉得周国治是疯了，居然敢冒这个险，但周国治还是决定将论文全部投稿。

但遗憾的是，1966 年“文化大革命”爆发，几乎所有的期刊停刊，周国治的论文全都无法公开发表。“我写了多少论文呐，‘叭叭叭’投，结果一到‘文化大革命’全停刊，傻眼了。”[①]“一篇也发表不了！”[②]这一切来得始料未及，又一次粉碎了周国治的“科研梦”。

这之后发生的一切，让周国治本就坎坷的学术科研道路更为艰难。

① 周国治访谈，访谈时间：2019 年 11 月 6 日。

② 周国治访谈，访谈时间：2019 年 12 月 3 日。

第四章　于艰难中做研究（1966—1977年）

天地茫茫，江山苍黄，身处时代的洪流之中，周国治虽家庭出身不错，但前三十年的人生际遇并非一帆风顺。他带着为钢铁强国而奋斗的憧憬前往北京钢铁工业学院，却被不太顺利的学业和生活重击，毕业之后好不容易在科研之路上找到方向，却又不得不东躲西藏地搞研究，科研之路数次被中断。命运的扁舟只能随波逐流，年轻的周国治也曾迷茫，但所幸他怀抱一颗赤子之心，始终保持着对学术的热爱，在科研的道路上勇往直前，从不放弃。

一、特殊时期的钢院

1966年5月16日，中共中央政治局扩大会议通过了《中国共产党中央委员会通知》（简称《五一六通知》），标志着“文化大革命”的开始。5月，北京钢铁学院连续召开两次全院大会，党委书记兼院长高芸生传达学习中共中央《五一六通知》精神，号召全院师生员工积极参加社会主义“文化大革命”。6月初，北京钢铁学院做出全院停课的决定。1967年10月，虽然中共中央发出《关于大、中、小学校复课闹革命的通知》，要求全国各地大、中、小学一律立即开学，但北京钢铁学院仍未能复课[①]。直至1972年4月，北京钢铁学院开始招收首批1972级工农兵学员，1977年恢复高考，北京钢铁学院的教学、科研工作才逐渐正常化。

29岁正是风华正茂之时，但在此环境下，周国治的学术生涯不得不再次按下暂停键。1966年8月，北京钢铁学院师生员工纷纷离校，去全国各地串联。周国治与老师罗泾源，以及屠式真等几个从上海来的同事组织了一个小分队，趁此机会回了一趟上海。据周国治回忆，他们从北京到上海，从上海到桂林，从桂林到九江，从九江到武汉，最后再回到北京，一路上火车、轮船全部免费，碰到的也都是到处串联的学生，过道上睡满了人[②]。就这样，周国治度过了“不管不顾”的几个月，直到11月才回到北京。

1966年，周国治于庐山留影（供图：周国治）

通过参加串联和目睹学校的一些老教授受冲击，周国治心中有太多的无奈和遗憾。作为教学能力较强的年轻教师，“文化大革命”期间周国治还被安排与系里的几位教授一起去外地参加教学改革。

二、迁校与教改

北京钢铁学院“武斗”结束后的短暂时间里，学校暂时恢复平静，

---

① 《北京科技大学（北京钢铁学院）纪事》编辑组. 北京科技大学（北京钢铁学院）纪事1952—2012[M]. 北京：科学出版社，2012：100-103.

② 周国治访谈，访谈时间：2019年12月3日。

周国治又投入科研之中，还拉着魏寿昆教授给自己做指导①。柯俊、邹元爔等教授也没有因“文化大革命”而放弃学术研究，都坚持奋战在科研的道路上。周国治感慨道：“对于像魏寿昆、柯俊和我自己这样的人来说，你再批斗他，到时候他还得（搞科研），他该怎么做还怎么做。”②

1969 年的周国治（供图：周国治）

可搞科研的时间只是短暂的。1969 年 2 月 10 日，北京钢铁学院召开大会动员师生员工分两批到迁安铁矿③参加劳动，接受再教育和改造思想的会战，宣布由中国人民解放军毛泽东思想宣传队（军宣队）、工人毛泽东思想宣传队（工宣队）负责人王集凤、张义等 14 人组成北京钢铁学院会战指挥所。当日，北京钢铁学院派出 70 多人的先遣队，13 日晚，采矿系、机械系、金属学系和总务处等单位的 1384 人出发到达会战现场④。在军宣队的安排下，一大批老师被派到迁安铁矿进行劳动改造，修矿山铁路。周国治就是第一批被派到迁安铁矿去劳动改造的年轻教师之一。在他的记忆中，他当时主要是参加了修铁路的工作。

---

① 周国治访谈，访谈时间：2019 年 11 月 6 日。

② 周国治访谈，访谈时间：2019 年 11 月 6 日。

③ 迁安铁矿位于河北省东北部。迁安、滦县一带是我国四个特大铁矿带之一，储量丰富，埋藏浅，易于露天开采。

④ 《北京科技大学（北京钢铁学院）纪事》编辑组. 北京科技大学（北京钢铁学院）纪事 1952—2012[M]. 北京：科学出版社，2013：104.

至1969年下半年，受国内外形势的影响，北京的一批高等院校被外迁，也就是所谓的“京校外迁”。10月26日，中共中央发出《关于高等院校下放问题的通知》，决定将中国科学技术大学、北京建筑工业学院、北京轻工业学院、北京机械学院、北京电力学院、北京水利水电学院、北京石油学院、北京地质学院、北京矿业学院、北京农业大学、北京农业机械化学院、北京林学院、北京铁道学院13所农林地矿油水电等工科院校迁出北京，外迁至河北、陕西、山东、安徽、湖北等地①。当时，北京钢铁学院也被要求外迁。12月13日，根据中共中央发出的《关于高等学校下放问题的通知》的精神，北京钢铁学院准备在江西省余干县社庚公社筹建“五七农场”（新校），随后北京钢铁学院派出50多人的先遣队前往江西省探路，参与新校筹备工作②。由于家庭成分还算不错，加上教学能力很强，周国治也成了迁校先遣队的成员之一。在他的记忆中，先遣队主要由物理化学系的师生组成，学生主要是1969届、1970届两届金属物理和冶金过程物理化学两个专业四个班的学生，参与教师不到十个人。其中，魏寿昆、肖纪美两位老先生作为一级教授也加入了先遣队，队伍中还有丁善言、罗泾源、彭一强三位教师③。

先遣队到江西后，发现江西校址的条件很不好，不适宜办学，他们把情况反馈到学校本部。1970年3月，北京钢铁学院决定改迁到云南，与昆明工学院合并。于是，周国治等先遣队成员不得不转而向云南进发，但两校合并的方案也遇到了问题，北京钢铁学院继续等待中央是否迁校的通知。1970年7月至11月，先遣队一直停留在湖南株洲，这段时间是周国治记忆中最孤独无助的4个月。出发之初，还是单身汉的周国治随身携带的全部家当就是两个箱子，箱底压着自己写的一批论文手稿。起初，周国治还能坚持学习，后来北京钢铁学院安排先遣队教师去株洲冶炼厂附属的职工技术学校居住，同时还搞一些现场教学。回想起

① 改革开放后，这13所高校，一部分在北京复校，如北京农业大学（今中国农业大学）等；一部分两地办学，原址在北京的研究生部成立另一个办学实体，如北京石油学院（今中国石油大学华东和北京校区）、北京地质大学（今中国地质大学武汉和北京校区）、北京矿业学院［今中国矿业大学和中国矿业大学（北京）］等；还有一部分在地方扎根，原北京研究生部并入或组建其他高校，如中国科学技术大学、北京水利水电学院（今华北水利水电大学）等。

② 《北京科技大学（北京钢铁学院）纪事》编辑组. 北京科技大学（北京钢铁学院）纪事（1952—2012）[M]. 北京：科学出版社，2013：105.

③ 周国治访谈，访谈时间：2019年12月3日。

来，周国治说当时的生活条件非常艰苦，十几个人住一个房间，“木床上有臭虫，（我们）用敌敌畏、六六粉杀臭虫，臭虫没杀死，我们却被熏得无法入睡……”[①]彼时的北京钢铁学院前途未卜，大家对自己的未来都感到十分茫然，周国治也很难静下心来读书学习，科研就更无从谈起了。

周国治至今还记得，有一天他坐在江边借酒浇愁，随手将酒瓶往眼前的江水中一扔，看着空瓶随着水流在江面上起起伏伏，漂向未知的地方，就像自己的人生，前路未卜，不知会飘向何处[②]。周国治不知道今后的路如何走，也已经没有力气去思考，只得将一腔抱负“且将怀想寄清风”了。时过境迁，周国治指着一张 1970 年在湘江边拍的照片回忆起这段经历：

> 那是我人生最惨的时候，我们不知去向，只能借酒（浇愁）。[③]

1970 年周国治在湘江边留影（供图：周国治）

北京钢铁学院先遣队的师生一直在煎熬中等待迁校通知。后来，周恩来总理指示：华北有很多钢铁工业，不能没有北京钢铁学院。就这样，北京钢铁学院没有外迁，但几经周折，也遭受了不少损失。1970 年

① 周国治访谈，访谈时间：2019 年 12 月 3 日。
② 周国治访谈，访谈时间：2019 年 12 月 3 日。
③ 周国治访谈，访谈时间：2019 年 12 月 3 日。

11 月，先遣队得到北京钢铁学院不迁校的通知，回到北京，周国治又重新站在位于满井村的北京钢铁学院的土地上。回忆起这段经历，周国治说：

> 和 15 年前我第一次来北京一样，迎接我们的也是一辆敞篷大卡车，这次不是在前门车站下的，我们的车沿着香山颐和园边界返回学校，深秋时节路两旁的树叶黄里透红，北京，你简直美极了，我眼角湿润，这种感受从未有过。①

回到位于满井村的北京钢铁学院，周国治理想的科研生活仍然无法开展。当时国家的教育领域就群众教育与精英教育、劳工结合与专注学习两种不同的教育模式存在分歧，为解决教育领域的路线斗争问题，一系列教育举措得以实施，其中包括招收工农兵大学生。1970 年 6 月，中共中央转批《北京大学、清华大学关于招生（试点）的请示报告》，全国各大学开始积极筹备招生。报告提出的招生条件是具有三年以上实践经验，初中以上文化程度的工人、贫下中农、复员军人、青年干部。招生办法是群众推荐、领导批准、学校复审。1970 年 7 月至年底，部分大学试招收了“文化大革命”开始以后的首届大学生。1972 年，北京钢铁学院也招进了第一批工农兵大学生，并于 5 月 8 日举行了首届 1972 级工农兵学员开学典礼，共招收 760 名②。这一年北京钢铁学院的业务工作逐渐恢复，院革委会讨论通过了“四五”期间学校的发展规划，计划设置或保留 22 个专业，每年招生 1400 人，开展科学研究 60 项，至 1975 年在校生人数达到 5000 人的规模。同时，北京钢铁学院继续坚持厂校合作的模式，与北京的 17 个、外省市的 9 个工厂、矿山建立了正式固定的挂钩关系③。

1973 年 5 月，北京钢铁学院上报冶金工业部《关于北京钢铁学院专业调整的建议》的报告，确定设立 25 个专业，建议将“冶金过程物理化学专业”改为“金属物理化学专业”，下设两个专门化：“冶金过程物理化学专门化”和“金属腐蚀物理化学专门化”④。在周国治的印象中，冶

---

① 周国治访谈，访谈时间：2019 年 12 月 3 日。

② 《北京科技大学（北京钢铁学院）纪事》编辑组. 北京科技大学（北京钢铁学院）纪事 1952—2012[M]. 北京：科学出版社，2013：109.

③ 《北京科技大学（北京钢铁学院）纪事》编辑组. 北京科技大学（北京钢铁学院）纪事 1952—2012[M]. 北京：科学出版社，2013：110-111.

④ 《北京科技大学（北京钢铁学院）纪事》编辑组. 北京科技大学（北京钢铁学院）纪事 1952—2012[M]. 北京：科学出版社，2013：112.

金系也好，物理化学系也好，机构的撤并或改名，以及专业的改称等对他的影响并不大。在此期间，他断断续续地讲授了“物理化学”“化学热力学”“统计热力学”等课程。工农兵学员进校以后，周国治除了课堂教学，还需要参加学校和系里组织的教改小分队，带着工农兵学员劳工结合，在劳动中学习。这一段时间，周国治随着教改小分队先后辗转沈阳冶炼厂、鞍山钢铁厂、郑州铝厂和包头钢铁公司等地，边教学边“三班倒”做工人，在搞教育革命的同时进行劳动锻炼，科研工作自然还是无暇顾及。

三、恋爱结婚生子

1972 年，周国治结婚了，与妻子邓美华的相识相知在周国治的心中是一段美好又浪漫的回忆。

周国治于 1959 年被抽调提前毕业，时年 22 岁，距离 1955 年他坐上北上的火车已经过去近 4 年。在这 4 年中，周国治始终没有谈过恋爱，起初是因为父亲在书信中嘱咐周国治，要好好读书，不能谈女朋友。

> 知道我周围有很多女同学，我爸爸给我写信说念书的时候不能交（女）朋友，我当时年轻，脸都红了，把信撕掉了，这是家里给写的第一封信，真被他说中了（读书时期一直没谈朋友）①。

大学时期的周国治，风度翩翩，英俊帅气又有才华，曾有女同学偷偷给周国治塞过小纸条，但当时的周国治性格内向腼腆，又是头一次经历这种事，慌乱中就把这件事汇报给班里的支部书记。以至于后来，一旦发现有人有看上周国治的苗头，支部书记就与对方谈话，帮助周国治解除困扰。加上学业上焦头烂额、生活上也不顺心，久而久之，周国治也就没有考虑个人问题的念头了。

转眼到了 1959 年，周国治提前毕业，年龄在当时来说也不算小，父母忽然意识到这是件大事，开始着急周国治的个人问题，托了许多亲戚朋友给周国治介绍对象。周国治的姐姐周国范也在操心大弟弟的终身大事，向周国治提起世伯，也是周修齐在德国留学时的同学邓士章，他

---

① 周国治访谈，访谈时间：2019 年 12 月 3 日。

家有一个女儿，叫邓美华[①]。

周国治的母亲本来就十分喜欢邓美华，姐姐周国范也有意撮合二人。两家的交情在第一章已略有提及，邓美华的父亲邓士章比周国治的父亲周修齐大七八岁，二人因在德国时都曾在廖承志手下帮忙而结识。邓士章毕业后受到蒋介石重用，参与了广东黄埔军校的创立，1924 年任陆军军官学校筹备委员、军校军械处处长；周修齐毕业后则到香港西门子公司工作。抗战胜利后，周国治一家回到交通大学，邓士章 1946 年退役，任上海中央航空公司营业组副主任、主任，两家都在上海安顿下来了，因此周国治和邓美华从小就相识。

大学时期的周国治（供图：周国治）

1952 年，邓美华在香港（供图：周国治）

周国治幼时起就对邓士章印象十分深刻，说来十分有趣，竟是因为邓士章总送哈密瓜给周国治一家。当时国民党军事委员会政治部部长张治中的家也在上海，同为黄埔军校的教官，张治中与邓士章是十分要好的朋友。由于当时张治中还是国民党政府西北行营主任兼新疆省主席，经常坐飞机往返西北和上海，每次回上海都会往家里带哈密瓜。当时，哈密瓜属于稀有水果，张治中带哈密瓜给邓士章，邓士章便送一些到周

① 邓美华，邓士章的小女儿，周国治的妻子，大学毕业于南京药学院，先后在浙江医学院、国立中央图书馆、北京朝阳医院工作，1981 年前往美国麻省理工学院工作，后转至哈佛大学医学院工作。

国治家，因此周国治自小对邓士章的印象便是“好人一个”[①]。

在第一章提到的，后来解放战争开始，解放军一路打到上海，国民党军队将交通大学占领，周国治一家无处安身，邓士章便将周国治一家安排在当时陆军总司令何应钦的公馆，两家的往来更加密切。在此期间，由于战争等不稳定因素，邓美华和兄长、大姐等人与父亲邓士章和二姐等人分开远去香港，直到 1953—1954 年前后，邓美华的大姐卖掉香港的房子移居美国，邓美华不得不从香港辗转至广州后再回到上海的旧居，与其二姐、六姐生活在一起。邓美华的二姐多年来一直与周国范交好，经常骑着自行车到周国治家找他姐姐玩耍，遇到他还会给他糖果。邓美华从香港回到上海后，也恢复了与周家的往来，闲来无事随二姐到周家做客。

在周国治的印象中，邓美华是个文静害羞的姑娘，十分讨人喜欢，本来在恋爱、婚姻方面还没开窍的周国治，听姐姐突然提起幼时的“青梅竹马”，便不由得有些心动。经周国治同意，周国范就给邓美华写信说要把大弟弟介绍给她，没想到邓美华竟欣然同意了，并且非常大方、直接干脆地给周国治本人回信。两人就这样开始了“不确定”的“恋人”关系，后来顺理成章地发展成为相伴终生的伴侣。

1963 年，邓美华的证件照（供图：周国治）

① 周国治访谈，访谈时间：2019 年 12 月 3 日。

1960年，邓美华邀请周国治到南京去看她，二人初步确立了恋爱关系。1961年，邓美华和家人到北京北海公园游玩并留影纪念。彼时的邓美华还在南京药学院读书，学校有意向将邓美华留校，二人本打算就此规划未来，但后来，由于种种原因未能如愿，邓美华被分配到临海县医院工作。

1961年，邓美华和家人在北海公园留影（从左至右分别是邓美华、邓美雯、李殿春、邓士章、邓伟廉）（供图：周国治）

1967年4月12日，邓美华的父亲邓士章脑中风，在北京协和医院抢救无效去世。悲伤之余，李殿春最放心不下的就是女儿邓美华的工作问题，因为邓美华的身体较弱，经常生病，不能适应临海县医院的工作，所幸后来问题总算得以解决，邓美华最终在北京朝阳医院安顿下来[①]。按理说，这时周国治和邓美华二人的婚事可以提上议事日程了。可当时，由于周国治参加北京钢铁学院迁校先遣队前往江西省、湖南省等地，婚事只能继续搁置。

1972年，周国治已经35岁了，邓美华的年纪也不小了，再加上这么多年饱经折磨，周国治正处在人生的低谷，对未来的事业发展备感迷

① 周国治访谈，访谈时间：2019年12月3日，2021年8月2日。

茫，此时结婚可能是最好的选择。于是，1972 年国庆节前夕，二人便领了结婚证。提起结婚的场景，周国治仍记忆犹新，领完结婚证后两人在北京钢铁学院六斋的一个不足 10 平方米的单间宿舍安顿下来，凭着结婚票买了一个 90 元的大衣柜和一张平板铁床，再给单位同事发了几颗喜糖，就这么简单仓促地结婚了。后来，两人一起回到邓美华的大学南京药学院故地重游，一路到南京中山陵、无锡走一圈算作是新婚旅行。回到上海以后，周国治父母张罗在上海衡山饭店办了几桌宴席，宴请双方的亲戚吃了顿饭就算是完成了结婚的全部仪式。

1972 年，周国治与邓美华在南京中山陵（供图：周国治）

在周国治的记忆里，他和邓美华结婚的过程实在是太简陋了。尤其是，他们回到上海的父母家，只能和父母挤在一个房间里，周国治与新婚妻子邓美华打地铺，周国治的父母睡床，二人就这样度过了新婚之夜。这种境况，周国治至今想起来仍觉得十分心酸。

对于结婚时的美好回忆，就只有第二天去位于淮海路的上海人民照相馆拍结婚照的事了。照片拍得相当不错，郎才女貌，周国治夫妇的这张结婚照片被放在照相馆的橱窗里挂了 11 年之久。周国治回忆道：

去人民照相馆照张结婚照，照得不错。在他们橱窗挂了 11 年。人家看到了，有些人说：“像话吗？你一个大学教师像电影明星一样。”有些人说：“你管他呢，宣传你还不好？”我也不知道怎么办，就没有管，改革开放后才（被）拿下来，这是少有的。①

1972 年，周国治、邓美华结婚照（供图：周国治）

就这样，35 岁的周国治建立了自己的小家庭。1973 年 7 月 9 日，大儿子周维宁呱呱落地，给周国治的生活增添了新的亮色。此时的他早已褪去初出茅庐时的青涩，变得更为沉稳，同时也少了些意气风发，只不过其对科研的热爱并未减少半分。只要一有机会，他就能快速投入研究中。

四、拾起残稿再战

经历重重挫折，周国治始终初心不改，在科研的这条路上一直坚持走下来。回想起来，在冶金物理化学研究过程中，有几项工作是最令他引以为傲的。这些研究改变了周国治的学术人生，使其在世界冶金物理化学史上也有着重要的地位。其中一项是有关热力学的研究，这是研究化学冶金过程基础理论方面的重要专题。

在冶金物理化学界有三个著名的里程碑式的问题，其中之一是关于三元系活度的计算。1950 年，美国著名金属物理学家劳伦斯·斯坦珀·达肯②在国际著名期刊《美国化学会志》（*Journal of the American*

---

① 周国治访谈，访谈时间：2019 年 12 月 3 日。

② 劳伦斯·斯坦珀·达肯（Lawrence Stamper Darken，1909—1978），物理化学家、冶金学家，以描述二元解中固态扩散的两个方程而闻名。达肯于 1933 年在耶鲁大学获得物理化学博士学位，1935—1971 年，受雇于美国钢铁公司研究实验室。1971 年，被任命为宾夕法尼亚州立大学矿物科学教授，在液态钢和矿渣的化学速率现象、金属溶液的热力学和各种三元系统中的相平衡研究方面有突出贡献。

Chemical Society）上发表了一篇具有开创性的论文——《吉布斯-杜安方程在三元系和多元系中的应用》（“Application of the Gibbs-Duhem Equation to Ternary and Multicomponent Systems”）[①]。在这篇论文中，达肯首次给出由一种组元的物理化学性质来计算其他组元物理化学性质的方法。在此之前，每一个三元系都需要得到两个组元的活度才能计算出第三个组元的活度，而达肯的新计算方式只需要知道一个组元的数据就可以推算出其余两个组元的数据。在此前的半个世纪中，在这个问题上，物理化学界一直没有实现突破。对于达肯的工作，周国治至今提起来仍然赞叹不已：

> 正常的逻辑思维是，三个组元知道一个也不行啊，起码知道两个才能算第三个对不对。他会怎么想？他这个人脑筋比较活，他想是不是三个组元在里面可以算。结果他想出来了，就是三个组元当中知道一个，其他两个可以算出来。这是件大事，这在物理化学界半个世纪以来都是没有的，这一发表出来就轰动了整个物理化学界。[②]

达肯教授的论文一经发表，立即引起了物理化学界和材料界的广泛关注，1950—1964 年，数位世界知名科学家陆续发表文章提出新的计算方法，其中一篇由麦凯（H. A. C. McKay）在《自然》（*Nature*）上发表，这一举动打破了《自然》的一贯传统。该期刊对已解决过的问题一般不会再发表用另一种不同方法解决该问题的文章，但是《自然》这次打破常规，在几年内先后多次发表关于三元系计算的不同方法的论文，充分表明了这一课题的重要性。与此同时，世界“固态化学之父”卡尔·瓦格纳[③]也不甘落后。他在 1952 年的代表性著作《合金热力学》（*Thermodynamics of Alloys*）中提出了活度相互作用系数的概念，给出多元稀溶液活度的计算方法[④]，带动了多元系相互作用系数的大量研究工

① Darken L S. Application of the Gibbs-Duhem equation to ternary and multicomponent systems[J]. Journal of the American Chemical Society，1950，72（7）：2909-2914.

② 周国治访谈，访谈时间：2020 年 12 月 11 日。

③ 卡尔·瓦格纳（Carl Wagner，1901—1977），著名物理化学家，对冶金学和固态化学的理论发展有重要贡献。1924 年获莱比锡大学哲学博士（物理化学）学位，先后在慕尼黑大学、柏林大学、达姆施塔特工业大学以及美国麻省理工学院等校讲授物理化学和开展研究工作。退休后，他仍从事科学研究工作，曾任联邦德国马克斯·普朗克生物物理化学研究所所长，美国麻省理工学院冶金系教授。

④ Wagner C. Thermodynamics of Alloys[M]. Cambridge：Addison-Wesley Press，1952：19.

作，使热力学在冶金生产中的实际应用前进了重要的一步，瓦格纳也因此对冶金过程物理化学学科的发展做出了重要贡献。

随即，美国麻省理工学院的小莱茵哈特·舒曼①也提供了另一种方法。美国麻省理工学院冶金和材料工程系系主任约翰·奇普曼②更是为进一步验证这一工作投入了很多资金和人力，并将实验验证这一理论方法作为一名博士研究生的“研究课题”。他挑选了一名最优秀的学生和未来的接班人——约翰·弗兰克·埃利奥特从事这项课题的验证工作，指定他的博士论文以该课题为主要内容。埃利奥特没有辜负导师的期望，经过4年的博士研究，他从实验上证实了这一理论工作的正确性，他的这篇博士论文后来成为麻省理工学院的优秀博士学位论文，论文原本存入麻省理工学院的档案中。

英国帝国理工学院的弗雷德里克·德尼斯·理查森③教授，将学界关于三元系活度计算新方法的上述研究誉为里程碑式的工作。值得一提的是，给予周国治灵感以钻研并写出大量文章的《活度在冶金物理化学中的应用》一书，在中国首次较为全面地概述了三元系活度计算的上述前沿研究。周国治之所以能及时跟上国际学术前沿，与这本书有着莫大的关系。上一章中也提到，这本书对周国治的学术生涯影响极大，其作用相当于给他开启了一扇学术的大门。

> 当时我怎么会遇到这个问题？我根本也不知道，可是魏先生（魏寿昆）在那儿呢！他写了本书，叫《活度在冶金物理化学中的应用》。这本书好到什么程度？我可以跟你们讲，它等于把物理化学界的所有各个领域的问题都写进去了。就是说你拿他的书（看），就是

---

① 小莱茵哈特·舒曼（Reinhardt Schuhmann Jr，1914—1996），1933年获得冶金工程学士学位；1935年，在蒙大拿州立矿业学院获得冶金工程硕士学位，后在麻省理工学院冶金系注册为博士研究生，研究矿物浮选动力学，1938年加入麻省理工学院担任讲师，1945年晋升为副教授。

② 约翰·奇普曼（John Chipman，1897—1983），国际公认的金属专家，麻省理工学院冶金系系主任，因应用物理化学理论推进钢铁生产技术而在美国及海外地区获得许多荣誉，在“曼哈顿计划”中发挥了重要作用，于1937年加入麻省理工学院，担任工艺冶金教授，从1946年开始担任系主任，直到1962年退休。

③ 弗雷德里克·德尼斯·理查森（Frederick Denys Richardson，1913—1983），1936年获伦敦大学学院博士学位，1955年获伦敦大学理学博士（冶金学）学位。第二次世界大战期间，曾服务于英国海军部。1950年，担任英国帝国理工学院纳菲尔德研究员；1957年，被任命为萃取冶金学教授。他曾在工业界和纳菲尔德基金会的支持下成立了约翰-珀西过程冶金学小组。他对热力学在钢铁制造中的应用进行了理论和实验研究，加深了人们对硅酸盐熔体和炉渣控制对象的理解。

> 一个一个（科研）课题，一节就是一个课题，你只要发展一下就是很好的理论文章。……这一下我的问题多得不得了，我的任务多得不得了，我就一个个来吧，所以那本书对我的影响非常非常巨大，我就拿了他那本书一个一个去做，做一个题（出）一篇论文。①

虽然当时在外语学习上有些困难，但在魏寿昆的帮助下，周国治全面地学习了这一课题，通过分析各种方法的优缺点及指导思路，从中总结出不同解法的规律，并且提出了一系列尚可能有的新方法。如上文所述，可惜的是，正当周国治打算将这些新方法进行完善并写成论文投稿时，“文化大革命”爆发了，所有的期刊停止出版，发文章的事也不得不搁置，直到“文化大革命”结束。

1974年，各类杂志社逐渐恢复工作。比起周国治所处的科研环境，周国治的大弟弟周国城所在的中国科学院“解冻”得相对较早，周国城在学术上也因此比哥哥要更早地反应过来。有一次周国治回上海探亲，和弟弟周国城谈起相对论，周国治告诉弟弟，根据爱因斯坦的光速不变原理和荷兰物理学家亨德里克·洛伦兹提出的洛伦兹变换，他可以用简易的方法推导出相对论的一系列结论。正巧周国城当时也考虑过这一问题，兄弟二人谈得十分投机，周国治还给弟弟分享了自己的手稿。

当时，周国城提到在一次中美科技交流活动中，美国一位知名教授到中国科学院做报告，提及生物界的一个研究难题：在酶反应动力学中，人们曾认为小分子只有碰撞到大分子时反应才会发生，但是后来在实验中发现了一个现象，即反应分子尚未到达酶的表面，反应就开始了，其背后的机理成为一道世界性难题。周国城听了报告之后，立志要解决这个难题。经过反复思考与实验，周国城提出一个假设，认为这是由于大分子具备较强的吸引力，溶液浓度变高，从而达到高浓度反应。然而这里的数学处理非常复杂，需要用大型计算机进行计算。周国治听了周国城当时正在研究的课题，也十分感兴趣。

后来，为了解决这个数学问题，周国城找到复旦大学的谷超豪②帮忙，后来还到中国科学院计算技术研究所上海分部算了好几天，结果成

① 周国治访谈，访谈时间：2020年12月11日。

② 谷超豪（1926—2012），浙江温州人，主要从事偏微分方程、微分几何、数学物理等方面的研究和教学工作。1980年，他当选中国科学院院士，2009年，获国家最高科学技术奖。

功验证了自己的假设。1974 年 5 月，周国城和江寿平在《中国科学（A 辑）》（*Science in China*，*Ser.A*）上发表了题为“Studies on the Rate of Diffusion-Controlled Reactions of Enzymes：Spatial Factor and Force Field Factor”（《酶扩散控制反应速率的研究：空间因子和力场因子》）的论文[①]，解决了这个难题。随后，周国城又与郭志鲲、李子才合作发表了《酶−底物反应体系的特征参量与扩散控制反应速率间定量关系的研究——带电底物》一文[②]。也因此，他和中国科学院上海生物化学研究所溶液构象组团队的科研事迹在当时的上海《文汇报》上被报道和宣传[③]。

回忆起弟弟周国城的光辉事迹，周国治忍不住连连感慨：

> 四版都报道（了）他的事迹。四版啊，（这）说明当时已经开始恢复了（业务），就那个气氛。这下我也来劲了。[④]

在弟弟周国城的影响下，尤其是感受到学术氛围的松动和好转后，周国治被激起了斗志，将精力全部转移回科研上，重拾当初对三元系物理量活度计算方法的研究。1975 年，周国治拿起旧稿，从自己研究出的五六种计算方法中挑选出一种，进行了更详细和深入的论述，并接连在《金属学报》《中国科学》杂志上发表《三元系和多元系的热力学——各组元偏克分子量[⑤]的计算》[⑥]《三元系和多元系的热力学——用 *R* 函数计算三元系和多元系中组元的偏克分子量》[⑦]两篇论文。针对多元系热力学性质的计算，他提出了一种全新的方法（*R* 函数），在已知三元系和多元系中某一组元的偏摩尔量时，可以计算出其余组元的偏摩尔量。

如上文所述，在三元系和多元系中，当某一组元的偏摩尔量已知

---

① Chou K C，Jiang S P. Studies on the rate of diffusion-controlled reactions of enzymes：Spatial factor and force field factor[J]. Scientia Sinica，1974，27（5）：664-680.

② 周国城，郭志鲲，李子才. 酶−底物反应体系的特征参量与扩散控制反应速率间定量关系的研究——带电底物. 中国科学（A 辑），1975，5（3）：285-294.

③ 张煦棠，苏瑞常. 远缘交亲结蓓蕾——记几位科技人员协同探索酶的奥秘，原文载于 1978 年 8 月 27 日的《文汇报》，此处转引自张煦棠.一个记者的足迹[M]. 上海：文汇出版社，1994：250-256.

④ 周国治访谈，访谈时间：2020 年 12 月 11 日。

⑤ 偏克分子量现称为偏摩尔量。

⑥ 周国治. 三元系和多元系的热力学——各组元偏克分子量的计算[J]. 金属学报，1976，12（2）：232-244.

⑦ 周国治. 三元系和多元系的热力学——用 *R* 函数计算三元系和多元系中组元的偏克分子量[J]. 中国科学，1977，7（5）：456-465.

时，如何计算其余组元的偏摩尔量，是多元系热力学中十分有意义的问题。周国治解决了这个问题，使得研究人员有可能根据实验上易于测定的组元的热力学性质，去计算实验上难以测定或测不准的组元的热力学性质，同时也为多元系的热力学理论分析提供了十分有用的关系式。由达肯提出并引发很多学者开展研究和解决的这个问题，已成为从理论和实验两个方面研究电解质溶液、高分子溶液、合金和熔盐的一个有力工具。

周国治创立的 R 函数这一新方法正是在达肯的有关思想指导下开展的，其创新性体现在以下三个方面。①简化了计算步骤：在计算三元系的偏摩尔量时，只有一组图解积分步骤，同时只有一组作切线求截距的微分步骤；选用的计算点的坐标变换关系简单，所需的辅助图形不多，简化了计算步骤。②综合了多种计算方法的优点：既包含达肯法省略了一组图解积分的优点，又包含了瓦格纳法省略了一组微分计算的特点。③已知某一组元的偏摩尔量就可以计算其余组元的偏摩尔量：可根据实验上易于测定的热力学性质去计算难以测定或测不准的组元的热力学性质，还为多元系的热力学理论分析提供了一个十分有用的关系式。在此前关于这一课题的研究中，其他学者提出的计算方式都是一次只能算出一个组元，而周国治创立的 R 函数计算法能够一次性算出两个组元，这在当时引起了很大的反响。

《中国科学》是我国学术界的顶级期刊，而当时的周国治只是一名年轻的助教。据周国治回忆，为了验证其研究的真实性，《中国科学》杂志社请来当时中国顶尖的五位中国科学院院士（学部委员）审核周国治的稿子，其中就包括北京大学副校长傅鹰①。在如此严苛的审查下，周国治的理论方法仍通过了验证，经过一年多的时间和多名院士（学部委员）的评审，这篇论文终于成功发表。

周国治就是如此，“文化大革命”期间即使上山下乡、远离学校，在结束一天劳累的工作后，也丝毫不放过一丝学习和思考的机会，甚至为

① 傅鹰（1902—1979），物理化学家和化学教育家，中国胶体科学的主要奠基人。1922 年公费赴美国留学，进入美国密歇根大学化学系学习，6 年以后，在密歇根大学研究院获得科学博士学位并留校工作，1929 年回国，先后执教于东北大学、北京协和医学院、青岛大学、重庆大学、厦门大学，1945 年再度赴美密歇根大学研究院就职，1950 年回国，先后任教于清华大学、北京大学等，1955 年当选中国科学院院士（学部委员），1962 年被任命为北京大学副校长。

了避免让突击检查的人发现和没收研究手稿，他常常不得已在夜晚躲进被子，借助手电筒的一丝光亮看书、写文章。同时，他还要时刻注意门外的脚步声，一有人走近就赶紧藏起手中的书籍和稿纸假装睡觉。在那段人心惶惶的艰难日子里，周国治却毫不松懈，不断积累知识、增长见识，积极思考和探究学术问题。

令周国治没有想到的是，*R* 函数的创立更进一步地影响了他的学术生涯，也成为其科研路途上的一个里程碑。1979 年，肖纪美教授到美国麻省理工学院进行学术访问，恰好遇到了冶金系的埃利奥特教授，于是邀请他到中国进行学术交流。据周国治回忆，埃利奥特当时已是世界上最顶尖的冶金物理化学专家之一，到北京钢铁学院做报告时，报告厅坐满上千人，大家都来一睹其风采。埃利奥特做完学术报告之后，魏寿昆将周国治引荐给了他，并将周国治之前发表的几篇关于三元系活度计算的论文交给埃利奥特。埃利奥特看过周国治的论文之后，发现自己在攻读博士学位期间曾花费多年时间研究的三元系活度计算问题，居然能在中国找到年轻的学术同行，并且对方还给出了 *R* 函数这样的新计算方法，心里非常高兴。当时，埃利奥特就向周国治提出邀请，希望他能到自己在麻省理工学院的实验室去交流访问。

自此，周国治的学术生涯又走上了一个新台阶，攀爬过崇山峻岭的周国治，始终未被时代的湍流卷走，他背着理想的行囊，在科研的旅途中走出一条属于自己的康庄大道。

第五章　初踏国际学术舞台（1978—1982年）

革故方能鼎新，基于对时代浪潮的敏锐把握和对人民美好生活需要的深刻洞察，1978年的中国翻开了改革开放这一伟大的历史新篇章。改革开放初期，中国面临严峻的人才匮乏局面，派遣留学生是速见成效的一种解决途径。为满足国家建设对人才的需求，中共中央做出扩大派遣留学人员规模的指示。正是在这样的历史际遇中，周国治通过自己的努力，第一次迈出国门，带着留学者的憧憬与科研人员的壮志，登上了飞往大洋彼岸的航班，踏上国际学术舞台，迈入新的人生阶段。

一、厚积薄发出成果

1978年，对中国而言是极其重要的一年。党的十一届三中全会后，中国开始实施一系列“对内改革、对外开放”的经济改革举措，走上了改革开放的道路。改革开放是中国特色社会主义的重要组成部分，这一决策使中国经济高速发展、走向富强之路，为中国的社会主义现代化建设提供了有力保障，是近代以来实现中华民族伟大复兴的三大里程碑之一。

1978年，对周国治而言也是极其重要的一年。他抓住国家鼓励学术文化大发展的机遇开始重新投稿，将自己在那些日子积攒的文章重新进行整理并投了出去。这一年，他再次在《中国科学》上发表了重要论文，提出了三元系中两相区边界上的活度计算的新方法。

如上一章中提到的，当时国际上关于三元系和多元系中单相区的活度计算已有较多进展，但是对于两相区的活度计算仍然不多见，与单相区相比显得还不成熟，仅有部分类型边界的计算式。对于含有化合物类型的两相区边界，人们没有进行讨论。设法给出一个适用于其他类型两相区边界上的活度计算式是一项有待完成的任务。另外，积分计算中的困难还缺乏有效的解决措施，有关溶液中未离解的化合物对活度计算的影响问题也缺乏澄清。周国治的这篇论文①就是尝试解决上述问题的文章，尤其是克服以前的方法所无法克服的两相区计算中出现的图解积分的困难，周国治最终总结出一个计算两相区边界上活度的一般公式，适用于各种类型的两相区边界，并具有较高的准确性。后来有学者用三元系热力学图解计算方法，从理论上证明了周国治的方法实际上是对达肯方法的发展和完善，探究了周国治方法与达肯方法的内在联系，讨论了两种方法都是三元系热力学计算的好方法②。

由于特殊的历史原因，周国治的计算进度和研究进展被耽误了，在他前面已经有四位学者做出相关研究成果。优先权问题可以说是国际学术界每位学者分外关注和在乎的事情，但幸运的是，后来周国治的方法也被国内外学界承认与广泛运用。当时，有不少国外教授和研究生来信索取他的论文单行本，这在今天看来是很平常的学术交流，但在当时却是一件大事。为此，柯俊教授还专门写信给周国治教他如何回复国外学者的来函。由此亦可见柯俊作为老一辈科学家对于年轻后辈的细致关怀和对国际学术交流的高度重视。

值得一提的是，这段时间，周国治的学术生涯还有一个有趣的插曲，那就是他涉足生物化学领域并做了一项有意思的工作，发表了两篇重量级的论文。第四章中提到，周国治的弟弟周国城与同事于 1974 年和 1975 年连续发表论文，在酶反应动力学研究方面取得了重要进展，成果被上海《文汇报》宣传。周国城的研究不只是提醒周国治可以搞业务

① 周国治. 三元系中两相区边界上的活度[J]. 中国科学，1978，8（3）：312-324.

② 谢冬生. 三元系热力学图解计算方法——评 Darken 法与周国治法的内在联系[J]. 北京钢铁学院学报，1988，10（2）：226-233.

了，还一度激发了他对酶反应动力学的兴趣。

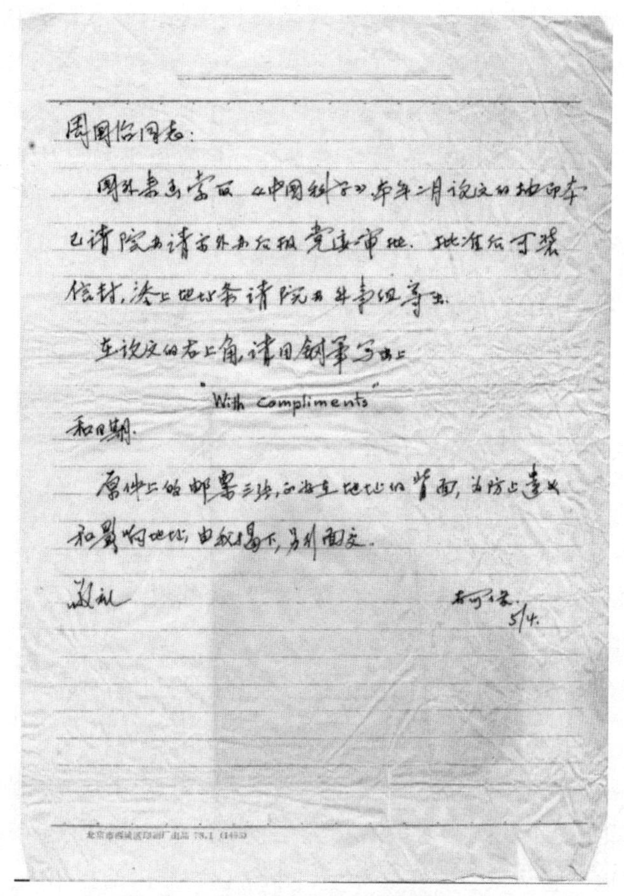

周国治同志：

国外来函索取《中国科学》去年二月论文的抽印本，已请院办请示外办分级党委审批。批准后可装信封，添上地址，交请院办外事组寄出。

在论文的右上角请用钢笔写上

"With compliments"

和日期。

原件上的邮票三张，已凑在地址的背面，为防止遗失和弄错地址，由我保存，另外面交。

敬礼

柯俊

5/4.

1978 年 5 月，柯俊给周国治的信件原稿

周国治在周国城的论文里发现了一些有意思的新问题，当时周国城是引入范德华力（van der Waals force，现称为范德瓦耳斯力）去解决酶反应动力学的难题的。但是，既然范德瓦耳斯力能提高速度常数，那么它能达到的最大极限是多少？既然范德瓦耳斯力有这么大的作用，那为什么完全忽略了该引力的斯莫卢霍夫斯基（Smoluchowski）公式和阿尔伯蒂–哈姆斯（Alberty-Hammes）公式，在以前的多个体系的估算中又比较成功？是不是因为范德瓦耳斯效应在某些条件下是显著的，而在另一些场合下则可以忽略不计？如果是，条件是什么？对于碳酸酐酶和碳酸（H_2CO_3）体系，其他学者按照斯莫卢霍夫斯基公式计算的结果与周国城等的计算一致，这是偶然巧合，还是包含内在的、普遍的必然结果？这

涉及斯莫卢霍夫斯基公式在非球形对称体系中的适用性问题。

与周国城的思路和方法不同，周国治将这些问题看作物理化学的问题，决定从理论上进行解释，同时还可以避开复杂的数学计算。在他看来："他（周国城）的思路是挺好的，理论上不会算，只能用计算机算。……我当时就来劲了，你这半天是计算机算出来的，对不对？"①周国治假设其原因是溶液浓度高，将整个过程用物理化学的方法推导出公式，做了理论分析。结果，周国治不仅给出了斯莫卢霍夫斯基公式在非球形对称体系中的应用条件，还详细讨论了扩散控制反应速率的范德瓦耳斯效应，指出在什么条件下它可忽略不计，在什么条件下必须加以考虑，以及它可能达到的最大极限，还给出了极限情况下酶表面底物浓度分布的表达式和界溶比的计算式。该成果于 1979 年在《中国科学》上发表②。

回忆起这篇文章的发表经历，周国治觉得特别有意思。当时他满怀欣喜地投稿给《中国科学》，结果没想到直接被退稿了。"理由很简单，没听说过北京钢铁学院有人研究酶反应动力学。"周国治认为杂志社退稿的理由非常不合理，难以认同和接受，便写信反驳道："我（的研究结果是）对的，你不能说我是北京钢铁学院的就不能投稿啊？"③周国治一再重申自己研究成果的正确性，并逐条反驳编辑部给出的退稿理由。结果，编辑部不得不找到当时的吉林大学校长、国内物理化学领域专家唐敖庆④来审稿。唐敖庆在看完文章后，非常认同周国治提出的概念与推导的公式，也认为周国治的反驳理由非常合理。得到物理化学界权威学者的认可后，这篇论文最终于 1979 年发表在《中国科学》上。后来，他又继续沿着自己的思路进行了一些探索，成果在 1983 年的《生物物理化学》（*Biophysical Chemistry*）上发表⑤。

说是插曲，是因为本来周国治对生物化学的研究产生了兴趣，似乎

---

① 周国治访谈，访谈时间：2020 年 12 月 11 日。

② 周国治. van der Waals 力对扩散控制反应速率的影响——Smoluchowski 公式在非球形对称体系中的应用[J]. 中国科学，1979，9（3）：293-302.

③ 周国治访谈，访谈时间：2020 年 12 月 11 日。

④ 唐敖庆（1915—2008），江苏宜兴人，物理化学家，中国科学院院士（学部委员），中国现代理论化学的开拓者和奠基人，被誉为"中国量子化学之父"。

⑤ Zhou G Z，Wong M T，Zhou G Q. Diffusion-controlled reactions of enzymes. An approximate analytic solution of Chou's model[M]. Biophysical Chemistry，1983，18（2）：125-132.

有转行的可能性。结果，麻省理工学院向周国治抛出了橄榄枝。周国治坦言，这对他当然更有吸引力，因此他选择了既定的学术道路，在冶金物理化学领域继续深耕。

> 我当时就是走在一个岔路口，我有两个选择，一个是搞生物化学，因为我当时这个（研究）很火，这篇文章影响很大，但是，MIT要我了，MIT还是有吸引力的，全世界首选。教授亲自邀请我去。我选哪个？我最后还是到MIT去了，所以我那个（酶反应动力学）就放弃了，我就没再搞下去。①

人们常说双喜临门，“文化大革命”结束后，周国治不仅迎来了科研事业的春天，在物理化学领域崭露头角，家庭生活也一帆风顺。1978年5月，周国治的小儿子周维扬出生了，这为周国治增添了更多的喜悦与幸福。同一年，北京钢铁学院恢复了教师职称评定工作，并且采取的是“自报公议”的开门评定方式。周国治鼓起勇气，以助教身份报名参加了“跳级”申请副教授的评审。没想到，他的评审答辩十分顺利，评审专家一致通过了他的职称申请，于是周国治由助教被破格提升为副教授。1979年2月28日，中共北京钢铁学院委员会正式同意周国治越级提升为副教授。当时，北京钢铁学院对周国治的教学和科研业务的审查意见是：

> 多年来一直担任物理化学教学工作，理论基础好，基本概念清楚，思路敏捷，讲课条理性强，教学效果好。主讲“物理化学”“化学热力学”“统计热力学”等课程，主编过物化等一些讲义。科研工作有独创见解，有较好造诣。对二元系、三元系的活度计算提出新方法，在范德瓦尔斯力对扩散控制反应速率的影响研究中提出新模型。在《中国科学》《金属学报》上已发表四篇论文，还有一篇待发，得到国内外专家重视。英文能英译中、中译英，俄语及德语初具阅读能力。拟越级提升为副教授职称。②

1979年7月10日，北京市教育工作部同意通过了周国治的副教授职称申报。经过多年的磨砺，周国治最终迎来了事业、家庭的双丰收。

---

① 周国治访谈，访谈时间：2020年12月11日。

② 高等学校确定与提升教师职务名称呈报表，藏于北京科技大学档案馆。

二、走出国门谋深造

改革开放之初，国家急需各方面的专门人才，教育工作和科学技术事业成为国家建设的重中之重。国家要求抓科学和教育工作，并走出教育改革的“三步棋”。第一步是1977年12月恢复高考招收本科和大专学生。第二步是1978年5月恢复研究生考试。第三步是1978年9月举行出国留学生公开考试，从中选拔3000名公派留学生。1977年12月举行的全国高考和1978年5月进行的全国研究生考试，获得了全国人民的热情支持。1978年6月，邓小平提出，要向国外大规模派遣留学生，而且要快派，“今年三千，明年一万”[①]。

1978年8月4日，教育部下发《关于增选出国留学生的通知》，明确选拔范围是政治上符合出国条件、身体健康、年龄为40岁左右的高等院校教师、科研机构的研究人员以及科技管理干部、企事业的科技人员，要求业务基础理论扎实、专业水平较高，有一定外语水平，并具有两年以上本专业的工作经验[②]，并明确1978年派遣留学生名额增至3000人。

《关于增选出国留学生的通知》规定，1978年9月5日进行全国外语统考。实际上，由于时间仓促，各地准备不足，考试推迟到9月15日举行。当时的实际情况是大部分的考生外语水平都比较低，因此出国的外语水平标准定得也比较低，英语、德语、法语、日语凡笔试在50分以上、口试在3分以上的考生均可以录取；口试在4分以上、笔试不低于45分或笔试在60分以上、口试不低于2分的也可考虑录取；甚至外语考试成绩不符合上述标准，但专业基础特别好，在科研、教学方面成果显著，所学专业又是国家急需的，也可以报送教育部统一审核，但各部委和各省份教育部门对被录取人员的专业水平要进行一次认真的复查，如发现专业水平低或根本没有从事过这方面专业工作的，即使外语统考成绩很好，也不能录取[③]。由此可见，当时国家更重视派出人员的专业水平，希望这些人能被选拔出来留学，做到学有所成，为国所用。

这一批被选拔上的考生是我国改革开放后向国外大学（研究所）派

① 钱江. 改革开放后首批公派留学生公开选拔记[J]. 党史博览，2016，(4)：21-23.
② 钱江. 改革开放后首批公派留学生公开选拔记[J]. 党史博览，2016，(4)：21-23.
③ 钱江. 改革开放后首批公派留学生公开选拔记[J]. 党史博览，2016，(4)：21-23.

出的第一批留学生，最初叫“进修生”，临出国时改称“访问学者”。当时，从基本合格的3000人中，教育部选出拔尖的52人作为1978年12月26日向美国首批派出的留学生①。

国外先进的科学技术吸引了无数颗年轻的心，他们纷纷申请参加出国考试。醉心于冶金物理化学前沿研究的周国治急切盼望能出国深造，他自然成为其中的一分子，他的心情十分激动，积极报名参加了教育部的出国留学考试。当时有同事劝他，认为他已经是副教授了，精力比不上年轻人，如果考不上很丢人。可是出国深造的吸引力对周国治而言实在太大了，此时的他根本顾不上别人的说法。

结果，周国治顺利通过了教育部的英语笔试。这对他来说很不容易，因为他大学学的是俄语，英语笔试能通过，自然十分不易。接下来还有英语口语的考试，他的压力还很大。当时，邓美华为他请了一位英语老师，帮他练习口语，说好一共教三次。结果，第二次英语老师就不愿意来了，原因是他认为周国治的英语基础实在太差了，根本没法教。于是，周国治不得不依靠个人奋斗，结果没想到他的口试居然拿到了5分的好成绩。这件事让周国治更加认识到，要想成功，迎难而上、不言放弃的品格是多么可贵。

周国治成了当时第一批被录取的出国留学人员之一。他记得通过考试后，国家还组织了学习班，主要是给出国人员提供外语培训。当时，北京钢铁学院也是学习班的一个办学点。大家聚在一起一边学英语，一边等待出国。据周国治回忆，在此之前，冶金工业部也组织过一次出国考试，北京钢铁学院有三位教师通过了该次考试，分别是陈难先、刘庆国和张家芸，为此他们也到学习班来旁听英语。结果，后来他们三个人都比周国治先出国。周国治之所以等到1979年底才出国，有一个重要原因。

通过出国考试以后，接下来的事情就是联系出国的单位和合作导师。改革开放以后，中外科技交流开始正常化。在新政策的推动下，中华人民共和国成立后回国的那批学者，凭借他们和海外建立的关系开始恢复学术联系。当时，柯俊教授将周国治介绍给美国波士顿的一家金属材料方面的研究所，这个研究所彼时在美国属于保密单位，美国政府需要

① 钱江. 改革开放后首批公派留学生公开选拔记[J]. 党史博览，2016，(4)：21-23.

研究所开具保密证明。研究所的合作导师拉里·考夫曼（Larry Kaufman）是《相图和热化学的计算机耦合》（*Calphad-Computer Coupling of Phase Diagrams and Thermochemistry*）杂志的创办人，是该领域的权威学者，他同意周国治前去访学，但一时无法提供证明。就这样，在国内的周国治虽然通过了教育部的出国考试，但也只能焦虑地等待，本来已经联系好了对方的研究机构，却迟迟不能成行。后来的故事在上一章中已略有提及。1979 年快下半年了，麻省理工学院的埃利奥特教授受魏寿昆、肖纪美的邀请到北京钢铁学院访问，其间埃利奥特到北京钢铁学院图书馆阅览室做学术报告，在那个求知若渴的年代，前来听报告的师生将整个阅览室都挤满了。

> 他来做报告一看傻眼了，多少人你知道吗？坐满了。在美国听学术报告不会有上千人。①

埃利奥特做完报告后，魏寿昆将周国治介绍给他，强调他是已经考试合格准备出国的、学术能力强的年轻人。在魏寿昆的引荐下，周国治将他新近发表的三元系、多元系活度计算的论文送给了埃利奥特。这位当时国际冶金学界的学术权威了解到中国年轻人居然和自己关注相同的课题，还找到了新的方法，感到很惊讶，同时也看到了周国治在冶金物理化学领域的研究能力和学术天赋。所以当魏寿昆、肖纪美向他推荐周国治去麻省理工学院访学时，埃利奥特毫不犹豫地接受了周国治，热情地邀请周国治进入他本人的实验室，共同探究冶金物理化学领域的课题。谈到这段经历，周国治回忆说：

> 他没想到中国也有人跟他同时做相关的课题，他在美国他哪知道中国有人在做这个啊？他二话没说让我去他实验室，我就是这么被接受的。②

就这样，周国治放弃了波士顿那家金属材料方面的研究所，转而选择了美国麻省理工学院。1979 年秋，周国治的大儿子已经 6 岁多，小儿子 1 岁多，他和家人一起到家附近的和平里照相馆拍了张全家福。1979 年 12 月 20 日左右，周国治从北京出发，登上了飞往大洋彼岸的航班。

---

① 周国治访谈，访谈时间：2020 年 12 月 11 日。

② 周国治访谈，访谈时间：2020 年 12 月 11 日。

临行之际，他抱住两个孩子拍了一张合影，心中虽有太多不舍，但还是对这次美国之行充满了期待和憧憬。那一天，邓美华带着孩子跟着学校派来的车一起到了机场。周国治记得，当时天空飘起了雪花，受天气影响，飞机一直到天黑了都没起飞，送行的人在玻璃门外等着，孩子们都困得睡着了，最后只能早点儿回家。飞机一直到深夜才起飞。这是周国治第一次走出国门，也是他迄今坐过的时间最长的一趟航班。

1979 年，周国治全家福（供图：周国治）

1979 年，周国治去美国前与周维宁、周维扬合影（供图：周国治）

当时出国没有现在这样方便，那时暂未开通太平洋航线，飞往美国的航班需要走大西洋航线，从北京出发到孟买、卡拉奇、苏黎世、巴黎，最后在巴黎等待了8个多小时，再飞越大西洋，最终到达目的地华盛顿。当周国治再次回忆起40多年前的这段旅途时，不禁感慨道：

> 绕地球快一圈了！很累很累的，我人生从来没那么累过，把我折腾得眼睛全部出血，全红的。①

当时，从中国出发到美国访学的学生都需要先飞到华盛顿，再从华盛顿前往各自的学校。在这期间，学生们都先暂住在中国驻美领事馆，等有航班了再走。驻美领事馆离白宫和很多知名景点都很近。第一次出国的周国治和同行的访问学者，一起在华盛顿参观了不少地方。他们舍不得花政府发放的100元美元，每天都是步行去各处游览。待了两三天，领事馆通知说已经联系上麻省理工学院，周国治等人这才坐上了前往波士顿的飞机，算是同行之中最早离开华盛顿的人。到达波士顿后，在领事馆的提前联系下，一位麻省理工学院的研究生到机场迎接周国治一行，这个人恰好是从香港过去的华人，会说粤语。周国治的祖籍在广东，也会说粤语，两人很快就熟悉起来，之后在麻省理工学院的日子里，两人也相互帮助了许多。周国治多年后还能回忆起他的名字——莫家骝，他是当时麻省理工学院中国同学会的负责人。

初到麻省理工学院恰好临近西方的“新年”——圣诞节，对新鲜事物一直存有好奇心的周国治，这次却没有心思去了解西方人是如何过圣诞节的，也没有心思去感受大街上浓厚又温馨的过节氛围。此时的周国治所忧心的是初到美国、孤身一人所面临的第一个问题，也是首要的问题——“住”。幸好遇到圣诞节放假，很多学生要回去和家人团聚，于是莫家骝带着周国治去麻省理工学院的学生宿舍做租房登记，很快就租到了合适的单身宿舍。当时说好了可以租住一个月，周国治本以为在这一个月里有充足的时间去找房子，结果这位学生房东比预计的时间提前回来了，周国治只得加紧找房。可是周国治初来乍到，手里只有中国政府给的100美元和一些生活费，还要用于日常学习、吃饭，住宿租房也很贵，所以当时很是困窘。他舍不得坐车，出门大多靠走路。周国治回忆

① 周国治访谈，访谈时间：2020年12月11日。

道："我当时也没钱。舍不得坐车，坐一次车五块十块的就飞了。房子没找到钱就没了可不行，我就靠双脚走。"[①]也正是在那段四处找房的日子里，周国治走遍了波士顿的大街小巷，可以说用脚丈量了波士顿的土地。周国治笑着说：

> 所以我对波士顿很熟，那是我走出来的，好多地方我都走，最后找了非常远的一个地方，便宜。[②]

终于，周国治找到了一个相对便宜但离校园很远的住所，房东是麻省理工学院图书馆的一位工作人员，他也算满意。但时间久了，他的合作导师埃利奥特不满意了，因为周国治的住处离学校太远了，每天在路上的通勤时间要花费 4 个小时，非常耽误做科研的时间。为了不影响周国治专心做研究，埃利奥特让他的秘书给周国治在学校附近找了个新的住处，但这次的住所周国治也只住了半年，半年后周国治自己找了新的房子，这才算是真正安定了下来。

跟周国治同一批去麻省理工学院的有二三十人，那时国家给每一位进修人员 280 美元左右的生活费，周国治在租房上就花掉了 180 美元，由此面临第二个生活难题——"食"。那时美国的物价也不低，据周国治回忆，即使在学校食堂，一个汉堡也要 3 美元，一顿饭下来需要 6 美元左右，这对于生活拮据的周国治来说简直不敢想象。所以在那段时间，周国治基本上都是自己在家做饭，或者带盒饭去学校。周国治回忆道：

> 交完房租以后我还剩多少钱呢？我天天只能带饭，美国人不带饭的。我哪吃得起，一顿当时就 3 块多，还是 6 块多。我根本受不了的，我每天晚上回家就做饭装盒什么的。[③]

至于就医就更是花费不菲了。记得到麻省理工学院的第二天，周国治眼睛大出血，他当时吓坏了，赶紧到校医院去看病。就医前，一位女护士接待了他，做了几分钟的检查后，告知他眼睛出血是因为几天没睡好，休息一段时间就会好，医生也不用看了。但因为当时的他没有购买美国的医疗保险，大使馆要求这些出国留学生先行支付医疗费用然后再

---

① 周国治访谈，访谈时间：2020 年 12 月 11 日。

② 周国治访谈，访谈时间：2020 年 12 月 11 日。

③ 周国治访谈，访谈时间：2020 年 12 月 11 日。

报销，结果周国治发现就是如此简单的看病，都需要花费 80 多美元，他直言当时自己都惊呆了。

求学途中历经了这般辛苦，上天也给了这个充满理想的青年人一些甘甜。初到美国的这段时间，周国治虽然在生活上比较艰苦，但是在学术上很快就有了新的进展。

刚到麻省理工学院时，埃利奥特就立即给周国治分配了办公室、实验室和工作任务，让他为两个月后的一个学术会议做准备。周国治连在美国第一年的圣诞节也是和合作导师埃利奥特一起在办公室度过的。圣诞节当天，埃利奥特就坐在办公室，一直到晚上八点以后才离开，周国治看埃利奥特没走，自己便也待在办公室里写文章。周国治将自己写的论文初稿拿给埃利奥特看，埃利奥特读完后对他非常赞赏，但认为文章里还有一些方面有待进一步深入探究，于是就交代周国治完善后写出一篇高质量的论文，内容仍然是关于三元系两相区边界活度的计算。不到三个月的时间，周国治就完成了这篇论文，埃利奥特看后很是满意，便决定带他去加拿大哈利法克斯（Halifax）参加第一届国际熔盐会议（International Symposium on Molten Salts）旁听报告，以此作为奖励，还给周国治涨了工资。

1979 年，周国治在麻省理工学院的办公室

“我是一到 MIT 就出论文的，这下他当然高兴。”周国治回忆起当时的场景，“‘你不错，但你现在收入太低。’因为我一共才 280 美元，这也

没法过了。‘加你工资，加到 1300。’他说。我听完人都傻了，我不敢相信我的耳朵。”这笔工资在当时着实不是笔小数目。到美国的时候，周国治每个月只有 280 美元，而埃利奥特把他的工资涨到 1300 美元，是原来工资的好几倍。这个奖励让周国治欣喜不已，感到非常骄傲，但埃利奥特紧接着说了一句话：“周国治，我加你钱，是有条件的。”[①]埃利奥特提出的条件就是周国治不能将这笔钱交给自己的国家，如果交了就不再给这笔钱了。周国治口头答应了，但最后还是将钱交了上去，国家从中拨出 500 美元给了周国治。周国治的生活条件为此迎来了质的飞跃。

周国治拿到工资后，为了解决交通问题，1980 年 5 月，花费 300 美元买了一辆二手的卡普里（Capri）牌小汽车，成为这一批留学生中第一个买车的“高薪”拥有者。

工资稳定了，周国治想做的第二件事便是把妻子邓美华接到美国，结束两地分居的生活，同时也能够让邓美华开阔学术视野。“生活条件有保障了，就可以提出申请。当时美国有个规定，你生活费到多少你的爱人就可以来，所以我想只要我申请肯定能获批。”[②]周国治是个行动派，有想法后立马跟妻子邓美华商量，并为邓美华在美国落脚提前规划，准备为她安排一个合适的工作。想到邓美华是学药学的，周国治打算联系生物制药方面较好的一些大学。因为是为妻子找工作，周国治没有想找以理工科见长的麻省理工学院，而是首先想到波士顿一个有名的药学院，但由于没有人为周国治提前引荐药学院的教授，周国治前往联系的时候差点儿闹了笑话。

那天，周国治只身一人闯进药学院副校长的办公室，说要给自己的爱人谋一份工作。“找到他们那个副校长，其实都笑话，胆子大得包天，”周国治回忆这段经历时笑着说道，“敲个门进去，像副校长那么一个人，他说你来什么事儿？我说我想给我爱人找份工作，她学药学的，正好来你们药学院还可以。（他说）‘你找我干什么？你去 MIT（找）不挺好吗？’”这位副校长哭笑不得，明明麻省理工学院的药学院也很知名，周国治却舍近求远地到这里为妻子求一份工作，真是很特别的一个人，但这位副校长还是非常乐意帮助周国治，写了一张便条给他，于是周

---

① 周国治访谈，访谈时间：2020 年 12 月 11 日。

② 周国治访谈，访谈时间：2020 年 12 月 11 日。

国治拿着这张便条回到麻省理工学院，按便条上的姓名和地址找到了那位副校长介绍的教授。没想到，这位麻省理工学院的理查德·沃特曼（Richard Wurtman）教授是当时神经科学方面比较有名的学术新星，有较为充足的科研经费，需要吸纳各方面的优秀人才来参与他的研究和实验工作。他听了周国治的情况说明后，当即就接受周国治的妻子邓美华来自己的实验室工作，并告知周国治，邓美华可以拿到每月 400 美元的工资。

周国治十分开心，向沃特曼教授表示了感谢，但回去后他的朋友们告诉他 400 美元的月薪可能不够，周国治就又回到沃特曼教授的办公室找了一趟。"400 美元太低了，我的批准不容易。"这么一解释，没想到这位教授很爽快地答应了，将邓美华的月薪提高到 700 美元。这样一来，邓美华的工作也解决了，一个月 700 美元也是一笔可观的生活费。"所以我一下子变得富裕起来了，"周国治笑着说道，"（这个事情）就解决了。"①

1981 年 9 月下旬，一切安排妥当后，周国治将邓美华接到美国，孩子暂时由北京的姨妈、保姆和上海的爷爷奶奶帮助照顾。邓美华到美国后，周国治和弟弟周国城一家在美国团聚，在生活中也能相互照应。

1981 年，周国治夫妇与周国城夫妇在波士顿合影（供图：周国治）

在美国期间，周国治除与埃利奥特科研团队及麻省理工学院材料系

① 周国治访谈，访谈时间：2020 年 12 月 11 日。

的同仁建立学术交流以外，还与其他华人科学家保持联系。值得一提的是，1980 年，周培源[①]到麻省理工学院做访问教授，并拜访自己的学生林家翘[②]。周国治与其他华人科学家一道受邀参加了在林家翘家中举行的欢迎活动。在活动中，周国治感受到老一辈科学家对在美留学进修的年轻科学家的关心。

三、融入国际学术圈

周国治的适应能力很强，到美国跟随埃利奥特潜心做学术研究后，不仅很快适应了国外的生活，还在埃利奥特的指导下及与其合作中，开展了很多实验研究工作，极快地推进了他的学术进展，连续几年参加了多次国际学术会议，发表了多篇学术论文。

1980 年，周国治在麻省理工学院实验室工作（供图：周国治）

① 周培源（1902—1993），著名流体力学家、理论物理学家、教育家和社会活动家。1924 年，周培源毕业于清华学校；后赴美留学，先后获硕士、博士学位；1929 年回国后，任清华大学、西南联合大学等院校物理学系教授；1947—1952 年，任清华大学教授、教务长、校务委员会副主任。1952 年全国高等学校院系调整后，周培源历任北京大学教授、副校长、校长等，中国科学院副院长；1955 年当选中国科学院院士（学部委员）。

② 林家翘（1916—2013），力学家和数学家。1937 年清华大学物理系毕业后留校任教，1939 年考取“庚子赔款”公费留学生资格后赴英国留学；1941 年获加拿大多伦多大学硕士学位后进入美国加州理工学院学习；1944 年获博士学位后到布朗大学工作；1947 年进入麻省理工学院任教，先后担任副教授、教授；美国艺术与科学院院士、美国国家科学院院士，1994 年当选中国科学院外籍院士。

1980年，周国治在埃利奥特的带领下参加了在加拿大哈利法克斯举办的第一届国际熔盐会议，这是周国治第一次参加熔盐物理化学领域的国际学术会议。在这次会议上，他旁听了很多重要的学术报告，在会议期间与国际同行积极地进行了学术交流，结识了一批国外学者。其中有一位是日本学者不破祐[①]，他是麻省理工学院约翰·奇普曼教授的学生，也是美国矿物、金属和材料学会（TMS）的荣誉会员，对中国十分友好，后来与周国治保持着密切的学术交流。

1980年，周国治与麻省理工学院材料系金（King）教授夫妇摄于哈利法克斯海上游艇（供图：周国治）

1981年2月23日，“纪念卡尔·瓦格纳”的学术会议在美国芝加哥举行。在这次学术会议上，埃利奥特宣读了他和周国治合作的第二篇学术论文《三元系中两相区边界上的活度》（“Activities in a Miscibility Gap in Ternary Systems”），这篇文章给出了一个新的公式，描述了三元系中化合物的活度（φ）和组元活度（a_A，a_B，a_C）的关系。给出对两相区边界来说的关系式：

$$\frac{\mathrm{d}\ln\phi}{\mathrm{d}\ln a_A}=\eta-\xi\left(\frac{x_A}{x_B}\right)_{AB} \tag{5-1}$$

① 不破祐（Tasuku Fuwa，1915—2013），日本冶金学家，日本工程院院士、美国国家工程院外籍院士、中国工程院外籍院士。

$$\frac{\mathrm{d}\ln\phi}{\mathrm{d}\ln a_{\mathrm{B}}}=\xi-\eta\left(\frac{x_{\mathrm{B}}}{x_{\mathrm{A}}}\right)_{\mathrm{AB}} \tag{5-2}$$

$$\frac{\mathrm{d}\ln\phi}{\mathrm{d}\ln a_{\mathrm{C}}}=\eta\left[\left(\frac{x_{\mathrm{C}}}{x_{\mathrm{A}}}\right)_{\mathrm{AC}}+\left(\frac{x_{\mathrm{C}}}{x_{\mathrm{B}}}\right)_{\mathrm{BC}}\frac{\xi}{\eta}\right] \tag{5-3}$$

其中，η、ξ 为可正可负的任意常数，$\left(\frac{x_{\mathrm{A}}}{x_{\mathrm{B}}}\right)_{\mathrm{AB}}$、$\left(\frac{x_{\mathrm{C}}}{x_{\mathrm{A}}}\right)_{\mathrm{AC}}$、$\left(\frac{x_{\mathrm{C}}}{x_{\mathrm{B}}}\right)_{\mathrm{BC}}$ 分别为A-B、A-C、B-C 边上的所截得的截距比。周国治应用上述公式计算了Cu-S-Fe 三元系中 Cu_2S 的活度，该方法比前人的方法简单，且结果较好[①]。

这一次的年会对周国治而言十分重要，正是在这次会议上，周国治遇见了相知半生的学术同道和一生的好朋友张永山[②]。张永山当时是美国威斯康星大学的教授，他早期的重要成果是将经典的化学冶金原理创造性地应用于开发新的合金材料并取得了卓著成效。他提出了热力学、相平衡和动力学原理在材料科学上的定量应用方法——应用缺陷热力学原理提高有序中间化合物的机械性能，综合应用相图计算和热力学模型预测多元复杂合金的凝固通道，用热力学方法预测材料的热物理性能，为Ⅲ-Ⅴ族半导体及其合金设计性能优良的金属界面，为结构型复合材料设计稳定界面等，为探索新型合金材料的行为及稳定性提供科学预测依据。他曾获多项国际、美国材料科学相关领域的最高荣誉奖，是一位出色的材料科学与工程学家。

据周国治回忆，那天到达会议地点后，周国治在休息室里看材料，一个陌生人主动过来和他打招呼。“到那之后，我坐在那儿，有个中国人一看见我，就走过来了。他主动走过来问：‘你是谁？没见过你呀。’他很主动的，不像我们。”当时周国治并不认识他，但出于礼貌一直在回应交流：“‘你是大陆来的吗？’我说是啊。‘我（叫）Austin Chang。你现在在哪工作？’‘我在 MIT。’‘哦，MIT 别说了，世界上最好的了，那

① Chou K C，Elliott J F. Activities in a miscibility gap in ternary systems[C]//Gokcen N A. Chemical Metallurgy：A Tribute to Carl Wagner：Proceedings of a Symposium. Warrendale：Metallurgical Society of AIME，1981：195-211.

② 张永山（Y. Austin Chang，1932—2011），美国材料科学家，生于中国河南省。1954 年毕业于美国加州大学伯克利分校化学工程系，1955 年获美国华盛顿大学化学工程硕士学位，1963 年获美国加州大学伯克利分校冶金学博士学位并留校作博士后。1967 年起，他先后任美国威斯康星大学密尔沃基分校和麦迪逊分校副教授、教授、系主任，1996 年当选美国国家工程院院士，2000 年当选中国科学院外籍院士。

挖你（到我们这里工作）也过不来了嘛！'”这个人就是威斯康星大学的张永山。张永山就和周国治聊起天来，二人一见如故，张永山想邀请周国治到威斯康星大学，但当知道周国治的合作导师是埃利奥特后便知道这个想法实现不了了。张永山转而和周国治交起了朋友，谈起了合作。“'咱们做个朋友聊吧。''挖你挖不着，咱们合作，怎么样？''好啊。怎么合作？''你把学生派给我，马上派到这，马上签协议。'”二人一拍即合，后来很快就签订了学生联合培养协议。“所以我跟张永山（是在国外合作签过）最长（时间）协议的。我送了很多学生去（他那儿），就是这个原因。”①当周国治回国后，履行了和张永山的协议，将很多学生送到威斯康星大学进行联合培养。

1949年左右，张永山被父亲经中国香港送到美国读书，先后在加州大学伯克利分校、西雅图华盛顿大学学习，获得本科、硕士学位，后又回到加州大学伯克利分校学习，获博士学位后留校进行博士后研究。再后来，他在美国威斯康星大学谋得教职。随着交往的深入，周国治了解到张永山的老家在河南省，父亲是黄埔军校毕业生，应该算是自己岳父邓士章的学生，只是他从来没和年长他5岁的张永山提及此事。自1981年开始，周国治与张永山保持了30年的友谊，两家人在美国经常走动。周国治还先后邀请张永山到北京科技大学、郑州大学、上海大学等高校进行访问和交流。

两人最后一次见面是在2007年，当时张永山受邀到西安建筑科技大学冶金工程学院做学术演讲。事后，周国治邀请他同游华山。在上山下山的4个小时里，两人讨论了很多事情，包括学术生涯和家庭生活，那一年张永山决定遵从家人的意见，选择退休。遗憾的是，张永山退休后不久便中风了，于2011年离世。周国治感到非常惋惜。每每提到张永山这位老友，周国治总是会说：“我知道他是厉害（的），你看，我跟他在国外合作最长，他接收我的学生最多，而且我们联合培养的学生都非常优秀。”②

回到1981年“纪念卡尔·瓦格纳”的会议。会议结束后，周国治完成了报告，回到麻省理工学院继续科研工作，并且与同事大卫·德扬

① 周国治访谈，访谈时间：2020年12月11日。
② 周国治访谈，访谈时间：2020年12月11日。

（David DeYoung）等学者建立了更为密切的合作和交流。与之前不同的是，埃利奥特非常放心周国治的学术能力，对周国治不再像对自己的学生那样严格，而是鼓励周国治自己钻研和创新，支持他继续写文章和参加国际学术会议。

1981年，芝加哥会议后，周国治（左一）拜访麻省理工学院同事大卫·德扬一家

1981年的9月14日，周国治独自飞往法国里昂，以唯一一个中国国籍报告人的身份参加了先进材料科学与工程国际会议（AMSE）。在这次会议上，周国治又以一篇新的文章做了题为《三元系和四元系结线的预测》（“Prediction of Tie-lines in Ternary and Quaternary Systems”）的学术报告。在这篇报告中，周国治给出了三元系和四元系的热力学性质与结线的关系，提供了一个普遍关系式：

$$\frac{\mathrm{d}\ln\phi}{\mathrm{d}\ln a_{\mathrm{A}}}=\eta-\xi\left(\frac{x_{\mathrm{A}}}{x_{\mathrm{B}}}\right)_{\mathrm{AB}}-2\left(\frac{x_{\mathrm{A}}}{x_{\mathrm{C}}}\right)_{\mathrm{AC}}\text{（三元系）}\tag{5-4}$$

$$\left(\frac{x''_{\mathrm{A}}}{x''_{\mathrm{B}}}-\frac{\eta}{\xi}\right)\left(\frac{\mathrm{d}\ln a_{\mathrm{A}}}{\mathrm{d}\ln\phi}\right)+\left(\frac{x''_{\mathrm{B}}}{x''_{\mathrm{D}}}-\frac{\xi}{\lambda}\right)\left(\frac{\mathrm{d}\ln a_{\mathrm{B}}}{\mathrm{d}\ln\phi}\right)=-\frac{1}{\lambda}\text{（四元系）}\tag{5-5}$$

这一关系式适用于任何体系，通过它仅从一相的热力学数据就可以给出联结两相的结线，并给出了计算它的计算机程序。周国治的这一研究，获得了国外学术同行的高度认可。

在法国参会途中，周国治遇到了一些小曲折。由于周国治不会说法语，所以抵达法国里昂后，一时间找不到会议地址，只得在路上挨个问路人，可路人大多不愿意理会用英语问路的人。正在周国治着急的时候，一辆小汽车开过来停在了他旁边，来人问他是不是去参加先进材料科学与工程国际会议的，周国治喜出望外，二人交谈后他得知开车的人正是这次先进材料科学与工程国际会议的主席，于是周国治“顺理成章”地坐顺风车到了会场。

周国治此次前往法国，并不单单是为了参加里昂的先进材料科学与工程国际会议。周国治之前到欧洲，还是第一次飞往美国时路过的。第一次出国的紧张加上几天疲惫的飞行，让周国治并没有心思欣赏欧洲的风景。这次周国治想借助参加会议的机会，停下脚步好好在欧洲游览一番，感受一下不一样的风土人情。从被誉为西欧“十字路口”的比利时品尝美食，到“浪漫之都”巴黎参观艺术殿堂卢浮宫，再乘轮渡到文艺气息十足的伦敦和学术圣地剑桥大学感受浓厚的学术氛围。当时，周国治同事李福燊的姐姐李道子正在剑桥大学读书，周国治便去剑桥大学拜访了她。旅途中虽然由于语言不通遇到些许麻烦，不过充满好奇心的周国治却也乐在其中。游览结束后，周国治从伦敦回到华盛顿，着手准备接妻子邓美华到波士顿的相关事宜。

1981年，周国治在欧洲留影（供图：周国治）

周国治回到麻省理工学院后很快收心，立马转身投入并开启了新的学术研究。1982年2月15日，周国治继续参加美国采矿、冶金和石油工程师协会（AIME）第111届年会，做了题为《K_2O-SiO_2熔体中K_2O的活度》（“Activity of K_2O in Liquid K_2O-SiO_2 Melts”）的报告，用PtO_2 K_2O-SiO_2（l）| K^+-β-Alumina | K_2O-SiO_2（l）O_2 Pt固体电解质电池测定了液态K_2O-SiO_2熔体中K_2O的活度，所得结果在活度方面类似于Na_2O-SiO_2体系的结果。1983年3月，周国治在美国采矿、冶金和石油工程师协会第112届年会发表了一篇新的学术文章①。在国际学术会议上的频频亮相以及学术论文的发表，使得国际金属材料物理化学界认识了这位年轻的中国学者，周国治开始在这一方领域具有一定的影响力。

1982年，周国治已经到麻省理工学院访学和进修两年多。在此期间，周国治与埃利奥特等美国学者合作完成了多篇优秀学术论文。周国治不仅从合作导师埃利奥特那里学到了国际相关领域的前沿知识，而且跟着埃利奥特做了不少实验。周国治的科研水平在理论和实验两个方面都得到了很好的提高，尤其是在实验方面，埃利奥特的动手能力极强，这让周国治很受触动。在麻省理工学院，周国治需要自己动手做实验，这对他来说是很好的锻炼。他至今还很怀念第一次在麻省理工学院进修

1986年左右，埃利奥特来华访问期间在周国治位于和平里的家中合影
（供图：周国治）

① Chou K C，Choudhary M K. Preparation of K-β-alumina electrolytes[C]. 112th AIME Annual Meeting，1983：90.

访学的日子，以及和合作导师埃利奥特相处的时光。遗憾的是，周国治和埃利奥特的很多合影都丢失了，最早的一张还是后来埃利奥特到中国做学术访问时两人在周国治位于和平里家中的一张合影。

周国治在国际学术舞台上展示出了充分的学术潜力，让学术界同仁认识到了中国学者的风采。更重要的是，周国治通过这些学术交流活动，了解到了本专业的国际发展趋势，看到了中国冶金物理化学与国际相关领域的差距，找到了自身的发展方向。

1982 年 6 月，周国治从美国学成归国之前，驱车往返 24 小时带邓美华去看尼亚加拉大瀑布，虽然旅途中车子出了点儿问题，邓美华也因为久坐引起了腰椎疼痛，但当看到瀑布飞流直下的壮观场景，两人旅途中的疲惫也烟消云散了。这算是两人在美期间唯一的一次较为远途的旅行，随后周国治就回国了。

1982 年，周国治夫妇在尼亚加拉大瀑布前合影（供图：周国治）

诚如周国治所言："以期归国之日，将所知所学用于祖国、传与后生，在冶金物化领域有所成就，不负祖国对自己的培养与期望。"[①]1982 年 7 月，他怀着科研报国之心，踏上了归国之旅。

当时，对于像周国治这样的改革开放后第一批出国访学的归国科研人员，国内十分重视。在周国治看来，这是因为中华人民共和国成立后

① 周国治访谈，访谈时间：2020 年 12 月 11 日。

第一批从国外回来的专家名声非常好，为祖国的科研和建设做出了巨大贡献，所以包括自己在内的这一批学者回国后也备受国内单位的重视，大家对他们的期望值比较高，再加上自己是从美国名校访学回来的，而且回国时埃利奥特还专门给魏寿昆院士写了一封信，充分肯定了周国治在麻省理工学院访学期间的学术工作，所以北京钢铁学院很重视周国治。返校后，学校邀请他做了多场学术报告，介绍相关领域国际前沿和周国治本人的研究成果，同时还邀请周国治为北京钢铁学院的研究生和本科生开设新课。返回讲台，周国治将国外所学悉数传授给学生，学生们在课堂上也听得饶有趣味，激发了他们的研究思路与热情。这次出国访学的经历，周国治收获颇多，不仅有学术上的进步，还有人脉的增长。“收获主要是，打开了人世间的交往。”[①]周国治这样形容道。就这样，周国治一步一步稳扎稳打地融入了国际学术圈。

每位院士证书的首页都写着这样一句话：“中国科学院院士是国家设立的科学技术方面的最高学术称号，为终身荣誉。”周国治说，这句话是对院士在科学技术方面的基本要求，随着国家整体科研水平逐年提高，“向世界看齐”是对大多数院士“国际水平”的要求。周国治在学术生涯里，始终没有忘记这样一份荣誉所赋予的责任，也时刻以这一标准严格要求自己，从这一角度不断审视自己的工作。

① 周国治访谈，访谈时间：2020年12月11日。

第六章　潜心科研攀高峰（1982—1995 年）

“君子藏器于身，待时而动。”经过长期的潜心研究与积淀，周国治迎来了学术研究的一道曙光。回国后的他，登上了自己科研生涯的新高峰，总结提出一个“大一统”的溶液理论模型——新一代几何模型，国际学界称之为“周氏模型”或“周模型”。命运眷顾这样一位对科学研究倾尽热爱的人，晋升教授、荣获奖项、当选院士一气呵成，在这常人看起来十分顺利的学术道路背后，是周国治前期在遇困难、遭瓶颈、受时代约束的境遇下都从未想过放弃的默默坚守。

一、教学科研新台阶

在麻省理工学院访学和工作的两年半时间里，周国治觉得日子过得特别忙碌且充实，好像之前的生活从未安排得如此满满当当。要做实验、写论文、参加国际学术会议、做报告，还要自己准备一日三餐，也正是在这样高强度的工作和生活中，周国治积累了不少的研究成果，为后来的发展打下了基础。那时的他想着要把最前沿的研究带回中国，开展科研，培育人才，为中国的冶金事业添砖加瓦！

回想最初在麻省理工学院的时光，经历过教学科研屡屡被各种运动打断的周国治感慨道：

说句实话，当时觉得美国人的效率真的是高。我做多少事啊，自己做实验、做论文、带学生——博士（研究）生两个，还讲课，在美国大家都很忙的。我记得最清楚的就是圣诞节，我到美国去，差不多就是圣诞节了，圣诞节那天晚上就是“过年”了，教授不走，坐在那里到8点，他不走没人敢走，他们工作热情高、效率高，这一点应该承认的。①

20世纪80年代初的中国和美国之间，在科技实力和科研条件方面都存在不小的差距，科研人员在精力投入方面也略有差距，美国学者早已明白潜心做科研能为国家带来效益与国际地位的领先，而中国这时刚改革开放，正准备迎头赶上。回国后，周国治看到祖国日新月异的变化和欣欣向荣的发展面貌，充满了信心。他感到以中国人的勤奋和智慧，完全可以站到国际学术的前沿。他以前所未有的热忱投入科研之中，经常工作到深夜，以至于周末都没有时间陪孩子们出去游玩。除了在科研方面继续深耕，教学工作也全面开展起来。据周国治回忆：

当时回来以后，我主要有几件工作，一件工作就是给研究生讲课，一件是带研究生，再一件就是写论文，还有参加国际会议比较活跃。那时候回来先讲课，完全讲新的冶金过程的一些专业性的内容。②

周国治之前在基础物化教研组担任“物理化学”大课教学，后来转向给冶金专业的学生讲授比较难的“冶金物理化学”“电化学”“统计热力学”等。回国以后，周国治基本上转向了专业的“冶金物理化学”的教学，通过给研究生开设“冶金热力学”“冶金过程物理化学”“冶金过程动力学”等新课程，将自己在国外学到的新知识、新理论传授给年轻一代的学生。1982—1984年，他两次承担了多个年级本科生的毕业设计指导任务，同时还开始指导硕士研究生。

这一时期，周国治在三元系和多元系的热力学计算、由相图求活度、反应动力学等方面已经积累了丰硕的学术成果。尤其是如前几章中提到的，他改进了达肯、瓦格纳和舒曼等国际学术权威提出的三元系热力学计算方法，提出了用 R 函数图解计算法并解决了用计算机对任何局

① 周国治访谈，访谈时间：2021年4月20日。

② 周国治访谈，访谈时间：2021年2月5日。

1982 年回国后，周国治给学生上课的场景（供图：周国治）

部区域计算的可能性。同时，在由相图求活度方面，他提出了适用于含有多个化合物的相图求活度的公式，并提出 θ 函数解决图解积分的困难。在反应动力学方面，他提出反应机制模型并导出解析表达式与计算机处理结果很吻合，并讨论了其物理意义。也为此，北京钢铁学院十分认可他的科研能力。1984 年，北京钢铁学院党委任命周国治为基础物化教研室副主任，具体负责科研工作。那段时间，周国治积极帮助系里筹措经费，购置实验设备，做了不少管理工作。

在教学方面，周国治一直兢兢业业，教学效果在执教之初便已得到认可。1982 年回国后，他新开设的研究生课程“冶金热力学”更是内容充实且富有独立见解，他讲课很有启发性，深受学生好评。在此期间，他还参与了韩其勇①教授主编的教材《冶金过程动力学》部分章节的编写工作，该教材于 1983 年 11 月由冶金工业出版社出版。此外，他从 1984 年开始指导研究生，其科研工作和人才培养的能力与水平得到了系里的认可。

在此情况下，北京钢铁学院组织同行专家对周国治的教学科研能力与业绩进行全面鉴定，最终由魏寿昆、柯俊两位中国科学院院士（学部委员）亲笔签署了评定意见，认为周国治思维敏捷、治学严谨、业务水平高并富有创造性，达到了教授水平。就这样，周国治于 1984 年 8 月顺

① 韩其勇（1932—2022），陕西渭南人，北京科技大学理化系教授。1954 年毕业于北京钢铁工业学院冶金系并留校任教，1957 年前往苏联莫斯科钢铁学院留学，1961 年获科学技术副博士学位。

利通过了教授职称的评定。同时，他也获得了博士研究生导师的资格。

不仅如此，周国治几乎是在同时获得了首批“国家有突出贡献中青年专家”称号，工资级别晋升为高教六级。随着改革开放和社会主义现代化事业的蓬勃发展，当时的中国迫切需要科学技术方面的专业人才，为了给中青年科技人才创造良好的科研环境，我国在 1983 年决定为有突出贡献的中青年科学、技术、管理专家提高生活待遇。1984 年，周国治就获得了这个重量级的奖励。根据国家科学技术委员会 1984 年（国科发干字 919）发布的《关于批准有突出贡献的中青年专家晋升工资的通知》，当时冶金工业部只有东北工学院（今东北大学）的闻邦椿、徐小荷、梁志德，钢铁研究总院的蔡其巩、陆世英、范钜琛，武汉钢铁学院的任德麟以及北京钢铁学院的周国治和刘庆国 9 位同志获得这个鼓励性的补贴工资。在周国治的心目中，“这个奖比现在的优青、杰青分量更重”①。

可以说，周国治是幸运的，他的努力付出得到了单位同事、学生和学术同行的高度认可。由此，他的教学科研工作迈上了新的台阶。

二、潜心教书育人才

1984 年，周国治晋升为教授，并成为博士研究生导师，众多学生慕名而来，周国治自己打趣道：“当时想报我研究生的人非常多，外面就传开了，谁想出论文谁就找周国治，我这里（发）论文多啊！”②也为此，在一些人看来，周国治比较偏重理论探索，不太注重实验，但实际上，周国治的理论研究和实验研究是紧密结合的，尽管二者相比起来，他更擅长理论探索和数学计算。

根据粗略统计，1984—1990 年周国治在再次较长时段的出国访学前，前后指导了 10 名研究生，分别是范兴永、陈双林、章六一、谢繁优、张帆、汪娟、周七云、陈征宇、陈晓怡和胡建虹。这些学生，有的侧重理论计算，有的侧重实验研究。周国治在指导学生的过程中，比较注重因材施教，注重结合学生的研究兴趣来选题。尤其重要的是，周国治结合自己学术生涯的经验和教训，特别重视拓展学生的国际视野，注

① 周国治访谈，访谈时间：2021 年 2 月 5 日。

② 周国治访谈，访谈时间：2021 年 2 月 5 日。

重把学生送出去接触国际冶金物理化学领域的研究前沿，以全面提升他们的学术水平。

在此需要提及的是，这一时期周国治的研究生指导工作得到了同事的大力支持。20 世纪 80 年代，北京钢铁学院的实验室条件还不是很好，周国治醉心于教学和科研，无暇兼顾实验室的管理和具体实验指导工作。在此期间，他得到了几位同事的帮助，其中一位是本书第五章中提到的李福燊。他是北京钢铁学院物理化学专业 1962 届（“化 • 62”）的本科生，周国治给他上过课，李福燊毕业后留在了北京钢铁学院冶金物理化学教研组。李福燊比较擅长做实验，动手能力强，因此周国治邀请他一起指导研究生的实验工作。另外几位同事分别是陈廷琨、蔡文娟和李丽芬，她们主要负责实验室的管理工作，同时也能指导学生进行具体的实验操作。其中，陈廷琨、蔡文娟与周国治同属于基础物理化学教研组，辅助周国治指导学生实验工作一直到 20 世纪 80 年代末。李丽芬自 80 年代末开始负责周国治实验室的管理和学生的实验指导工作。他们的帮助为周国治解除了很多后顾之忧。虽然当时还没有明确梯队或课题组的概念，但教师之间在课题研究、实验工作、学生指导等方面常常互帮互助，形成了良好的合作关系。至今提起周国治，李丽芬认为自己能有今日的成绩多亏了周国治，因为他回国后实验室需要人，这样她才能到现在还留在自己热爱的实验室工作。

> 我一直帮助看着周老师的实验室，搬来搬去的，就拢这一大堆，然后慢慢地这么发展。①

陈廷琨与周国治相识相对更早，1959 年，她中专毕业后就被分配到北京钢铁工业学院，不仅旁听过周国治的课，还和他一起参加过北京郊区的集体劳动。20 世纪 60 年代，大家经常一起在北京钢铁学院的操场看露天电影，为此周国治还获得了“亚当”的绰号。起因是当时有部电影叫《百万富翁》，因为周国治长得很像电影里的一个角色亚当，所以就被大家叫作“亚当”。在陈廷琨的印象中：

> 那时候基础物理楼（理化楼）有我们的实验室，就把冶金原理那一部分变成冶金物理化学了，基本上是给专业学生上课。因为冶

① 李丽芬访谈，访谈时间：2019 年 7 月 5 日。

金系、材料系、采矿系是要学习基础物理化学的，所以这边的老师倾向于基础课，中间老师们还是有流动的吧。周国治是基础物化这边的，所以他的课题是两边都有。……后来，在武装部（一斋旁边）有个小楼，在那里建了个机房，周老师的学生陈双林、章六一、陈征宇都去，都坐不下了。①

周国治比较注重对学生进行理论指导，同时也注重实验设计，即使不在国内期间，他也随时与学生保持联系，实验方案确定后再请陈廷琨、李福燊和李丽芬等同事帮忙。在陈廷琨的记忆中：

有一段时间周国治来回跑，研究生都是他的，但是做事的时候他不是都在，我就什么都给他管，经费、设备、材料、实验都是我管，主要是同学在那边做实验，我在旁边指导。②

由此可见，周国治对同事十分信任，无论是李福燊、李丽芬还是陈廷琨，他把学生的实验工作拜托给他们，完全信赖他们，同事之间的关系十分融洽。1987 年周国治 50 岁生日时，同事和学生主动给他办了生日会，其乐融融的氛围让他怀念至今。多年下来，周国治和这些老师既是同事更是老朋友，他们到今天还仍然保持着每年中秋节聚会一次的传统。

1987 年，周国治 50 岁生日与同事和学生合影

[左起：周国治、邹鸿、章六一（后排）、张帆、胡建虹、谢繁优、李瑞青、陈晓怡、汪娟、李丽芬、陈征宇（后排）、陈廷琨、承琳（后排）]（供图：周国治）

① 陈廷琨访谈，访谈时间：2020 年 7 月 22 日。

② 陈廷琨访谈，访谈时间：2020 年 7 月 22 日。

正如陈廷琨所言，一般情况下，即使是在出国期间，周国治都通过越洋电话了解学生的研究进展和困难，随时指导他们的课题工作，并根据阶段进展安排不同的实验，提供详细的实验方案，和学生讨论要达到的目标，要干什么。之后再将这些告诉陈廷琨，由她和学生具体去做实验，有问题再随时找他。在陈廷琨看来：

（周国治）理论性强，这就有很好的一个好处，就会有前瞻性。他挺幽默的，也钻研业务，有精力，跟同事们相处得都很好。①

周国治的为人可谓是有目共睹的，不论是他的家人、同事还是学生，提到他时，都说他很大方，是一个幽默的人，做事严谨但不过分严苛，对待学生严格却不严厉。在同事的支持和密切配合下，周国治培养出了一批批优秀的学生。其中，陈双林②是周国治最为欣赏的学生之一，周国治在多次提到他时都毫不掩饰地表达出骄傲与夸奖。在陈双林的眼中，恩师不只是科研好，为人也十分厚道，在生活中给予了他很多的关心和帮助，他对周国治充满了敬佩与感激。

1980 年，陈双林考到北京钢铁学院，1984 年他毕业时就已经认识了周国治。当时，他听了周国治开设的新课“冶金过程物理化学”，一个班有 30 多名学生，这些学生的知识基础和人品都很好，尤其是作为“尖子生”的陈双林。以至于在这门课的最后几节，周国治还鼓励陈双林上台去讲授，作为对学生的锻炼。后来，顺理成章地，周国治成了陈双林的本科毕业设计指导教师，研究的课题是“用电化学方法测定钼-氧体系中间化合物的热力学性质”。至今，陈双林还保存着周国治在他本科毕业留言册上的赠言“刻苦奋斗 勇于创新”。在周国治的悉心指导下，陈双林从实验操作到理论计算都得到了很好的训练，掌握了研究方法，明确了自己的兴趣是在理论计算方面，并决心跟随周国治读研究生继续深造，后来这篇论文得以在外文期刊上发表③。

---

① 陈廷琨访谈，访谈时间：2020 年 7 月 22 日。

② 陈双林，1984 年毕业于北京科技大学冶金物理化学专业，1984—1989 年在周国治的指导下进行热力学与相图方面的研究。1994 年，毕业于美国威斯康星大学麦迪逊分校，师从张永山教授，主要研究多元多相体系中热力学与相平衡理论；开发了热力学相图计算软件 Pandat，并在国际期刊上发表了 100 多篇学术论文，目前担任国际著名热动力学软件与数据库公司 CompuTherm LLC 全球副总裁。

③ Chou K C，Chen S L. Electrochemical determination of thermodynamic properties of intermediate compound in Mo-O system[J]. Solid State Ionics，1986，18-19：907-911.

1984年，周国治给陈双林的毕业赠言（供图：陈双林）

就这样，陈双林成为周国治的研究生，硕博连读跟着周国治一直念了将近五年时间，最后一年周国治送他到美国威斯康星大学进行联合培养。研究生阶段，在周国治的指导下，陈双林主要从事热力学性质的测量和计算，发表了多篇相图计算方面的学术论文。与他类似，张帆、谢繁优两位同学也被周国治先后送到威斯康星大学深造。在此过程中，周国治与张永山一道对学生们的课题研究给予指导，发表了一批学术论文①。其中，对于陈双林而言，比较重要的论文和科研进展主要体现在结合了计算科学中的一些算法和相图计算原理，提出一种快速自动寻找最稳定的相平衡状态的算法②。

周国治对学生很友善，与学生对学术问题的交流很频繁。陈双林在学习期间有问题随时都可以去找他。

> 我找他，一般就直接敲门，那时候也没有电话、手机。我就看

① 包括：Chen S L，Cui J Q，Chen T K，et al. Integration model predicting ternary thermodynamic properties from binary ones[J]. Calphad-Computer Coupling of Phase Diagrams and Thermochemistry，1989，13（3）：225-230；Chou K C，Chen S L. Calculating activities from phase-diagram containing equilibrium between solid and liquid solutions[J]. Calphad-Computer Coupling of Phase Diagrams and Thermochemistry，1990，14（1）：41-48；Zhang F，Chen S L，Chou K C. A new treatment for calculating activities from phase diagrams involving intermediate compounds[J]. Calphad-Computer Coupling of Phase Diagrams and Thermochemistry，1992，16（3）：269-276.

② Chen S L，Chou K C，Chang Y A. On a new strategy for phase diagram calculation 1. Basic principles[J]. Calphad-Computer Coupling of Phase Diagrams and Thermochemistry，1993，17（3）：237-250；Chen S L，Chou K C，Chang Y A. On a new strategy for phase diagram calculation 2. Binary systems[J]. Calphad-Computer Coupling of Phase Diagrams and Thermochemistry，1993，17（3）：287-302.

（他的）自行车在不在楼下，自行车在他就在家，我就会去敲门。有时候我也会去图书馆找他，有时候找不到他我就看他的自行车在哪里，然后写一张条子贴在自行车上，我就是这么找（他）的，所以我跟他聊得很多。他第一年教的"热力学"，就是教我们怎么从一个组元去算其他的，叫作 R 函数，这是他的发明。①

周国治在课堂上与研究生分享自己的研究成果和国际学术进展，这样带有研讨性质的课程，大大激发了学生的学术热情。在陈双林看来，相比于其他导师，周国治站得更高，看得也更远，不只是发现问题，还能解决问题，尤其是他的数学思维能力非常强。正如陈双林所言：

我们大部分人就是对本专业的知识知道得比较详细，对本专业以外的东西知道得比较少。比如算活度，物理化学中有一个很重要的平衡方程，这个方程把热力学的平衡态的几个变量都连在一起了。一般人也就学到此为止，就是很多人没有从数学的角度去考虑这个问题，而周老师很聪明，学数学对他来说很简单，周老师有这个思维能力、思维方式，能够看见这个问题……周老师就比别人高明在这个地方。②

正因为有了周国治的引路和悉心指导，陈双林后来将研究精力放到了理论计算和计算机编程上，对冶金与材料过程热力学和动力学模拟计算有了较深入的研究，开发了基于相图计算技术（CALPHAD）的热力学计算软件 Pandat，该软件在航空、航天、汽车等领域的合金材料设计与性能模拟方面有很好的应用。上文提到，在陈双林硕博连读的最后一年，周国治将他送到美国的学术同行兼好朋友张永山那里去联合培养。回忆起出国的这段经历，陈双林对周国治充满感激。当时，从北京飞上海再到洛杉矶，机票都是周国治买好了寄给他的。不仅如此，周国治还给了他 100 美元，让初到美国的他可以有钱用，所以陈双林说："周老师对学生真的很好，尤其是对我，无微不至。"周国治爱生如子，想他人之所想，解他人之所难。可当他听说陈双林向他表达的感恩之情时，却谦虚地说："我哪有这些学生说得那么好，只不过是在他们困难的时候帮了

① 陈双林访谈，访谈时间：2020 年 7 月 17 日。
② 陈双林访谈，访谈时间：2020 年 7 月 17 日。

一把而已。”

周国治早期的研究生基本上都被送出国去深造或联合培养。除陈双林、张帆和谢繁优三位学生去了威斯康星大学以外，章六一去了德国深造，陈晓怡和胡建虹去了美国深造。其中，章六一硕士毕业于中国科学院上海冶金研究所，1986 年到北京钢铁学院跟随周国治读博士，是周国治指导的第一位在职博士研究生。章六一的数学基础很好，比较擅长做计算和模式识别，与陈双林、张帆一样，对冶金物理化学有着浓厚的学术兴趣。周国治十分看重他，把相图计算和计算机编程方面的重要工作交给他，他也是我国冶金界较早从事人工智能方面研究的学者之一。

在这些学生当中，还有一位至今让周国治感到遗憾的学生，他就是周国治招收的第一位硕士研究生范兴永。范兴永是中国科学技术大学少年班的学生，年纪轻轻就读了周国治的研究生，年轻气盛又贪玩，平日里不是踢足球就是打桥牌，做实验也不认真，甚至还打坏了实验室的仪器，所以实验室的老师对他不满意。也为此，他毕业后想跟随周国治继续读博士时，周国治没有接收，后来兜兜转转一直没有合适的机会跟着周国治读博士，等到终于有合适的时机时，他却又英年早逝。现在想起来，周国治充满遗憾地说：“事实上会打桥牌就非常聪明，你不聪明打不了桥牌。”①

在周国治眼里，这一批学生都非常优秀，业务强，思想好。他在指导的过程中，注意把自己认为重要的方面都传授给他们，包括他重视的讲课、发表学术论文以及加强与国际同行的学术交流。所以，他在 20 世纪 80 年代培养的这一批学生大部分都走出了国门进行深造，在学术研究和语言表达方面都十分出色，在国内外学术期刊上发表了一批重要学术论文。

三、家庭事业两不误

周国治婚后第一年，大儿子周维宁出生，1978 年小儿子周维扬出生。即使周国治的科研工作繁忙，他仍然不忘给予两个儿子充分的父

① 周国治访谈，访谈时间：2020 年 12 月 11 日。

爱。1979 年底周国治出国后，家里的两个孩子主要由妈妈邓美华照料。1981 年邓美华出国时，两个孩子不得不都留在国内，大儿子周维宁由在上海的爷爷奶奶照顾，小儿子留在了北京的姨妈家。1982 年 7 月周国治回国后，邓美华依然留在麻省理工学院工作，周国治开始自己带孩子。他一边教学和指导研究生，一边开展自己的科研，同时还要照顾孩子，生活十分繁忙和充实。暑期的时候，周国治还会利用调研、带学生实习或开会之余的闲暇时间带两个孩子外出旅行，增长他们的见识，享受亲子时光。

1984 年，周国治与周维宁、周维扬在北戴河（供图：周国治）

由于两个孩子与母亲已分开了好几年，同时孩子也正处于需要母亲陪伴的少年时期，加上邓美华非常思念自己的孩子，就这样，1985 年 8 月，当周国治与魏寿昆一起去美国加利福尼亚州太浩湖（Lake Tahoe）参加第五届国际固态离子学会议的时候，他便带上两个孩子去探望邓美华。本打算让孩子们和妈妈相处些许日子就带他们回国，谁料孩子们一去，邓美华就不舍得再与他们分离。说起这一段经历，周国治笑着说：

下飞机，她来接的。小孩不叫她妈妈，她已经有点儿不高兴了。感觉孩子跟她不亲。……后来，老二鞋带松了，就叫爸爸帮他捆一捆。她哭都快哭出来了，跟我那么好，什么捆鞋带都要找爸爸了，而不找她。……离开的时候，老二还要跟我回北京，不跟她，我们就商量着一人带一个，结果真到准备上飞机离开的时候，妈妈（邓美华）不干了，就这样两个孩子都留在美国了。①

办理完手续，两个儿子留在美国陪在妈妈邓美华的身边继续生活，大儿子开始了小学六年级的学校生活，小儿子读小学一年级，周国治则回到国内继续从事科研和教学工作。于是，两个孩子在和爸爸单独生活了三年多以后，又和妈妈单独生活了将近五年。直到 1990 年初，周国治第二次到麻省理工学院访学，一家四口才在异国他乡真正团聚。幸运的是，一家人都平平安安，周国治的父母和弟弟当时也在美国，彼此还有个照应。周国治与邓美华的科研事业发展得十分顺利，周国治只要有机会就会出国探亲，带着孩子们一起旅行，所以孩子们的成长也很顺利。虽然夫妇俩各自的工作都非常忙碌，但孩子们觉得很愉快，自己动手做比萨来当晚餐对他们来说是不错的体验。

1987 年，周国治一家在华盛顿
（前排：周维扬。后排自左至右：邓美华、周国治、周维宁）
（供图：周国治）

1990 年，周国治再次回到了麻省理工学院，这次去美国访学的身份与之前有所不同。第一次他主要是到埃利奥特所在的材料系进修，这一

① 周国治访谈，访谈时间：2021 年 4 月 20 日。

次他是以客座教授的身份访问，希望能开拓自己的研究方向。一方面，他与麻省理工学院理学院前院长罗伯特·A. 艾伯特（Robert A. Alberty）合作开展冶金化学方面的研究，二人联合署名发表了一些论文①；另一方面，他继续在材料系访学，此时埃利奥特因患脑瘤已经离世了，但他的继任者帕（U. B. Pal）和研究团队还在，周国治不但参与到团队的研究工作之中，同时还要指导研究生。当时他指导了 3 名博士研究生和 1 名硕士研究生，还要指导本科生的实验。其中的博士研究生一位是来自希腊的学生菲利普斯，一位是来自中国的学生袁石，还有一位是瑞典皇家理工学院西塔拉玛（S. Seetharaman）教授的儿子。西塔拉玛了解到周国治的学术成果，特地慕名来到麻省理工学院，将自己的儿子交给周国治指导。后来，因为帕被调往波士顿大学任教，周国治同时还被邀请到波士顿大学做访问教授并指导研究生。

周国治这一次出国，主要在麻省理工学院、波士顿大学做访问教授。尽管科研工作非常紧张且繁忙，还要指导研究生，但与家人相处的时间相对也比较久。只要一有空闲，周国治就会带着孩子们出去欣赏自然风光，督促孩子们学习，同时也积极培养孩子们的兴趣爱好，一家四口其乐融融。周维宁在谈到父亲带他们外出游玩的往事时说道：

> 爸爸在美国带我们出去玩的时候还是挺多的，他自己喜欢出去玩。他总是想看新的地方，对我们也挺好的，我们也跟着他去了解不同的新地方。②

周国治这一点和周修齐很像，周国治也曾说自己的父亲很喜欢带着孩子们去旅行，以增长见识。读万卷书行万里路，周国治带孩子们去过的那些地方看过的那些风景，了解并体验到的文化，开阔了孩子们的视野与心胸。不仅如此，周国治还经常带着妻子和两个孩子去探望自己的父母和弟弟们，享受亲情的温暖。

周维宁自小喜爱下象棋，水平比较高，曾多次获得各类象棋比赛的

---

① 包括：Alberty R A，Chou K C. Dependence of the standard thermodynamic properties of isomer groups of benzenoid polycyclic aromatic hydrocarbons on carbon number[J]. The Journal of Physical Chemistry，1990，94（22）：8477-8482；Alberty R A，Chou K C. Representation of standard chemical thermodynamic properties of isomer groups by equations[J]. The Journal of Physical Chemistry，1990，94（4）：1669-1674.

② 周维宁访谈，访谈时间：2020 年 12 月 14 日。

奖项。对周维宁来说，印象最深的一次是 1991 年他赢得了美国马萨诸塞州象棋比赛的冠军，爸爸妈妈非常高兴，一家人开开心心地拿着奖杯合影。当时，周国治亲自陪着他去的比赛现场。在周维宁的印象里，是父亲教会他下象棋的，前后大概教授了他一年的时间。每天晚饭后，周国治就会跟他下象棋，后来慢慢地他就赢不了周维宁了。平时的比赛和练习，如果周国治有时间，也会陪周维宁去参加。周维宁下棋时，周国治则在旁边用电脑工作，时不时看看儿子的象棋下得如何，这种无声的陪伴让周维宁记在心里，暖在心间。

1991 年，周维宁获得象棋冠军后全家合影（供图：周国治）

周国治对待自己的孩子略微严格。在美国生活的这几年，他在孩子的教育问题上解放了思想。他会同意周维宁在很小的时候就外出打工，赚取一些零花钱。在周国治看来，在面包店、便利店这样的场所打工不是为了赚钱，而是为了培养孩子的责任感和独立能力。周维宁回忆自己在面包店打工的日子，当时觉得很辛苦，现在已为人父的他逐渐明白了父亲的良苦用心，并且决定自己的孩子长大了也要适当地培养他们的独立生存能力。

周维扬去美国的时候读小学一年级，周维宁则直接上了六年级。后来，两人都就读于当地很好的私立中学。即使工作再忙，周国治也不会缺席孩子们成长的重要时刻，无论是象棋比赛还是毕业典礼。

周维宁中学成绩非常好，尤其是数学，他被同学们称为“数学大王”。1992 年，周维宁考上了卡内基 • 梅隆大学，选择了化工专业。对此，周国治并没有给予引导，完全是周维宁的自主选择。大学期间，性格热情活跃的周维宁迷上了打网球，几乎跑遍全世界去参加各种大学生网球比赛，毕业后他也没有选择读研究生或从事科研工作，对此周国治虽然觉得有些遗憾，但还是遵从儿子的意愿，让他从事自己喜欢做的工作。

1991 年，周国治、邓美华参加周维扬的毕业典礼

对于孩子的成长，周国治身为人父更注重以身作则，潜移默化地影响孩子。在周维宁看来，自己继承了父亲竞争力强的特点，他打趣地说：“您看他（周国治）的性格，我觉得他一直都有挺强的竞争力。这一点（我很像他），不管是我在下棋啊，打球啊（等方面），除了读书都有竞争力。”[①]周国治希望孩子们努力读书，将来能有所成就。尽管周维宁和周维扬并没有走上周国治期待的科学职业道路，但是他们都在各自的工作领域做到了精益求精，分别成为跨国大公司的技术总监和区域总裁。

回到周国治的事业，1982—1994 年可以说是他攀登科研高峰的黄金十二年。自 1982 年 7 月回国后，除了潜心教书育人，周国治没有停止过冶金物理化学方面的钻研和探索工作。

这一时期，随着科技的发展，国际学术界不断加强对熔体热力学性

---

① 周维宁访谈，访谈时间：2020 年 12 月 14 日。

质以及其他物理化学性质的研究。实验技术虽然取得了突飞猛进的发展，但多元系的实验数据获取实在太过困难，而工业生产实际遇到的往往都是多元系，庞大的天文数字实在是无法用实验去解决，唯一的办法就是在有限实验的基础上进行理论估算，也就是学术界所说的理论模型的方法。周国治的工作就是从这个思路入手来开展的。1982 年回国后，他继续将自己在“文化大革命”期间积攒的研究成果陆续发表，并通过指导研究生不断在相图计算方面进行开拓和深耕。他强调用解析计算的方法代替美国金属物理学家达肯开创并沿用的图解法。

如前几章中提到的，解析计算方法的出炉，源于魏寿昆先生《活度在冶金物理化学中的应用》一书的启发。1986 年，周国治申请了国家教育委员会的科研项目，和同事一起集中攻关二元系、三元系和多元系热力学性质的计算问题。这项研究花费了两年多的时间，在冶金相图计算方面有了新的突破，项目成果“二元相图正误判定及其推广应用”于 1993 年获得了国家教育委员会科学技术进步奖二等奖。

用周国治本人的话来说，所幸他从没有放弃过科研，一直奋起开拓，为此他也抓住了出国深造的机遇，与国际同行保持着密切交流。同时也正因为长期深耕于冶金物理化学领域，他总能敏锐地找到科研的突破口，并最终在专业领域一鸣惊人。

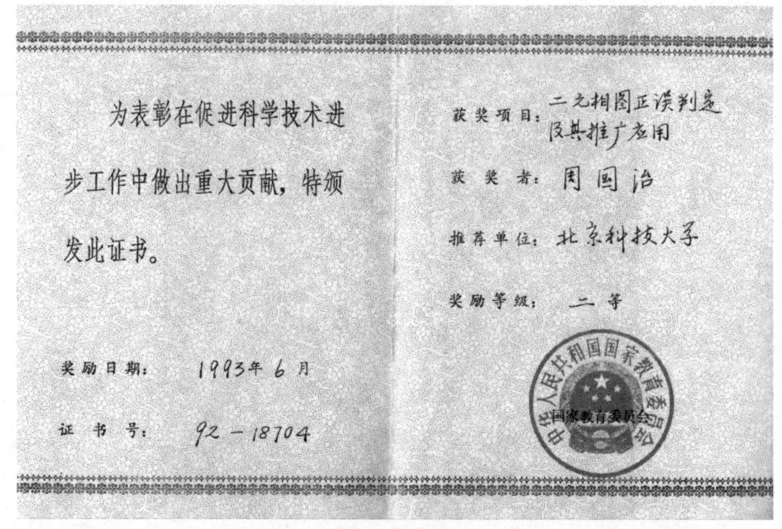

为表彰在促进科学技术进步工作中做出重大贡献，特颁发此证书。

奖励日期：1993年6月

证书号：92－18704

获奖项目：二元相图正误判定及其推广应用

获奖者：周国治

推荐单位：北京科技大学

奖励等级：二等

中华人民共和国国家教育委员会

国家教育委员会

“二元相图正误判定及其推广应用”获国家教育委员会科学技术进步奖二等奖（供图：周国治）

四、老一代几何模型

“溶液的物理化学性质”一直是冶金物理化学界关心的重要课题。金属材料学科主要分为物理冶金和化学冶金两大部分。其中，化学冶金的主要任务就是如何将一批原料冶炼成具有一定成分和组织结构的金属材料。在这个过程中，很多反应是通过溶液反应进行的，因此溶液的物理化学性质研究尤为重要。然而，溶液中的分子和原子是无规则地排列的，它不像金属固体或晶体那样可以用量子力学的理论来处理，而必须另辟蹊径去研究溶液问题。

溶液性质与溶液组元的浓度有密切关系，但这种关系首先要从实验中测定，然后在实验的基础上再建立理论模型，这项工作既费时又费力，而且随着组元数目的增加，实验的数量也将呈几何级数地增大。因此，尽早建立二者的理论关系变得十分重要。探索溶液理论的工作最早可以追溯到20世纪上半叶，最早是一批化学家从二元溶液开始，引入了简单的“规则溶液”模型，其中的代表人物是著名物理化学家乔尔·亨利·希尔德布兰德（Joel Henry Hildebrand）。随后，麻省理工学院化学系系主任、国际知名化学家斯卡查德（G. Scathcard）带领团队积数十年之功，发表了几十篇有关溶液模型方面的论文，后来学者将其归纳为“解析模型”（analytical model）。至20世纪60年代，新一批材料科学研究者尝试从几何角度出发来建立溶液模型。类似的工作可追溯到1960年科勒（M. Kohler）和邦尼尔（E. C. R. Bonnier）两位学者分别提出的两种不同的几何模型（周国治最先使用这个术语），他们同时都假设三元系的热力学性质可以由三个二元系的热力学性质的组合来表示，二者的不同点在于对二元系的成分点的选取和相应二元系权重的分配。60年代中期，托普（G. W. Toop）和科利内（C. D. E. S. Colinet）两位学者分别提出了另外两种几何模型。其中，托普模型在二元系选点上与邦尼尔的完全相同，但权重分配不同；科利内提出的则是两点模型，也就是每个二元系的自由能用两个点而不是一个点来表示。进入70年代以后，伊夫-马里耶·穆贾努（Yves-Marie Muggianu）和雅克布（K. J. Jacob）等分别独立地提出了同样的模型。在此基础上，70年代末和80年代初，易卜拉欣·安萨拉（Ibrahim Ansara）和马茨·希勒特（Mats Hillert）对这一类几何模型进行了总结。希勒特将这类模型分为对称和非对称两大类，他还进一步为非对称模型提供了一个新成员，即所谓的希勒特模型①。在这 20 多年间，国际冶金物理化学界提供了七八种几何模型。

可以说，至 20 世纪 80 年代，国际冶金物理化学界的理论模型研究主要分为两大类，一类是物理模型，另一类是数值模型。物理模型是从物质结构出发，根据量子力学和统计力学的原理推算出宏观的熔体热力学性质。这种模型的优点是物理图像清晰，缺点是运用范围窄，外延量小，准确度较差。数值模型是一种半经验的方法，主要是将理论和具体数据相结合，推导出应用范围较广的计算公式，它的物理意义虽不如物理模型那样明确，但所得结果较为准确有用②。当时，周国治注意到国外很多学者都将研究兴趣集中在几何模型上，几何模型属于数值模型的一种，也是后来得到最广泛运用的一种。

周国治正是从 1986 年开始正式进入溶液几何模型领域的，他带着同事及研究生开展了大量研究，很快就找到了这类几何模型的普遍规律，以至于在两年多的时间里，发展了近百种可用的几何模型，发表了系列重要文章③。在研究过程中，周国治对二元系的选点从一点、两点拓展到

---

① 周国治. 新一代的溶液几何模型及其今后的展望[J]. 金属学报，1997，33（2）：126-132.

② 周国治. 新一代的溶液几何模型及其今后的展望[J]. 金属学报，1997，33（2）：126-132.

③ 包括：Chen S L，Zhou G Z. The application of rational function to predict ternary thermodynamic properties[J]. Calphad-Computer Coupling of Phase Diagrams and Thermochemistry，1989，13（1）：79-82；Chen S L，Cui J Q，Chen T K，et al. Integration model predicting ternary thermodynamic properties from binary ones[J]. Calphad-Computer Coupling of Phase Diagrams and Thermochemistry，1989，13（3）：225-230；Li R Q，Chou K C. Some useful relationships between the thermodynamic properties and binary phase diagram involving an intermediate compound[J]. Calphad-Computer Coupling of Phase Diagrams and Thermochemistry，1989，13（1）：53-60；Zhou G Z，Chou K C. The application of r function to predicting ternary thermodynamic properties[J]. Calphad-Computer Coupling of Phase Diagrams and Thermochemistry，1987，11（2）：143-148；Chou K C. The calculation and application of R function in ternary systems[J]. Calphad-Computer Coupling of Phase Diagrams and Thermochemistry，1987，11（3）：287-292；Chou K C. A new solution model for predicting ternary thermodynamic properties[J]. Calphad-Computer Coupling of Phase Diagrams and Thermochemistry，1987，11（3）：293-300；Chen S L，Chou K C，Zhou G Z. The application of rational function to predict ternary thermodynamic properties[J]. Calphad-Computer Coupling of Phase Diagrams and Thermochemistry，1989，13（1）：79-82；Chen S L，Cui J Q，Chen T K，et al. Integration model predicting ternary thermodynamic properties from binary ones[J]. Calphad-Computer Coupling of Phase Diagrams and Thermochemistry，1989，13（3）：225-230；Li R Q，Chou K C. Some useful relationships between the thermodynamic properties and binary phase diagram involving an intermediate compound[J]. Calphad-Computer Coupling of Phase Diagrams and Thermochemistry，1989，13（1）：53-60.

在一个区间内的积分。他发现，这类模型随着取点的变化实际上可以无限多，而且都带有人为的常数，属于经验模型。1989年，他着手对这类模型进行系统的总结，并与远在美国的张永山合作，二人联合发表了一篇重要论文，对世界范围内冶金物理化学领域的相关工作进行了总结[①]。在这篇论文中，周国治明确提出“几何模型”的说法，之前学术界虽有解析模型、数值模型等提法，但并不统一，这是这篇论文的第一个贡献。这篇论文的另一个贡献是提出了一个三元系总体的物理化学性质，可以按照三个二元系所选点上的物理化学性质乘以一定的权重来计算，并且给出了权重的计算公式。更重要的是，这篇文章及时指出了类似的经验模型探索没有继续推进的意义。对此，周国治在回顾相关研究时说道：

> 几何模型是我叫的，现在全世界的人都用我提出来的（这个说法）。……这篇文章的意义是对世界在做的这个工作进行了一个总结，就是说你们不用再做了，都在我的文章里面了，我一总结下来就几千个几万个模型。那我的点有不同的选法，那可不就无穷了嘛，所以这样一来别人再做就没意义了，我就等于给了一个总结。[②]

换言之，周国治这篇论文的重要意义在于它推动国际冶金物理化学领域的几何模型研究进入了一个新的阶段。他阐明了用既有的方法继续提出和设计新的模型已经意义不大，研究的重点应该转向对现有模型的分析，看看这些模型到底存在什么问题，如何进一步改善它们，以适应各种不同体系的需要。也正是这篇论文给予了周国治寻求“大一统”模型一个新的起点，自此他开始走上了探索非经验性几何模型的道路。

通过研究，周国治发现已有的几何模型存在一些重要问题。对此，他在后来的学术回顾性文章中有较为系统的阐述。

首先，已有的对称模型不能用于极限情况。例如，在一个三元系中，假设当2、3组元完全相同时，这个三元系应还原为一个二元系，但对称模型不能满足这一基本要求。如对称几何模型图中的1-2、1-3两个二元系的选点就无法重合。

---

① Chou K C，Chang Y A. A study of ternary geometrical models[J]. Berichte der BunsenGesellschaft für Physikalische Chemie，1989，93（6）：735-741.

② 周国治访谈，访谈时间：2021年2月5日。

其次，对于一个非对称模型，三个组元在三角形的三个顶点上如何分配也是一个大问题，因为不同的分配方式会得到不同的结果，这意味着这类模型都需要人为干预。对于一个给定的体系，到底应该采用对称模型还是非对称模型，也需要人为的判断，而这些人为的干预，会影响到多元系热力学性质和相图计算的完全计算机化。这是周国治所不能接受的，在他看来，普适性的理论模型应该脱离任何的人为因素。

最后，从理论上讲，将模型截然分成对称几何模型和非对称几何模型两大类也不恰当，因为在真实世界里，不应该存在这样一堵墙，不能决然地把一些体系放到这一边，而把另一些体系放在另一边，二者完全不相干①。

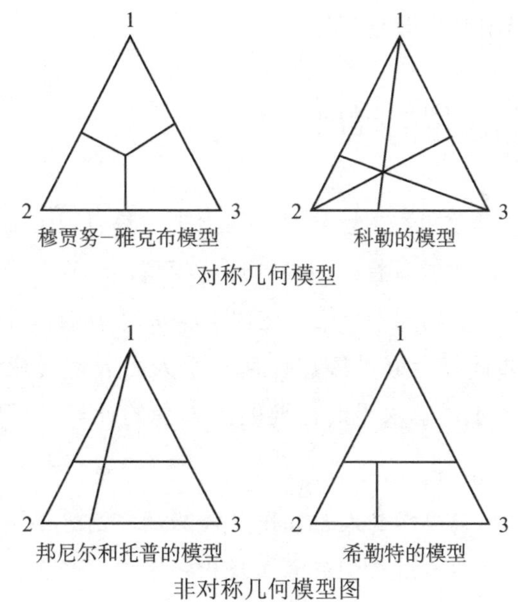

非对称几何模型图

周国治说道：

那一条直线上有无穷个点，那不就是无穷个模型吗？等于我做了个总结，不要再搞了，但是没有解决问题，因为无穷个模型大家怎么办？大家也不好办，对不对？就从这以后，下面重要的东西来了，就是所有人都没有找到这个理论。点都是无穷的，这后面的工作非常重要，也就是我这一生中最大的工作了，我搞出了一个理论

① 周国治. 新一代的溶液几何模型及其今后的展望[J]. 金属学报，1997，33（2）：126-132.

的模型，就是点不能随便选，只能选那几个，根据具体的体系不同，比如金银铜这个体系，这三个点是定的，金银铁体系这三个点又是定的，所以这样一来，所有的问题都解决了。①

可见，周国治实际上否定了希勒特等学者的主流观点。他认识到，现有的几何模型之所以存在上述问题，一个根本问题就在于所有这些模型的设定都假设与所处理的体系无关，而模型独立于所应用的体系是不合理的，它不可能反映出自然界中的真实规律。他将这样一类假设“模型与体系无关”的几何模型，统称为“老一代的几何模型”。为解决老一代几何模型的困难，他艰苦探索，直到 1991 年，他才找到不涉及人为因素的“新一代几何模型”，这一模型被国际学术界称为“周氏模型”或“周模型”，被沿用至今仍无人超越。

五、周氏模型的提出

显然，理论思考和数学计算对周国治来说具有很强的吸引力，找出完全不需要人为常数的具有普遍性的理论模型，一直是推动他继续前进的动力。在他看来，如同牛顿第二定律（$F=ma$）这样一个通用的客观公式，它不再需要计算者通过添加任何一个人为因素就能计算出结果，这样的普遍公式才是学术界所需要的，人为的计算迟早要退出历史的舞台。

首先我们搞科学的人都知道，人为的东西迟早（是）要退出历史舞台的，所以我就希望能真正找出一个理论的点，但是没有人找出来，我当然也要追求这个。我起初和 Austin（张永山）也做了一个，就为了这个，我用了两年，一直想一直想，这个要想出来很难。那天到星期六了，我累了，就开车到郊区去，这是我的习惯。我夫人不喜欢开车，她怕长途，我一个人开车往美国新罕布什尔州（New Hampshire），那里距我有七八十公里这么远吧。那天我要去散散心，开着车出去，开到一半我就想啊，又是琢磨这个问题，一琢磨（就）发现，呀！这样可以解决啊，（我）马上调转车头回家，就

① 周国治访谈，访谈时间：2021 年 2 月 5 日。

把那个推（导）出来了，当时还是花了好多时间。[①]

很少有学者在研究一项大工程时是顺利而又迅速的，周国治也不例外。在探索新模型时，他曾多次遭遇瓶颈，思维陷入困顿。幸好他热爱出游，热爱山川河流，喜欢去领略大自然的鬼斧神工，这使得他能做到视野开阔、乐观豁达，不至于钻进牛角尖里出不来。1991 年，经过长期的艰难探索，该研究终于开花结果了，至今回忆起几十年前的那个周末，周国治依然洋溢着取得突破性发现那一刻的激动和喜悦之情。这不禁让人感慨，一流的科研成果往往不是在急功近利的情境中获得的。周国治的探索更多的是出于科学家的好奇心和对揭示科学奥秘的精神追求。

发现自己解决了国际冶金物理化学界的难题以后，周国治居然将自己的手稿搁置一旁，他觉得问题解决了就可以了，不需要急着去投稿，更何况他自信在短时间内没人能够解决这个问题，所以连优先权的问题都没有考虑。虽然问题的解决是在 1991 年，但直到 1994 年 6 月 12 日至 17 日第 23 届国际相图学术会议暨材料科学与工程国际学术会议（CALPHAD XXIII-CAMSE 94 Meeting）在美国威斯康星州举行，周国治在好朋友张永山的邀请下这才想起，随后他拿着手稿去会议上宣读，才算正式发表了自己的新理论模型[②]。

在这次联合性的国际学术盛会上，周国治遇到了上文提到的国际冶金物理化学界的权威希勒特教授。他的报告引起了希勒特极大的兴趣，两人在会上会下展开了热烈的讨论。希勒特追着周国治要求他当面展示全部的推导和计算过程，最终周国治完美地完成了全部证明，希勒特为周国治的理论及论证所折服，承认一个中国学者解决了困扰他和其他国际同行多年的学术问题，最后他对周国治竖起了大拇指，给出了“你太聪明了！”的评价。会议结束后，希勒特还专门给周国治写了一封信，希望他的报告能早日写成正式的论文在学术期刊上发表，并希望成文后能寄给他审读。也正是在这次国际会议上，周国治一鸣惊人，以惊人的数学天赋、扎实的研究功底和创新的科研成果，引起了全世界冶金物理化学领域同行的广泛关注，他们开始将他的理论模型称为“周模型”。

① 周国治访谈，访谈时间：2021 年 2 月 5 日。

② Chou K C. A general geometrical Model[C]. Madison：CALPHAD XXIII-CAMSE 94，1994.

解决这个问题之后我很高兴，但没发表，我（觉得）这么难没人能搞出来，一天两天绝对搞不出来，所以我还挺稳的，撂在那儿了，没发表。我是1991年搞出来的，一直到1993年我都没发表。1993年一天Austin（张永山）来信了，他说“相图学术会议你来参加吧”，我想着我没有稿子啊，后来一想我这（篇手稿）也没发表，干脆拿去发表吧，所以我就把这个带到大会去了。我在大会一讲，Hillert（希勒特）一听就愣了，他半天没搞出来，我搞出来了，会场上就追问我怎么做的，追的大家就听我们两个讲话了，我说不好意思，怎么会场就我们两个在讨论了。那这样吧，我们休息的时候再讨论，休息的时候他就把我找过去，让我一步步推（导）给他（看）。最后他明白了，此后，他不再提他的模型了，从那以后，三四十年不提了。有一次我去瑞典，问他那个模型怎么不写了。他说太深了，不搞了。所以，我这个模型至今没人动。①

1994年6月，周国治（左）在第23届国际相图学术会议暨材料科学与工程国际学术会议上与希勒特教授讨论几何模型（供图：周国治）

① 周国治访谈，访谈时间：2021年2月5日。

周国治在1994年第23届国际相图学术会议暨材料科学与工程国际学术会议上发表的文章，主要是针对三元系包括金银铁、金银铜、铁铜铝的理论模型。这是很关键的一步，需要不断地思考如何随着体系的转变，常数能自动转变，这一点非常困难，而一旦解决了三元系的问题，多元系的问题就能迎刃而解。当然，多元系的计算也有它的特点和难度。在此之前，给出三元系计算方法的学者都没能进一步地给出多元系的计算方法，这里还需要引入一些假设和方法。

1994年，周国治（右二）在第23届国际相图学术会议暨材料科学与工程国际学术会议上与同仁合影（右一为希勒特教授）（供图：周国治）

1994年第23届国际相图学术会议暨材料科学与工程国际学术会议以后，周国治继续沿着先前的思路不断探索，希望把自己的理论模型推广到更为广泛的多元系，进一步扩大模型的适用性与普遍性。这一次，理论模型的研究工作进展得十分顺利，很快周国治就在1995年的第24届国际相图学术会议（CALPHAD XXIV）上提出了多元系的计算方法，给出了更具普遍性的理论模型[①]，引起了国际冶金物理化学界更为广泛的讨论，同时还引起了国内学者的关注，尤其得到了庄育智[②]院士的认可。

① Chou K C. A New solution model for predicting thermodynamic properties of multicomponent system from binaries[C]. Kyoto：CALPHAD XXIV 95，1995.

② 庄育智（1924—1996），广东潮安人，材料科学家、物理冶金学家，中国科学院金属研究所研究员、博士生导师，1980年当选中国科学院院士（学部委员）。

至今，周国治依然很自豪地说：

> 这个是 N 元，金银铜铁铝锌什么都行。这是一个数学概念模型，在概念下经过数学的推理就是正确的，至今没有一篇文章说我的结论是不对的。①

1995年，周国治（前排左一）参加国际相图学术会议
（前排右二为庄育智院士，后排中间为陈双林）（供图：周国治）

周国治提出的新一代几何模型，假设有一个 m 组元的多元系，各组元的摩尔分数可用 x_k 来表示（k=1, 2, 3, ⋯, m），$x_1+x_2+x_3+\cdots+x_m=1$。与老一代几何模型不同，在这里周国治假设二元系的选点与所处理的体系是密切相关的，这种关系可以用以下简单的线性公式来表示。假设：

$$X_{i(ij)} = x_i + \sum_{k=1, k\neq i, j}^{m} x_k \xi_{i(ij)}^{<k>} \tag{6-1}$$

式中，$X_{i(ij)}$代表 ij 二元系中 i 组元的摩尔分数，$\xi_{i(ij)}^{<k>}$ 为相似系数，按下式定义：

$$\xi_{i(ij)}^{<k>} = \frac{\eta(ij,ik)}{\eta(ij,ik)+\eta(ji,jk)} \tag{6-2}$$

这里，$\eta(ij,ik)$ 代表 ij 和 ik 两个二元系之间相偏离的偏差函数。周国治推荐以平方和偏差来表示这种偏离程度，即

① 周国治访谈，访谈时间：2021 年 2 月 5 日。

$$\eta(ij,ik)=\int_0^1(\Delta G_{ij}^{\mathrm{E}}-\Delta G_{ik}^{\mathrm{E}})^2\,\mathrm{d}X_i \tag{6-3}$$

式中，ΔG 代表自由能。在上述定义下，很容易看出，如果 k 组元相似于 j 组元，则 $\eta(ij,ik)\approx0$，从而 $\xi_{i(ij)}^{<k>}=0$；与此相反，如果 k 组元相似于 i 组元，则 $\eta(ij,ik)$ 将大于零，而 $\eta(ji,jk)\approx0$，此时 $\xi_{i(ij)}^{<k>}=1$。简而言之，相似系数的数值将变动于 0 与 1 之间，一个小的数值意味着 k 组元接近 i 组元，而取大数值时 k 组元接近于 j 组元。所以，相似系数将是衡量 k 组元类似于 i 组元还是 j 组元的指标。

在多元系中，当一个二元系的选点问题解决以后，多元系的自由能表达式也就解决了，它的计算式为

$$\Delta G=\sum_{ij=1,i\neq j}^{m}w_{ij}\Delta G_{ij} \tag{6-4}$$

式中，w_{ij} 是权重因子，它等于

$$w_{ij}=x_ix_j\,/\,X_{i(ij)}X_{j(ij)} \tag{6-5}$$

这就是周国治给出的新一代几何模型，它不同于所有老一代的几何模型，不含任何需要使用者去确定的“待定参数”，并且它与所处理的体系密切相关，克服了老一代几何模型所不能克服的困难。它的优点主要体现在第一次将两类截然不同的对称几何模型与非对称几何模型合并在一个简单的模型中。它与对称几何模型不同，当两种组元相似时，完全可以还原成低一阶的组元体系；它又不同于非对称几何模型，不需要对组元的安排加以人为的干预，从而使模型的计算达到完全的计算机化。这类模型还具有很明显的简单性，由三元系向多元系扩展时，只需要根据二元系的数据逐步叠加，代表点成分的计算在向多元扩展时也是完全线性的，这使得计算变得十分简单方便。

周国治提出的几何模型在学术界有着长久的生命力，在此后的几十余年时间里，“周模型”被世界各国的学者所引用。其中，科鲁尼亚大学物理系的一份博士论文还专门挑选了国际上最常用的 10 种模型，用了 12 组实验数据进行对比研究，结果发现“周模型”是最好的，在多组实验中排名第一。实际上，无论是斯卡查德的“解析模型”，还是希勒特与穆贾努的数值模型，都是周国治新一代几何模型在特定条件下的例子。

六、先评院士后获奖

他乡遇故知可谓是人生三大喜事之一，当周国治再次回到麻省理工学院访学的时候，张永山正好在麻省理工学院做访问教授。当时，周国治的学生陈双林、张帆等人已在张永山所在的威斯康星大学攻读学位。因为同在麻省理工学院，两人的关系走得更近，张永山平时经常到周国治家中做客，畅聊学术和人生。

1991 年，张永山夫妇在周国治家做客（供图：周国治）

让周国治感到不解的是，张永山已经是威斯康星大学冶金系系主任了，为何还要来麻省理工学院做客座教授呢？后来张永山无奈地对周国治说，自己来访学的目的是给评选院士添加一些学术材料，周国治这才明了。能够当选院士是很多学者梦寐以求的事情，他们为的不是名利，而是要向世界证明在“我”所研究的领域里，“我”已经做到了拔尖，“我”可以成为该领域的风向标。

周国治当然也有这个理想。1991 年，北京科技大学尝试向冶金工业部推荐周国治参评中国科学院院士，因为当时周国治正在国外进修，冶金工业部也就没有再继续推荐。1994 年，周国治回国后被邀请给北京科技大学的师生讲一讲在美国的科研工作情况。当时魏寿昆院士邀请周国治给该校冶金物理化学专业的师生做了一场学术报告，周国治在报告中详细地介绍了这几年他在国外新做的一些工作。做完这个报告之后大家兴趣都很高，觉得眼界大开，魏寿昆院士希望周国治再系统地讲一讲这些内容，于是周国治再次做了系统的报告。鉴于周国治所取得的科研成就，北京科技大学希望他能参评中国科学院院士。此时，他提出的新一代几何模型在国际冶金物理化学界产生了不小的学术影响。尽管如此，当时的学校领导多少还有些担心推荐评审不成功会影响到周国治的心情，因此一再跟他强调，一次就成功当选的可能性比较小，让他要有信心，要做好“三打祝家庄”的准备。然而，结果却是第一次就成功当选。张永山则在1996年顺利当选美国国家工程院院士，2000年当选中国科学院外籍院士。

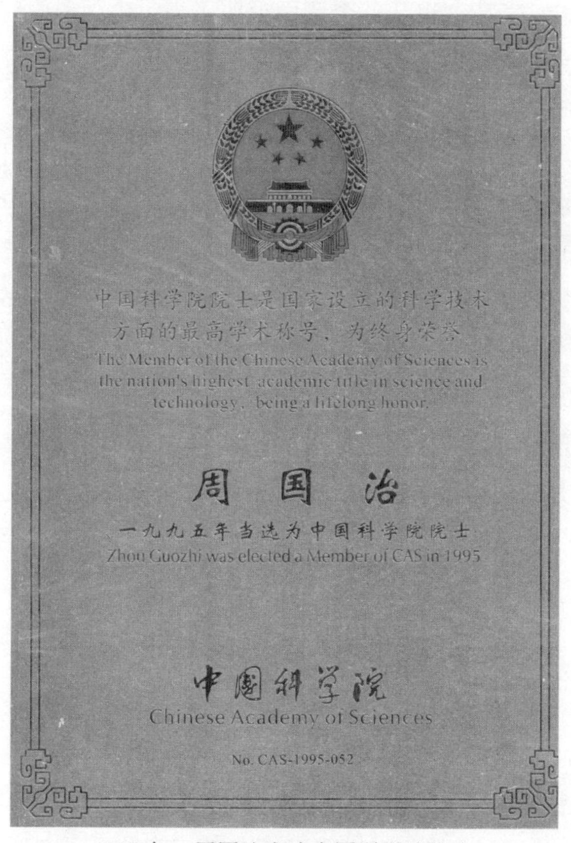

1995年，周国治当选中国科学院院士

一直到1995年我已经回来了，杨（天钧）校长知道第一次选上可能性很小的，让我要有心理准备，同时也要有信心，结果这次就中了，我也没料到。①

周模型的提出，为周国治当选中国科学院院士迈出了重要的一步，周国治也坦言这是他一生中最重要的工作之一。他感慨道：

这个模型问题一度是全世界没有解决的难题，但我解决了，这个是我最主要的工作，就是到现在来说还是最重要，至少也得国际领先、国内第一，否则你叫什么院士啊！院士国内都不拿第一，不行。②

有意思的是，院士推荐评审材料是在1995年初就提交了，而周国治关于三元系和多元系的两篇重量级论文③分别到1995年和1997年才在学术期刊上正式发表。这也从一个侧面说明了当时中国科学院院士评选更看重实质性的创新成果和在国际学术界的影响力，而并非在几区、影响因子多少的权威刊物上发表了多少篇论文。

更有意思的是，一般参评院士的科学家手上多少都有几个国家级的科技奖励，如国家自然科学奖、国家技术发明奖和国家科学技术进步奖等。虽然周国治之前已获得过国家教育委员会科学技术进步奖二等奖，但此时他还没有国家级的科技奖励作为推荐支撑。直到1996年，他的项目“冶金熔体模型与热力学性质研究”才获得冶金工业部科学技术进步奖一等奖。1997年，他的“多元熔体及其反应的基础研究”再次获得国家教育委员会科学技术进步奖一等奖；同年，该项目获得国家自然科学奖三等奖。实际上，这些都是周国治参评中国科学院院士之前完成的科研工作，只不过因为报奖的流程比较慢，结果就变成了先当选了中国科学院院士再获得了这些科技奖励。这同样反映出当时中国科学院院士的评选对于候选人实质性、独创性成果的高度重视，至于其先期是否获得国家级或多个省部级科技奖励并非院士评选的必要条件。

---

① 周国治访谈，访谈时间：2021年2月5日。

② 周国治访谈，访谈时间：2021年2月5日。

③ Chou K C. A general solution model for predicting ternary thermodynamic properties[J]. Calphad-Computer Coupling of Phase Diagrams and Thermochemistry，1995，19（3）：315-325；Chou K C，Wei S K. A new generation solution model for predicting thermodynamic properties of a multicomponent system from binaries[J]. Metallurgical and Materials Transactions B，1997，28（3）：439-445.

冶金工业部科学技术进步奖一等奖获奖证书（供图：周国治）

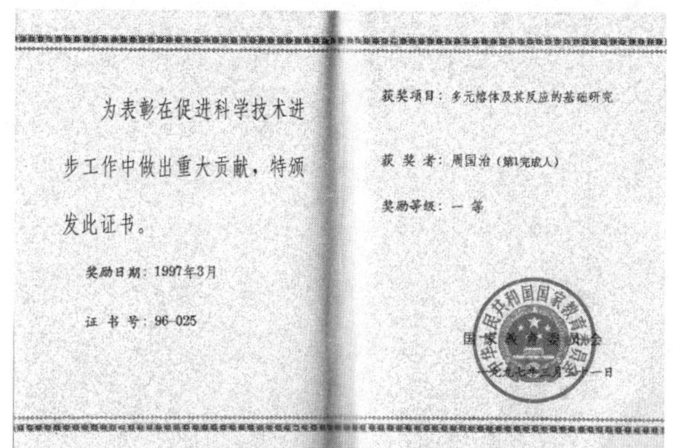

国家教育委员会科学技术进步奖一等奖获奖证书（供图：周国治）

国家自然科学奖三等奖证书（供图：周国治）

当时，有一个插曲，庄育智院士在参加第 24 届国际相图学术会议时，对周国治的学术报告及其引发的热烈反响印象深刻。经过他的介绍，国内学术界对周国治的新一代几何模型及其创新性和影响力还是十分了解的。也为此，虽然周国治的重量级论文在推荐评审材料时没有用上，也没有国家级的科学技术奖励作为支撑，但国内学术界对他的工作却十分了解，对他的科研贡献及其创新意义也十分认可，因此，他当选中国科学院院士也成为一件水到渠成的事情。诚如美国著名科学社会学家罗伯特·金·默顿（Robert King Merton）在研究科学发现优先权和科学奖励制度时所揭示的，科学家学术成果的独创性获得科学共同体的承认，是对科学家的最高奖赏；同行的承认是科学中每一种外部奖励形式的最终源泉，“承认是科学王国的基本通货”，科学奖励体系就是科学共同体对科学家所做贡献的肯定和承认的体系[①]。对周国治而言，无论是获得科技奖项还是当选院士，这些都属于具体的奖励形式，其关键在于他的科研成果的独创性为国内外相关学界所承认。

对周国治来说，当选中国科学院院士并不是他职业生涯的目标，而只是学术界对其科研成果予以承认的一种方式。虽然他认为新一代几何模型是他最重要的工作，但这并不意味着他就此止步不前。虽然他当选了中国科学院院士，但这同样不意味着他就此故步自封。相反，他继续在冶金物理化学领域辛勤耕耘，潜心向学，甘为人梯，培育出了一批又一批的优秀人才，在理论研究方面也不断做出新的贡献。

---

① 罗伯特·金·默顿. 科学社会学（上）[M]. 鲁旭东，林聚任译. 北京：商务印书馆，2003：xiv-xxi.

第七章　新起点与新征程（1996 年至今）

从辗转求学的有志青年到享誉国内外的知名学者，周国治在学术道路上曾遇到许多良师益友，在他们的支持和帮助下，周国治的学术事业获得了成功，这也让周国治继承了“古之学者必有师。师者，所以传道受业解惑也”的育人精神。当选中国科学院院士后，周国治继续在科研之路上砥砺前行，以勇攀高峰的精神，带领着学生攻克重重难关，除在多元熔体和合金物理化学性质计算方面继续探索外，还向氧离子迁移的理论和应用、气-固相反应动力学等多个方向不断拓展，发展了我国的绿色冶金事业，为国家钢铁行业的可持续发展不懈奋斗。

一、绿色冶金与“百篇优博”

1994 年，周国治第二次从美国进修回国后，便着手在相图计算方向之外开辟新领域，他将目光放在绿色冶金技术方向，带领博士研究生鲁雄刚、胡晓军等人提出“无污染脱氧”等冶金新概念，致力于新技术的探索，并为描述和模拟各类冶炼过程打下了基础。

1994 年 10 月，周国治便给刚入学的博士研究生鲁雄刚确定了“渣金反应的电化学控制研究”的科研方向，这一课题与当时学界密切关注的冶金脱氧问题密切相关，是周国治还在国外时就设想过的想要在回国后开拓的一项新的创新性研究。

早在周国治第二次到麻省理工学院材料系做访问教授的时候，就已经开始接触这方面的工作。1991—1992 年，周国治与时任麻省理工学院材料系系主任的帕合作研究电化学脱氧。当时周国治通过帕推荐了自己的同事李福燊到麻省理工学院进行短期访学，共同研究这一课题。周国治和李福燊在实验期间偶然获得一种“无污染脱氧”方法的灵感，周国治称其为“脱氧球脱氧”。在冶金过程中，金属中的氧属于有害元素，因此在冶炼后期需要进行脱氧。脱氧通常采取的方法是直接在金属液中加入脱氧剂，但在传统的冶金过程中，熔体与还原剂或氧化剂之间会发生反应，熔体中氧的传递过程基本上处于无序或混乱的状态，人们无法有选择性地进行氧化还原反应，也无法控制反应的过程和速度，以致在冶炼过程中很容易产生过还原、过氧化等情况，这使得氧化还原的过程不得不反复进行多次。在这种反应过程中，反应物和产物会相互接触与混合，所以这就无法避免反应物对金属液的污染。

在做电化学脱氧的相关实验时，周国治和李福燊灵机一动，想到是否可以发明一种方法，在无辅助装置的情况下，将脱氧产物与金属熔体隔离开来，避免二者的直接接触，从而达到无污染脱氧的目的。

在此之前，国内外相关领域尚无人提出无辅助装置、成本较低的解决冶金脱氧污染问题的方法，这种“无污染脱氧”的想法在当时具有一定的创新性。周国治心里想，这样的新思路和新方法一定要让世人知道是中国人发明的，于是叮嘱李福燊将这个无辅助装置的无污染脱氧的想法带回国内，率先在国内申请一个主旨性专利，以此在国际上获得优先权。这一方法解决了冶金脱氧的污染问题，并且无需任何复杂的辅助装置，在冶金领域开创了无污染脱氧的先河。由于后续的实验工作和申请程序较为复杂，周国治与李福燊凭此技术申请的国家专利“一种无污染脱氧体”直到 2004 年才正式获批，但是，该专利比 2000 年美国矿产、金属与材料学会的提取冶金奖项目的脱氧速度要快数十倍，且方法更简单，成本更低。

回国以后，周国治将无污染脱氧想法的进一步具体实践与应用，交给了自己的博士研究生鲁雄刚来落实和完成，将它作为他博士学位论文的选题方向。周国治、李福燊的创意促成了后来鲁雄刚对“钢渣反应中

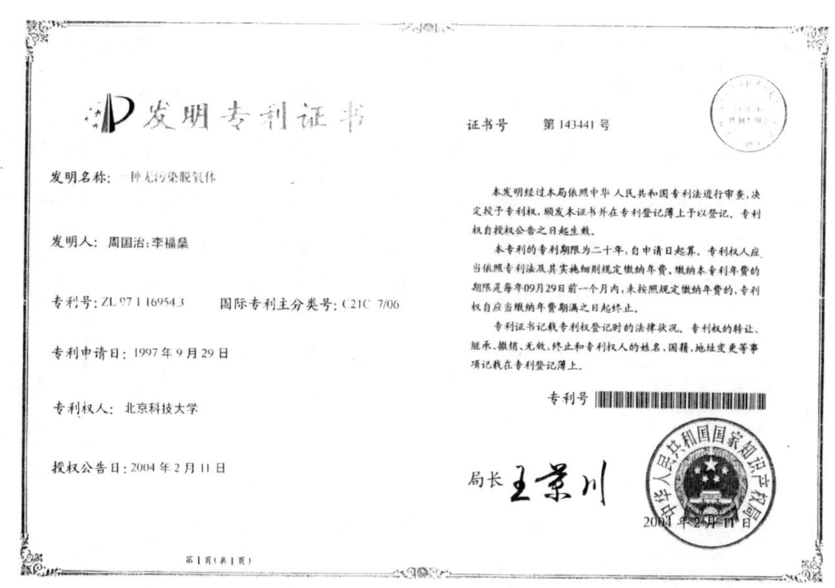

发明专利证书

证书号　第 143441 号

发明名称：一种无污染脱氧体

发明人：周国治；李福燊

专利号：ZL 97 1 16954.3　　国际专利主分类号：C21C 7/06

专利申请日：1997 年 9 月 29 日

专利权人：北京科技大学

授权公告日：2004 年 2 月 11 日

本发明经过本局依照中华人民共和国专利法进行审查，决定授予专利权，颁发本证书并在专利登记簿上予以登记。专利权自授权公告之日起生效。

本专利的专利期限为二十年，自申请日起算。专利权人应当依照专利法及其实施细则规定缴纳年费。缴纳本专利年费的期限是每年09月29日前一个月内，未按照规定缴纳年费的，专利权自应当缴纳年费期满之日起终止。

专利证书记载专利权登记时的法律状况。专利权的转让、继承、撤销、无效、终止和专利权人的姓名、国籍、地址变更等事项记载在专利登记簿上。

专利号

局长 王景川

中华人民共和国国家知识产权局

2004 年 2 月 11 日

第 1 页（共 1 页）

“一种无污染脱氧体”专利证书（供图：周国治）

氧离子在渣相的迁移”的深入研究，其博士学位论文也因此获得了国内学界的好评。鲁雄刚在导师周国治启发下提出的“可控氧流”冶金新技术也被广泛认可为一种具有全新理念的绿色冶金新技术。

1994—2000 年，在周国治的指导和李福燊的协助指导下，鲁雄刚围绕这一课题开展了大量实验研究。由于关系到铁水的脱碳和钢液的脱氧、脱硫等，这一课题受到冶金界的广泛关注。在提及自己的研究时，鲁雄刚不由得慨叹导师的学术远见和深厚的理论功底：

> 他看到了一个现象背后可能产出的新的理论体系，周老师提出叫可控氧流。虽然实际（的）东西是我在做，但这个科学体系是周老师提出的，或者说周老师早就布局了，我把它发展到另外一个领域，其实我做的就是围绕可控氧流的一些事。①

当时，周国治与学生胡晓军、鲁雄刚等人创造了一种操作简单、方便的金属液脱氧方法。其中，胡晓军也是周国治 1994 年回国后较早指导的博士研究生，因为他对实验研究更感兴趣，所以没有沿着周国治的溶液理论模型的研究方向去做科研，而是选择了钢夹杂物的实验研究工作。当时，他也参与了无污染脱氧球的实验和研究工作，完成了脱氧球

① 鲁雄刚访谈，访谈时间：2020 年 8 月 27 日。

的设计和组装，以及脱氧模型的简化等工作。让多名博士研究生和同事参与此项课题，可见周国治对无污染脱氧研究的重视。1999 年，周国治和团队发表的文章，提出采用氧离子导体二氧化锆管，内装脱氧剂金属铝，将固体电解质、电子导电短路材料及脱氧剂集成在一起，制成脱氧体，在冶炼后期直接浸入金属熔体（铜液或铁液）中即可进行脱氧，脱氧后，脱氧产物在脱氧体内形成，可随脱氧体一同排出，而金属熔体中不会残留任何脱氧产物①。

同时，鲁雄刚在此基础上，进一步开展了更广泛的大量实验工作，并且在周国治的引领下，将看似杂乱的实验串联在一起，推导出表征渣相氧离子迁移的电化学全过程动力学模型。该模型利用冶金反应的电化学本质，设法引导氧离子在传递过程中按照人们的需要，形成方向性的氧流。其原理是采用氧离子导体（一种对氧离子具有很强的选择透过性的物质）作为引导氧离子有序流动的介质，在电化学势差的定向驱动下，使氧离子发生所需的定向流动②。一方面，这种新技术可以通过控制氧流来控制氧化还原反应，避免过还原或过氧化；另一方面，可使氧离子在熔体以外与反应物发生氧化或还原反应，从而避免产品受到污染。

幸运的是，鲁雄刚毕业的时候，赶上了“全国优秀博士学位论文”的评选。1998 年 5 月，为推动我国的研究生教育，特别是博士研究生教育总体水平的不断提高，国务院学位委员会、教育部联合下发《关于开展全国优秀博士学位论文评选工作的通知》。通知指出，“全国优秀博士学位论文”评选工作每两年进行一次，每次评选出的优秀论文不超过 100 篇，评选结果将作为各学位授予单位参加有关评选、评估等活动的指标内容之一③。与此同时，教育部成立了由部党组主要领导牵头的调研小组，研究和论证跨世纪科教兴国的总体思路和工作重点，并着手《面向 21 世纪教育振兴行动计划》的制定工作④。1999 年 1 月 13 日，国务院正式批转了教育部《面向 21 世纪教育振兴行动计划》，其中明确规

---

① 胡晓军，肖莉，李福燊，鲁雄刚，李丽芬，周国治. 一种无污染脱氧方法[J]. 金属学报，1999，35（3）：316-319.

② 鲁雄刚. 渣金反应的电化学控制研究[M]. 北京：高等教育出版社，2001：1-2.

③ 国务院学位委员会办公室，教育部研究生工作办公室. 学位与研究生教育文件选编[M]. 北京：高等教育出版社，1999：633-634.

④ 李均. 中国高等教育政策史（1949—2009）[M]. 广州：广东高等教育出版社，2014：293-294.

定：“进一步提高高校博士培养质量。从 1999 年开始，每年评选百篇具有创新水平的优秀博士论文。”[①]该文件将评选优秀博士学位论文作为“高层次创造性人才工程”的一个重要子项目，并作为该计划的第一个启动项目正式拉开序幕。

2000 年，鲁雄刚博士毕业，其博士学位论文顺利被评为“全国优秀博士学位论文”，并获得邵象华院士的高度评价。2001 年，这篇博士论文以《渣金反应的电化学控制研究》为书名由高等教育出版社出版，引起了业界的广泛关注和好评。

周国治指导鲁雄刚完成的博士学位论文获得“全国优秀博士学位论文”
（供图：周国治）

不仅如此，利用可控氧流技术还可以有选择性地从各种离子熔体中提取有价金属，甚至可以从矿石中直接提取金属，因此该研究仍在持续深入和延伸。2002 年，周国治申请获批国家自然科学基金面上项目“以熔渣为介质的无污染脱氧过程的基础研究”，继续从冶炼原理出发，提出熔渣的电化学无污染脱氧新概念，且通过研究证明该方法是可行的，并成功推导了适用于电化学脱氧的新公式，提出了计算冶金熔体物理化学性质的新模型。

① 国务院批转教育部《面向 21 世纪教育振兴行动计划》的通知（1999 年 1 月 13 日）[M]//何东昌. 中华人民共和国重要教育文献（1998—2002）. 海口：海南出版社，2003：217-222.

二、为可持续发展而奋斗

在致力于“冶金无污染脱氧”科研课题的同时，周国治还将眼光看向更广阔和长远的层面，进一步考虑了整个冶金行业的可持续发展。随着研究课题的深入，周国治在绿色冶金技术这条学术路径上越走越顺畅，道路也拓展得越来越宽。其中，“储氢”成为周国治关心的重要课题之一。

在世界能源危机问题越来越突出的当下，开发和利用包括氢能在内的洁净能源成为我国实施可持续发展战略的重要部署之一。氢能具有资源丰富、热值高、无污染等诸多优点且是二次能源，是人类未来的理想能源。作为化学元素周期表上的一号元素，氢原子半径非常小，化学性质相当活泼，在保存的时候，氢气难以压缩，且能够穿透密度极小的材料而发生泄漏，因此氢能利用的关键问题就在于其存储与输送。

氢气的存储目前主要有两种方式：一是物理储存，即用储氢瓶存储、采用吸附的方法将氢气吸附在材料的表面，但这种方法储氢量很小，且不够安全；二是化学储存，即采用储氢合金将氢气转化为氢化物来储存，这种方法储氢量大、能耗低、工作压力低，相对于物理储氢来说，使用也更方便，而且这种方法避免了使用体积庞大的钢制容器，因而在运输方面也更加便利和安全。

较为实用的化学储存法的原理在于：金属储氢时，氢气会首先在金属的表面被催化而分解成氢原子，然后氢原子通过扩散再进入金属点阵内部，进入金属内部的氢原子位于金属点阵的四面体或八面体间隙中，形成固熔体。固熔体一旦被氢原子饱和，过剩的氢原子将与金属原子反应，形成金属氢化物，从而实现氢气的存储，并产生溶解热。简单来说，就是储氢金属与氢气发生化学反应，产生对应的氢化物，从而实现氢气的储存，而氢化物在一定条件下（如受热后）会发生分解，释放氢气，以此又实现了氢气的使用。这个过程是一个可逆的过程，储氢（也叫吸氢）的过程是一个放热的过程，析氢（也叫放氢）的过程是一个吸热的过程。

由于氢原子性质活泼，储氢和析氢的过程又需要诸多条件的控制，因此化学储氢法对储氢合金的性能要求非常高：①储氢和析氢的速度要快；②金属氢化物的生成热要适当，如果金属氢化物过于稳定，析氢的温度就会过高；③由于氢的密度比空气小得多，储氢合金平衡氢压要适当，以便于氢气的储存与释放；④合金的储氢和析氢可逆性要好；⑤合金的性能要稳定、传热性好、密度小且具有较好的经济性。迄今能满足上述条件、趋于成熟且具备较高实用价值的储氢合金主要有稀土系、钛系、镁系、锆系等几种[①]。周国治带领的团队，正是在镁系化合物储氢合金材料的研制方面，立下了汗马功劳。其中，团队的科研主力之一是周国治指导的博士研究生李谦，也是周国治指导的第二位“全国优秀博士学位论文”的获得者。

2000年，周国治通过北京科技大学冶金学院林勤教授的推荐，将李谦介绍给北京有色金属研究总院的高工蒋利军[②]，并与其合作指导李谦的博士学位论文，为李谦定下了以“储氢合金”为博士课题的研究方向。在多种储氢合金中，镁系储氢合金具有储氢量高、资源丰富及成本低廉等优点，被公认为是最有前景的储氢材料之一，因此周国治、蒋利军与李谦决定以镁基储氢合金为主要研究对象，主要攻克的就是镁基储氢合金吸放氢速度慢、温度高，难以适应实际应用需求等问题。博士研究生期间，李谦做了大量实验，共研究了5个体系17种镁基合金的储氢性能。

2004年，李谦在周国治和蒋利军的指导下完成了博士学位论文《镁基合金氢化反应的物理化学》。该论文以“镁基多元系中储氢相的稳定性及氢化反应机理”为突破口，在自主创建镁[Mg-H-RE（La，Nd，Ce，Y，Sm）-Ni-Al-Zn-Si-Zr]合金热力学数据库和动力学模型的基础上，厘清了高性能轻合金中复杂的物相关系（储氢相和氢化物相）和相转变动力学（描述储氢相与氢化物相之间相转变的多因素气-固相反应动力学模型），实现了高容量、长寿命镁基储氢合金性能预报和快速优化设计。该项研究克服了阻碍镁基储氢合金实用化的吸放氢容量低、寿命短、活化难等技术难题。

此外，在周国治的指导下，李谦将目光放在材料在微小颗粒下的物理化学行为研究上，即退回到一个简单的合金氢化反应动力学模型，将

① 李中秋，张文丽. 储氢材料的研究发展现状[J]. 化工新型材料，2005，(10)：38-41.

② 蒋利军（1964—），教授级高工，长期从事氢能与储能技术的研究开发工作，曾任北京有色金属研究总院能源材料与技术研究所所长，现任中国有研科技集团有限公司首席专家、有研（广东）新材料技术研究院总工程师。

吸放氢用百分数表达为时间、温度、压力和粒子半径的显函数，这一做法不但简化了计算，还非常便于从理论上对各种物理量进行讨论。这一模型是一种基于真实物理图像的气-固相反应动力学模型，因此能够全面地描述各种因素对反应速率的影响，不只局限于对储氢材料的研究上，之后也被广泛应用于纳米材料、耐火材料等多种材料的研究中。

2006 年，李谦的博士学位论文顺利获评“全国优秀博士学位论文”，并且获得中国工程院院长徐匡迪院士和副院长王淀佐院士的高度评价。但这一研究工作并未止步于此，周国治带领团队继续在以储氢过程为例的气-固相反应动力学方面进行深入探索与钻研。2011 年，周国治在上海大学指导的硕士研究生刘杨的学位论文《微波合成 Mg-Ni 和 Mg-Ni-Nd 储氢合金及其性能研究》被评为“上海市研究生优秀成果（学位论文）”。

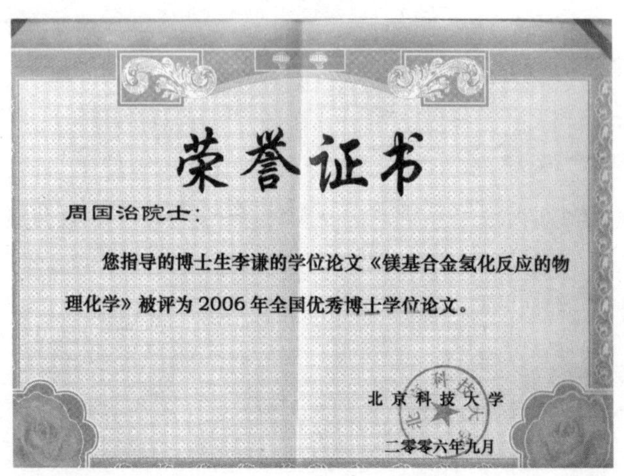
荣誉证书

周国治院士：

您指导的博士生李谦的学位论文《镁基合金氢化反应的物理化学》被评为2006年全国优秀博士学位论文。

北京科技大学

二零零六年九月

周国治指导李谦完成的博士学位论文获得“全国优秀博士学位论文”
（供图：周国治）

1999 年，周国治申请获批国家自然科学基金重点项目“金川/酒钢冶炼渣综合利用的新概念与物理化学”，将对金川/酒钢冶炼渣的综合利用研究作为切入点，为我国金属矿产资源的合理开发、综合利用和环境保护提供借鉴。这项研究在新工艺、新概念和基础理论研究方面都取得了重要成果，其中一项工作就是在工艺上着重试验提取有价金属和合成有关耐火材料的可行性，结果在半工业炉上实现了用金川/酒钢渣炼钢和炼铁的任务，并成功地用冶金炉渣合成了赛隆材料和水泥。关于耐火材料的研究，也随着原燃料质量劣化及冶金过程冶炼程度的提高，提升其性能以及延长其使役寿命问题愈发凸显，而成为周国治关注的重要问题。

随着指导李谦探索的气-固相反应动力学模型的进一步发展，周国治开始指导博士研究生侯新梅着手开展耐火材料的研究。在指导李谦进行的“储氢合金”开发研究中，金属应用的温度范围为几百摄氏度，而侯新梅的工作通俗来讲则是要将材料的可承受温度提升到1000℃以上。

2003年，周国治前往郑州大学参加学术会议，当时侯新梅正在钟香崇[①]院士的指导下从事高温陶瓷有关的硕士学位论文研究，了解到理论模型研究的魅力，尤其是在年底参加了李谦的博士学位论文答辩后，侯新梅深受震撼，决定跟随周国治攻读博士学位。在周国治的理论指导下，侯新梅多次前往郑州大学开展实验研究，结合获得的大量数据，进行了包括高性能材料可控制备的新工艺及机理研究、材料在使用过程中失效反应的动力学及模型等在内的多项研究，在资源的循环利用及功能化性能开发方面取得了不错的进展。2012年，侯新梅的博士学位论文《碳基和氮基无机非金属氧化动力学》获评“全国优秀博士学位论文”。

证书

侯新梅：

您的《碳基和氮基无机非金属氧化动力学》被评为2012年全国优秀博士学位论文。

中华人民共和国教育部　国务院学位委员会

编号：2012018　2012年12月28日

周国治指导侯新梅完成的博士学位论文获得“全国优秀博士学位论文”

此外，周国治、侯新梅、陈志远等人还取得了“一种水蒸汽压可控的饱和水蒸汽发生装置”“一种测量反应过程中挥发易凝结产物的热重装置”“一种用于热重分析仪的液封连接装置”等多项专利。由于指导了多

① 钟香崇（1921—2015），耐火材料专家，2000—2015年任郑州大学高温材料研究所教授、名誉所长，1991年当选中国科学院院士（学部委员）。

名优秀博士研究生，国务院学位委员会、教育部为周国治颁发了“全国优秀博士学位论文指导教师”的荣誉证书。

周国治获“全国优秀博士学位论文指导教师”（供图：周国治）

三、继续推进新几何模型

正如本书第六章中提到的，周国治非常强调国际学术交流的重要性，重视打开学生的学术视野，尤其是了解冶金物理化学领域的世界研究前沿，注重与国际相关学术机构开展研究生的联合培养。1994 年回国以后，周国治继续坚持这一传统，鲁雄刚、李谦等学生都先后被他派到波士顿大学等高校进行深造。1992 年，周国治便开始在麻省理工学院培养学生，与此同时，他还在波士顿大学、瑞典皇家理工学院等多处机构讲学。在周国治的记忆中，在瑞典讲学的两个月时间他非常煎熬，这种煎熬并非因为工作繁忙，而是源于难以适应当地的天气。回忆起这段日子，周国治说道：

> 瑞典那边就是有一个受不了的地方，我去的时候是冬天，它一年里半年黑半年白，感觉白天都是晚上，当时简直受不了。[①]

但周国治并未因此而消极对待工作，在之后的数年中，周国治多次往返中国与瑞典之间指导学生开展科研工作。1998 年，已经 61 岁的周

① 周国治访谈，访谈时间：2021 年 2 月 5 日。

国治还飞往瑞典参加皇家理工学院的研究生学位论文答辩，与长期合作的西塔拉玛教授进行深入交流。

周国治非常擅长在困境中寻找乐趣，在回忆起瑞典的极端天气时，他开心地表示：

> 其实气候还可以，什么都很可以的，城市也挺漂亮的。①

1998年，周国治在瑞典皇家理工学院西塔拉玛（右）教授办公室

功夫不负有心人，2009年底，周国治与瑞典皇家理工学院联合培养的博士研究生王丽君顺利毕业，她的博士学位论文答辩获得了国际专家组教授的高度赞誉，并被评价为瑞典皇家理工学院近年来少见的优秀答辩。在周国治与瑞典皇家理工学院的共同培养下，王丽君攻克的方向正是对周国治1995年发表的新一代几何模型的进一步推进。

正如本书第六章中提到的，在1994年和1995年的两届国际相图学术会议上，周国治发表并完善了自己的新一代几何模型，解决了国际上三十多年来几何模型存在的固有缺陷，为实现模型的选择和计算的完全计算机化开辟了道路。新一代几何模型是当前多元系热力学性质估算和相图计算的最先进方法，但周国治本人仍旧不满足于此。虽然新一代几何模型克服了传统几何模型理论上的缺陷，但该模型在计算局部互溶体系时还是会遇到困难。

在1997年发表于《金属学报》上的《新一代的溶液几何模型及其今

① 周国治访谈，访谈时间：2021年2月5日。

后的展望》一文中，周国治表示，到目前为止的新一代几何模型只是用来解决完全互溶体系的热力学性质计算，而现实生活中遇到的体系多数是局部互溶体系，尤其是在冶金领域。由于金属和炉渣的熔点普遍较高，加上实验条件难以控制，实验测得的相图大多数是局部互溶的相图。这就涉及一个问题：当体系在整个浓度范围内不能完全互溶时，相应的二元系部分将呈局部互溶状态，溶体中某些点所对应的二元系会超出二元系互溶区域范围，这时新一代几何模型中的逐点比较法也无法用来计算 η 函数，这是无法回避的现实。

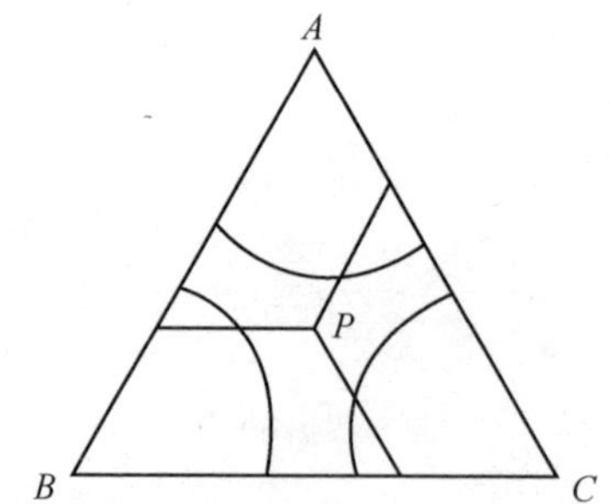

局部互溶三元系中二元成分代表点示意图

在文章最后，周国治提出，“当前可行的解决办法是将不互溶部分的亚稳自由能也找出来，这样就可以在全浓度范围内处理了”，针对“多元熔体和合金物理化学性质的计算”这一研究课题，周国治提出了进一步的钻研方向：一是继续寻找局部互溶体系的模型表达式；二是将新一代几何模型的应用范围延伸到估算表面张力、密度、扩散系数等其他物理化学性质上[①]。

在 1998 年的第 27 届国际相图学术会议（CALPHAD XXⅦ）上，周国治与他的博士研究生刘勇华、张捷宇等应用新一代几何模型计算了 Ag-Au-Cu 三元系的超额表面张力[②]，进而预测了该体系的实际表面张力，并与实验数据进行了比较，结果十分接近。其中，张捷宇主要从事热力学计算和冶金过程模拟仿真的研究工作，并于 1987 年开发了国内最早的冶金热力学计算程序 THERDYN。在周国治的推荐下，他先后在美

① 周国治. 新一代的溶液几何模型及其今后的展望[J]. 金属学报，1997，33（2）：126-132.

② Liu Y H，Zhang J Y，Li F S，et al. Predicting surface tension of liquid multicomponent systems with a new geometric model[C]. CALPHAD XXⅦ，Beijing，1998：17-22.

国俄亥俄州立大学和威斯康星大学访问学习，1999 年 10 月回国后一直从事冶金热力学计算的相关研究，积极推动溶液几何模型的优化和应用，尤其是在 Sn 基合金物化性质计算中的应用。多项与此类似的工作都再次证明，周国治提出的新一代几何模型不仅能应用于多元熔体的热力学性质计算，而且能用于热力学性质以外的其他物理化学性质的计算，包括表面张力的计算。但是，在局部互溶体系的表面张力计算方面，新一代几何模型与传统模型都遭遇了同样的问题——需要子二元系的数据，然而，能得到的子二元系数据都是局部的，互溶区外的数据都必须通过虚拟方法得到。①

新一代几何模型的研究还需继续拓展和深化，在之后的工作中，周国治先后指导钟先梅、王丽君、张国华、于之刚等博士研究生不断探索，并最终取得了重要进展。1999 年，周国治招收钟先梅为博士研究生，并决定将新一代几何模型在局部互溶体系和其他物理化学性质方面的计算作为她的主要攻克方向。

钟先梅在做博士学位论文答辩

1999—2000 年，在周国治的指导下，钟先梅先后探索了“多种计算多元局部互溶体系表面张力的模型”“新一代溶液几何模型在黏度计算中的应用”“普遍化模型计算软件开发”等多项课题。2003—2004 年，周

① 钟先梅，胡晓军，李福燊，等. 一种新的多元局部互溶体系表面张力的计算模型[C]//第二届冶金工程科学论坛论文集. 北京：北京科技大学，2003.

国治、钟先梅等①针对局部互溶体系的性质预报问题提出了一种新的尝试，即质量三角形模型（mass triangle model，MT 模型），该模型针对的正是局部互溶体系的计算。

如“质量三角形模型示意图”所示，在“1-2-3”三元系某一温度截面处，只存在孤立的局部互溶区域（椭圆形区域），此时，若要计算内部“O”点的性质，可利用局部互溶区域内的 3 个三元实验点“A'”“B'”“C'”的性质进行计算。质量三角形模型以浓度三角形面积的比值作为各代表点的权重，得到如下计算公式：

$$W_{A'}=\frac{S_{\triangle OB'C'}}{S_{\triangle A'B'C'}};\quad W_{B'}=\frac{S_{\triangle OC'A'}}{S_{\triangle A'B'C'}};\quad W_{C'}=\frac{S_{\triangle OA'B'}}{S_{\triangle A'B'C'}} \tag{7-1}$$

式中，$S_{\triangle IJK}$代表 $\triangle IJK$（IJK 代表图中 O, A', B', C'四点中的任意三点组合）的面积。

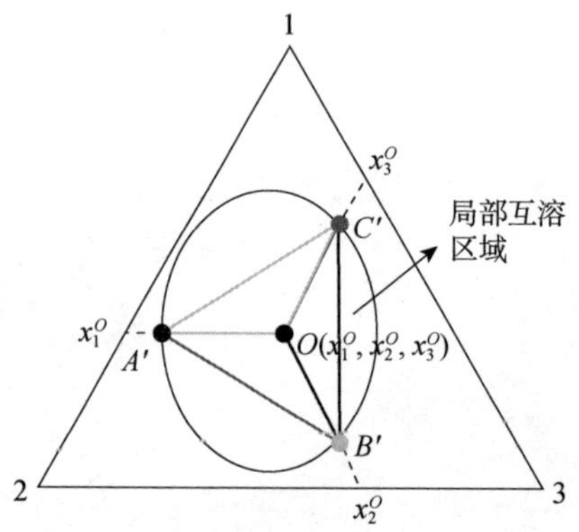

质量三角形模型示意图

可以根据如下公式将三角形面积转化为成分的关系式：

$$S_{\triangle A'B'C'}=\frac{\sqrt{3}}{4}\begin{vmatrix} x_1^{A'} & x_2^{A'} & x_3^{A'} \\ x_1^{B'} & x_2^{B'} & x_3^{B'} \\ x_1^{C'} & x_2^{C'} & x_3^{C'} \end{vmatrix} \tag{7-2}$$

$$S_{\triangle OB'C'}=\frac{\sqrt{3}}{4}\begin{vmatrix} x_1^{O} & x_2^{O} & x_3^{O} \\ x_1^{B'} & x_2^{B'} & x_3^{B'} \\ x_1^{C'} & x_2^{C'} & x_3^{C'} \end{vmatrix} \tag{7-3}$$

① Chou K C，Zhong X M，Xu K D. Calculation of physicochemical properties in a ternary system with miscibility gap[J]. Metallurgical and Materials Transactions B，2004，35（4）：715-720.

$$S_{\triangle OC'A'} = \frac{\sqrt{3}}{4}\begin{vmatrix} x_1^O & x_2^O & x_3^O \\ x_1^{C'} & x_2^{C'} & x_3^{C'} \\ x_1^{A'} & x_2^{A'} & x_3^{A'} \end{vmatrix} \tag{7-4}$$

$$S_{\triangle OA'B'} = \frac{\sqrt{3}}{4}\begin{vmatrix} x_1^O & x_2^O & x_3^O \\ x_1^{A'} & x_2^{A'} & x_3^{A'} \\ x_1^{B'} & x_2^{B'} & x_3^{B'} \end{vmatrix} \tag{7-5}$$

2005—2009 年，在周国治和瑞典皇家理工学院西塔拉玛教授的共同指导下，王丽君进一步利用质量三角形模型对多种局部互溶体系的物理化学性质进行了估算。她的博士学位论文《某些渣系统热物理和热化学性质的实验与模型研究》（“Experimental and Modelling Studies of the Thermophysical and Thermochemical Properties of Some Slag Systems”）用质量三角形模型对工业矿渣的黏度、密度、电导率和表面张力等热物理和热化学性质进行了计算，并与实验测量值进行了比较，理论值与实验测量结果符合性良好[①]。但是，质量三角形模型仍旧只是局部互溶体系性质计算的一种尝试，其权重与成分呈完全线性相关的关系，而很多实际熔体的性质并不满足这种线性关系，因此其应用受到较大限制。此外，因其应用过程要根据边界上点的性质预测边界内部点的性质，如果待计算点出现在边界以外，该模型就难以计算。

2002 年，周国治（右）指导王丽君（中）做实验

① Wang L J. Experimental and modelling studies of the thermophysical and thermochemical properties of some slag systems[D]. Stockholm：KTH Royal Institute of Technology，2009.

2012年，在周国治的指导下，张国华的博士学位论文《冶金熔体物理性质的研究及模型预报》完成，其中又针对冶金熔体的电导率、黏度、扩散系数、密度及表面张力等物理性质提出了相应的预测模型。张国华的博士学位论文定义了不同类型的氧离子用以描述硅铝酸盐熔体的结构，并系统地提出了一套用于计算氧离子含量的方法，基于不同类型的氧离子发展了适用性较强的黏度模型①。张国华在攻读博士学位期间，在周国治的指导下，改进了1995年新一代几何模型的数学计算部分，将三元系的完全计算机化扩展到多元系；他的博士学位论文进一步考虑到结构要素，相关工作填补了新一代几何模型和质量三角形模型在计算局部互溶体系方面的部分缺陷。2013年，他的博士学位论文获得“北京市优秀博士学位论文”。遗憾的是，自2014年开始，“全国优秀博士学位论文”评选工作宣告结束，为此他的这项研究没能参评。张国华的研究成果得到了周国治和其他学术同行的高度认可，周国治虽然也为自己的学生感到惋惜，但仍然坚持认为真正的学术研究不在于获得多少头衔、帽子和荣誉，他更看重实质性的创新成果。

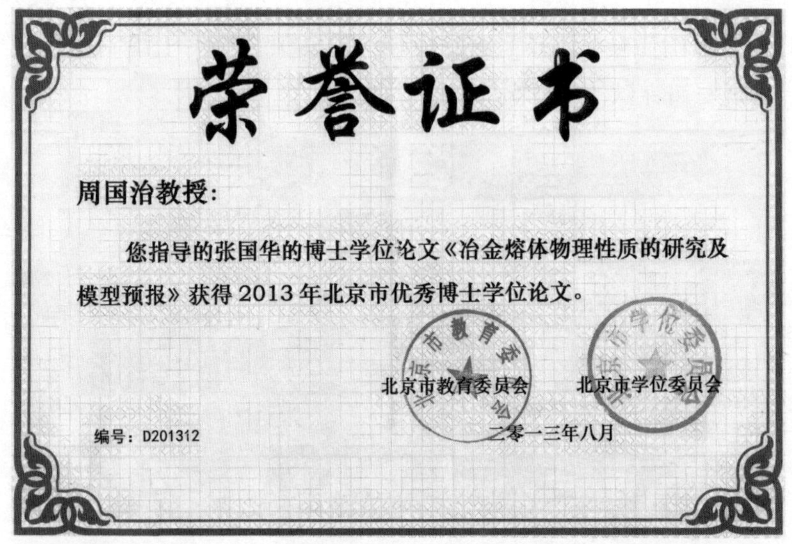

荣誉证书

周国治教授：

您指导的张国华的博士学位论文《冶金熔体物理性质的研究及模型预报》获得2013年北京市优秀博士学位论文。

北京市教育委员会　北京市学位委员会

编号：D201312　二零一三年八月

周国治指导张国华完成的博士学位论文获得“北京市优秀博士学位论文”

博士研究生张国华的相关工作有了很大进展，但也没能解决全部局部互溶体系的估算，还需要继续发展新的几何模型用于解决局部互溶区

① 张国华. 冶金熔体物理性质的研究及模型预报[D]. 北京：北京科技大学，2012.

域的计算问题。随后，周国治继续指导博士研究生于之刚在溶液几何模型方面开展进一步的研究工作。经过不懈探索，2018 年，周国治、于之刚等针对质量三角形模型权重随成分完全线性变化的问题，提出了双线段模型（double line model，DL 模型）计算方法①。双线段模型引入了随成分非线性变化的权重因子，能够解决更多实际冶金体系的性质预报问题。

首先，从最特殊的情况开始分析，即假定局部互溶区域与二元边界完全没有交点。如“双线段模型示意图”所示，椭圆形部分为局部互溶区域，即该三元系只存在中间一个孤立液相区，此时要想计算液相区内部“O”点的性质，3 个计算边界上的代表点（“A”“B”“C”）都将落在三元液相区内。

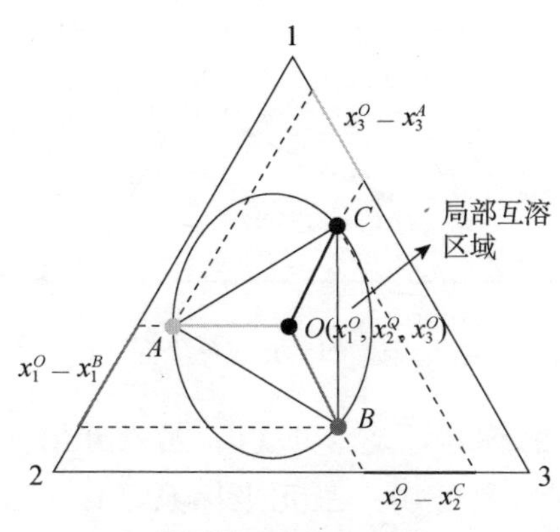

双线段模型示意图

在几何模型权重即为成分线段比的基础上，新的三元边界代表点权重公式定义如下：

$$W_A = \frac{\overline{OB}}{\overline{AB}} \frac{\overline{OC}}{\overline{AC}} \quad (7\text{-}6)$$

$$W_B = \frac{\overline{OA}}{\overline{BA}} \frac{\overline{OC}}{\overline{BC}} \quad (7\text{-}7)$$

$$W_C = \frac{\overline{OA}}{\overline{CA}} \frac{\overline{OB}}{\overline{CB}} \quad (7\text{-}8)$$

式中，$\overline{MN}$（$M, N=O, A, B, C$）是三元成分坐标中点“M”和“N”之间

① Chou K C，Yu Z G. Calculation of the physicochemical properties for ternary solution with limited solubility[J]. Ceramics International，2018，44（17）：20955-20960.

的距离。

由“三元成分坐标（x_1, x_2, x_3）和二元成分坐标（x, y）转换示意图”可知，新模型的权重表达成了 2 条三元成分线段乘积的比值，因此将其命名为双线段模型，相关成分距离公式将通过“三元成分坐标（x_1, x_1, x_3）和二元成分坐标（x, y）转换示意图”进行推导。图中任意两点 M（$x_1{}^M, x_2{}^M, x_3{}^M$）和 N（$x_1{}^N, x_2{}^N, x_3{}^N$）间的距离 $\overline{MN}$ 可用如下表达式计算：

$$\overline{MN} = \sqrt{\frac{1}{2}[(x_1^N - x_1^M)^2 + (x_2^N - x_2^M)^2 + (x_3^N - x_3^M)^2]} \tag{7-9}$$

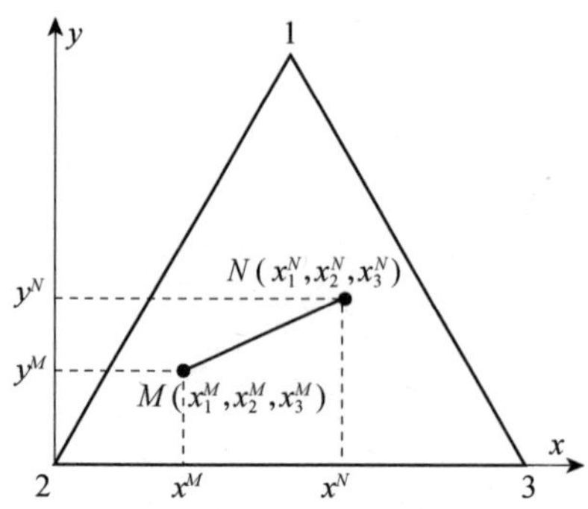

三元成分坐标（x_1, x_2, x_3）和二元成分坐标（x, y）转换示意图

如“三元成分坐标（x_1, x_2, x_3）和二元成分坐标（x, y）转换示意图”所示，我们很容易证明，三元坐标系（x_1, x_2, x_3）和二元坐标系（x, y）的成分转换关系：

$$x_1 = \frac{2}{\sqrt{3}} y \tag{7-10}$$

$$x_2 = 1 - \frac{1}{\sqrt{3}} y - x \tag{7-11}$$

结合以上两公式，计算得

$$\overline{MN} = \sqrt{(x^N - x^M)^2 + (y^N - y^M)^2} \tag{7-12}$$

由此得到如下关系式：

$$\overline{OA} = (x_3^O - x_3^A) \tag{7-13}$$

$$\overline{OB} = (x_1^O - x_1^B) \tag{7-14}$$

$$\overline{OC} = (x_2^O - x_2^C) \tag{7-15}$$

$$\overline{AB} = \sqrt{(x_1^O - x_1^B)^2 + (x_3^O - x_3^A)^2 + (x_1^O - x_1^B)(x_3^O - x_3^A)} \tag{7-16}$$

$$\overline{BC}=\sqrt{(x_1^O-x_1^B)^2+(x_2^O-x_2^C)^2+(x_1^O-x_1^B)(x_2^O-x_2^C)} \quad (7\text{-}17)$$

$$\overline{AC}=\sqrt{(x_2^O-x_2^C)^2+(x_3^O-x_3^A)^2+(x_2^O-x_2^C)(x_3^O-x_3^A)} \quad (7\text{-}18)$$

所以，三元边界代表点权重与三元成分的关系如下：

$$W_A=\frac{(x_1^O-x_1^B)}{\sqrt{(x_1^O-x_1^B)^2+(x_3^O-x_3^A)^2+(x_1^O-x_1^B)(x_3^O-x_3^A)}}\times\frac{(x_2^O-x_2^C)}{\sqrt{(x_2^O-x_2^C)^2+(x_3^O-x_3^A)^2+(x_2^O-x_2^C)(x_3^O-x_3^A)}} \quad (7\text{-}19)$$

$$W_B=\frac{(x_3^O-x_3^A)}{\sqrt{(x_1^O-x_1^B)^2+(x_3^O-x_3^A)^2+(x_1^O-x_1^B)(x_3^O-x_3^A)}}\times\frac{(x_2^O-x_2^C)}{\sqrt{(x_1^O-x_1^B)^2+(x_2^O-x_2^C)^2+(x_1^O-x_1^B)(x_2^O-x_2^C)}} \quad (7\text{-}20)$$

$$W_C=\frac{(x_3^O-x_3^A)}{\sqrt{(x_2^O-x_2^C)^2+(x_3^O-x_3^A)^2+(x_2^O-x_2^C)(x_3^O-x_3^A)}}\times\frac{(x_1^O-x_1^B)}{\sqrt{(x_1^O-x_1^B)^2+(x_2^O-x_2^C)^2+(x_1^O-x_1^B)(x_2^O-x_2^C)}} \quad (7\text{-}21)$$

基于以上三元边界代表点的权重公式，我们便可以利用三元液相边界的性质对局部互溶体系进行计算。除了以上极限情况，即完全孤立的三元局部互溶区域，双线段模型同样适用于液相区与二元边界有交集的情况。

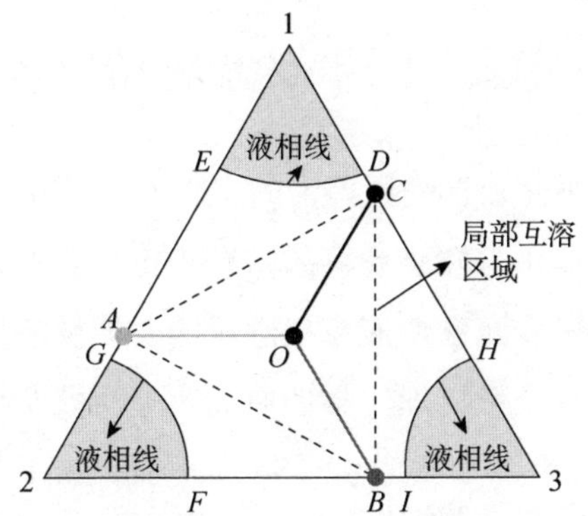

双线段模型基于有限二元边界的计算示意图

由上图可知，双线段模型可以基于有限的二元边界对内部三元区域的性质进行计算。此时，$x_1^B=x_2^C=x_3^A=0$，双线段模型的权重表达式可以简化如下：

$$W_A = \frac{x_1 x_2}{\sqrt{x_1^2 + x_3^2 + x_1 x_3}\sqrt{x_2^2 + x_3^2 + x_2 x_3}} \tag{7-22}$$

$$W_B = \frac{x_3 x_2}{\sqrt{x_1^2 + x_3^2 + x_1 x_3}\sqrt{x_1^2 + x_2^2 + x_1 x_2}} \tag{7-23}$$

$$W_C = \frac{x_3 x_1}{\sqrt{x_2^2 + x_3^2 + x_2 x_3}\sqrt{x_1^2 + x_2^2 + x_1 x_2}} \tag{7-24}$$

由上式可知，双线段模型权重满足几何模型的权重理论（$W_i = \frac{x_j x_k}{X_j X_k}$），其中，3 个二元边界的代表点分别为

$$X_{1(12)} = \sqrt{x_1^2 + x_3^2 + x_1 x_3};\ X_{2(12)} = \sqrt{x_2^2 + x_3^2 + x_2 x_3} \tag{7-25}$$

$$X_{2(23)} = \sqrt{x_1^2 + x_2^2 + x_1 x_2};\ X_{3(23)} = \sqrt{x_1^2 + x_3^2 + x_1 x_3} \tag{7-26}$$

$$X_{3(31)} = \sqrt{x_2^2 + x_3^2 + x_2 x_3};\ X_{1(31)} = \sqrt{x_1^2 + x_2^2 + x_1 x_2} \tag{7-27}$$

在周国治的指导下，于之刚在其博士学位论文《多元冶金熔体物化性质计算的唯象模型研究》①中系统地分析了双线段模型的理论推导过程，并基于 C++编程开发了局部互溶模型（limited solubility model）计算软件包，以方便模型的计算和应用。2019 年，于之刚博士毕业。2020 年，软件包公开发表于《国际陶瓷》（*Ceramics International*）期刊文章附录②。目前，该软件包已在多元熔渣和合金体系的黏度、电导率、表面张力、密度、摩尔体积等物理化学性质的计算中获得较为广泛的应用和验证。

溶液几何模型研究一直是周国治的主攻方向，2017 年，他主持的科研项目“多元系物理化学性质计算的唯象理论”获批国家自然科学基金重点项目，该研究在多元系溶液模型理论的发展及应用、局部互溶新模型的发展及应用、多元系物理化学性质的实验研究及模型验证方面取得了重要进展，发表了科学引文索引（Science Citation Index，SCI）期刊论文 95 篇，出版专著 2 部，授权软件著作权 10 项。未来，在周国治的引

① 于之刚. 多元冶金熔体物化性质计算的唯象模型研究[D]. 上海：上海大学，2019.

② Chou K C，Yu Z G. Calculation of the physicochemical properties for ternary solution with limited solubility[J]. Ceramics International，2018，44（17）：20955-20960.

领下，他的科研团队将继续着力于溶液几何模型的探索和应用，不断取得新的进展。

2019年，于之刚博士学位论文答辩合影（从左至右依次是：尤静林、杨修春、严彪、于之刚、周国治、金学军、张捷宇、冷海燕）

四、甘为人梯的育人精神

从1979年晋升硕士研究生导师并开始招收第一位研究生至今，据不完全统计，在周国治名下已经培养博士研究生四十余人、硕士研究生三十余人。他十分注重为学生创造良好的指导条件，其中不少学生由他与校内团队及校外专家联合培养，以帮助学生综合不同导师所长。周国治早期培养的研究生已在国内外各大科研院所、企业等中成为中坚力量。其中，陈双林和张帆在相图领域的研究和计算中做出了突出贡献，章六一凭借精湛的业务能力在德国克虏伯钢铁公司担任部门经理，胡建虹、陈晓怡等都在自己的岗位上发挥着专长，取得了出色的成绩。有感于早期培养的研究生很多选择留在国外，周国治于20世纪90年代回国以后要求自己的学生在海外学习或访学之后必须回国，为祖国的科研和建设贡献力量。也为此，从1995年开始，他培养的学生几乎全部留在了国内。如今，他在北京科技大学和上海大学建立了两支大的教学科研团队，采取老中青传帮带的模式，培养了一批批优秀人才，并以此为中心，在固体废弃物、固体氧化物燃料、电池、高温耐火材料、熔渣资源化、氢还原、纳米等多个领域都有深入的探索，为我国冶金物理化学学术发展和行业建设贡献了力量。

2000年，周国治（中）与学生钟先梅（左）、陈双林（右）考察合影

数十年来，周国治培养了多位国家杰出青年科学基金获得者、国家优秀青年科学基金获得者等，他们已经成为我国冶金物理化学领域的知名专家和中坚力量，也有一些学生从专业领域走出去，在社会的各行各业、各类岗位中发挥着自己的光与热。这些学生的成才与成功多依赖于其个人的坚持不懈，但绝对也离不开周国治甘为人梯、诲人不倦的培养。很多学生毕业后，还与周国治保持着密切的联系和科研合作，在学术会议和企业考察等活动过程中交流思想。

从各个优秀弟子的叙述中，我们了解到周国治的育人模式与特点大致可以总结为三点：第一，为学生点拨大方向，同时给予学生充分的自由；第二，为人亲切，对学生细致入微、关怀备至；第三，重视品格培养，静心钻研、朴素生活，严于律己、宽以待人。

作为周国治从美国第二次学术访问回国后指导的第一位博士研究生，鲁雄刚早在20世纪80年代末就听过周国治的大名，正因为周国治在其博士研究生期间的点拨，鲁雄刚才明晰了未来的发展道路。

踏进冶金物理化学领域对鲁雄刚来说本是一个意外，在其规划中自己本应该是管理学院的学生，结果 1988 年到北京科技大学上学时，阴差阳错地被调剂到冶金物理化学专业。在当时的他看来，冶金物理化学就是冶金，因此报到的时候听说自己被调剂到冶金物理化学专业，直接就拿着录取通知书跑到冶金系的新生接待处，结果发现走错了地方。鲁雄刚这才第一次重新认识了“冶金物理化学”这个概念，不过当时还是懵懵懂懂的。在随后四年的大学学习中，鲁雄刚对自己未来到底会从事什么职业、能从事什么职业一直不太明确。

> 我印象很深，当时是在理化楼一楼很阴冷的一个阶梯教室，当时段淑珍、李文超、张圣弼那些老先生给我们讲专业导论。这个专业是干什么的，我听得似是而非。大学四年就踏踏实实学习，但是真不懂将来要做什么。①

就这么“稀里糊涂”地读了四年，1992 年鲁雄刚本科毕业，当时全国的高校还在实行定点分配的制度，本着就近分配的原则，鲁雄刚即将要被分配到攀枝花市。但他志不在此，因而只得选择考研这条唯一的出路，就这样他又“稀里糊涂”地读了两年书，对未来还是茫然若迷。

周国治（左）与鲁雄刚讨论科研问题

① 鲁雄刚访谈，访谈时间：2020 年 8 月 27 日。

鲁雄刚真正对自己的所学有明确的认知、对未来有清晰的展望，还是在跟随周国治读博士研究生以后。如上文所述，周国治叮嘱李福燊把在麻省理工学院时期想到的关于“无污染脱氧”的初步构思与计划带回国内，但受限于周国治本人身在美国，专利申请流程复杂、审批严格，同时又想自己的国家能获得优先权，因而该想法并未能立刻落实。1994年9月，鲁雄刚博士研究生一年级开学，经过1个月的交流与思考，周国治便决心将这个项目交给鲁雄刚，而这一绿色冶金技术的开端，也成为鲁雄刚科研道路的起点。

1998年3月，鲁雄刚顺利从北京科技大学冶金物理化学专业毕业，拿到工学博士学位，出于种种个人考虑，他没有留在北京科技大学博士后科研流动站，而是选择到上海大学材料科学与工程学院冶金工程博士后科研流动站工作。即便再不舍，周国治也一贯给予学生充分的自由，尊重学生的选择。非但如此，由于考虑到学生鲁雄刚在上海孤军奋战，周国治在收到老同学徐匡迪院士的邀请后，同时也接受了钱伟长院士的嘱托，于2001年7月开始成为上海大学的兼职教授，担任材料科学与工程学院的博士研究生导师，着手在上海大学建立自己的科研团队，并由鲁雄刚承担团队的各项重要任务，分担周国治在北京、上海两头跑的重担。

回忆起这段经过，周国治开玩笑地说道，虽然当时中国科学院上海冶金研究所也在同时邀请自己，还答应赠予自己一套房子，但他还是选择了上海大学。由于自己的工作依然以北京科技大学为重心，周国治没有接受上海大学提供的院士待遇。

2000年3月，鲁雄刚工作刚满两年，便升任上海大学材料科学与工程学院材料工程系副主任。2002年3月，周国治的博士研究生张捷宇毕业后也来到上海大学工作，并于2004年6月评上教授职称。同年，周国治的博士研究生李谦毕业，进入上海大学博士后科研流动站，2011年被破格晋升为教授及博士研究生导师……就这样，周国治在上海大学的团队规模不断壮大，也更加重视团队建设。

虽然周国治的这些学生在冶金物理化学领域已颇有建树，也成就了自己的一番事业，但在弟子们的叙述里，在他们一步步前行的过程中，从未完全脱离过博士研究最核心的理论思想，当年跟随周国治建立起来的模型和技术路线，今天仍被他们用来指导自己的学生，并取得了相当不错的成果。

周国治与他在北京科技大学的科研团队的合影
（从左到右：杨涛、张国华、胡晓军、周国治、李福燊、李丽芬、王丽君、王翠）

周国治与他在上海大学的科研团队及同仁
从左到右：于之刚、李谦、杨修春、任忠鸣、张捷宇（后排）、鲁雄刚爱人、
周国治、周维宁、陈双林爱人、吴广新（后排）、鲁雄刚、罗群、董瀚

其中，鲁雄刚继续在可控氧流新概念的指导下，带领上海大学团队采用固体透氧膜法电解金属氧化物，制备金属铬、铌等，并均取得了成功。在该技术路线的指导下，鲁雄刚门下的多名学生在《科学》（*Science*）、《自然风险》（*Natural Hazards*）等重要学术期刊上发表论文，得到了同行及相关领域学者的认可。张捷宇则带领学生在工艺制备，李谦带领学生在储氢材料研究等方面持续发展，他们攻克重重困难，获得了丰硕的成果。这一切的开端，都源于周国治对学生的充分尊重，他

如同学生们坚实的后盾，春风化雨般地影响着他们的学术工作，指引着他们前进的方向。

在指导学生方面，周国治能真正做到张弛有度、沉浮于心，既为学生把持大方向，让学生不会走偏路，又不至于过多干预，防止学生得不到足够的独立科研的训练，这一点从当年周国治指导远在瑞典的王丽君的过程中就能有所体现。王丽君回忆：

> 他很关注学生，只要有空就打电话，我们在电话里讨论特别多，要不就是 E-mail，有时候（我）把计算结果发给周老师，他看后就打来电话指导。我觉得他就是从整体上把握，剩下的给学生的空间和自由度挺大的，让学生自己去发挥。①

周国治非常注重与学生们的平等交流，而学生们也从这种平等交流中受益匪浅，获得了大量启发。侯新梅至今回想起来，始终认为导师最大的两个特点一是严谨，二是对待学生十分民主，态度平和②。在于之刚的记忆中，周国治非常擅长鼓励学生思考，激发他们的思维活力，他从不以教导者的身份来要求学生按照他的想法来做研究、写文章：

> 我感觉就是很平等地对学生，那时候我觉得我是一个硕士，他还很平等地跟我讨论问题。他不是告诉我，而是问我有什么看法。③

第十二届中国钢铁年会上的合影（从左到右：罗群、周国治、侯新梅）

① 王丽君访谈，访谈时间：2020 年 7 月 15 日。
② 侯新梅访谈，访谈时间：2020 年 7 月 20 日。
③ 于之刚访谈，访谈时间：2020 年 8 月 27 日。

正是这样的育人方式，让学生们学会独立思考，在自己的领域不断深耕。周国治对学生的这份尊重不仅体现在与学生的交流讨论中，也体现在对学生的选题方向确定上。

上文提到，周国治让胡晓军做理论计算并推荐他阅读相关的学术文献，胡晓军读过以后觉得自己还是更喜欢做实验，希望以实验研究为主，如果中间涉及理论计算的时候也可以做理论研究，因此希望选择自己更感兴趣的研究课题，周国治也很支持他的选择。不但如此，他还帮助胡晓军找到了擅长实验研究的李福燊和方克明两位老师对他进行联合指导。

> 他所有学生做课题从来不勉强。他说你看看你想做什么，要不我可以再给你找几个导师。所以，我其实很特殊的，我有三个导师指导我一个人。①

区铁、胡晓军博士毕业答辩后合影（从左到右：区铁、周国治、李福燊、胡晓军）

不仅如此，在学生们犯错误时，周国治也能以温和的态度来对待，他不会用言语直接训诫学生，而是用行动让学生自省。回忆起自己跟随周国治读博士后写的第一篇论文，于之刚至今仍满怀感激：

> 第一次写，很陌生，感觉写得很烂，周老师真的很认真地帮我改，即使是拼写错误，也会给我标出来。我感觉挺愧疚的，我之前

① 胡晓军访谈，访谈时间：2020 年 10 月 19 日。

也没好好检查。[①]

从此以后，于之刚端正态度，严谨认真地对待自己写出的每一个字。这种引发学生自省的培养方式，从一开始就为学生树立了自觉遵守的严格标准，在后面的研究中，学生才能端正态度，不断超越标准。而老师在这个过程中只需要把握大方向，带领学生们讨论一些关键内容，为张弛有度地培育学生起到辅助作用。在学生们的描述中，老师周国治为人谦和，基本可用“与世无争”来形容。他很少批评人，总是站在能引导人走向更大的成功的角度来提出意见和建议，“从不否定任何人”是学生们公认的周国治最大的特点。这不仅仅在他的育人方面有所体现，同时也贯穿在他与同事、同行的科研合作和日常交往的方方面面。“谁跟他合作，都会在合作当中有自身的提升，这是无话可说的。”[②]鲁雄刚如是总结道。

除了以平等的姿态对待学生，给予学生充分的自由，周国治还有一个公认的特点，就是“静”。在大家的记忆中，无论是做研究还是带学生，周国治都一以贯之，以“润物细无声”的方式，潜移默化地影响着周围的人。对周国治来说，做研究的重点不在于出了多少文章或成果，而在于自己的学术思想是否建立起一套完整的、系统的体系，这个体系要包含所有的实验方案、技术路线等，它能够用来指导学生，做持续性的、延伸性的研究。学生们用“城堡”来比喻这种体系，城堡有多少房间、多少级楼梯，心里都要有数，做科研要按照模型的框架来设计实验、撰写文章，就像建城堡要按照城堡的设计图来布局是一个道理。能做到这一点，关键的秘诀在于“静”，周国治也用这一标准严格要求自己的学生。面对当下学术界的浮躁之风，周国治的学生更加能体会到这种“静”的力量和可贵之处。

> 一个人不静，不是说他不在实验室待着，而是（说）他的心是烦躁的。这个烦躁来源于哪呢？发文章盯着影响因子高的发，做一些事情盯着钱多的去，他从来没觉得他有坚持的价值和意义。[③]

---

① 于之刚访谈，访谈时间：2020 年 8 月 27 日。

② 鲁雄刚访谈，访谈时间：2020 年 8 月 27 日。

③ 鲁雄刚访谈，访谈时间：2020 年 8 月 27 日。

学术界有很多这样的人，浮躁的心性与环境使他们很难出一流的成果。周国治将自己的“静”通过言传身教传承给学生。周国治要求他的研究生，必须注重文献功底，要沉下心来，不骄不躁地钻研自己领域内的文献，他认为这是做好研究的重要一环。“好的文献百读不厌”，这是学生们跟随周国治做研究得到的深刻感悟之一。周国治会为学生们精心挑选相关领域的代表性文献，并扫描后给学生们学习，这种方式得到了学生们的一致认可。回忆起钻研文献的那段学生生涯，鲁雄刚感慨，一些好文章反反复复地看了许多遍，每遍都会有收获：

> 有时候你对文献的理解是你的认知水平只有这样，回头做完一遍实验后发现有问题，再去看文献，其实文献已经回答了你的问题——你开始没注意的问题，这就叫好文献。①

在周国治看来，博士研究生对自己专业领域的文献的了解状况及深入程度需要超越自己的导师。他教导学生，博士研究生答辩有 7 位评委，是因为每位评委实际上只能掌握这一博士论文 20%左右的内容，7 位评委加起来就能达到掌握 140%的水平，以此来超越并指导博士研究生。也就是说，每位导师只需要负责守住自己领域内的内容，因而最全面深入了解这一科研领域进展的人应该是博士研究生自己。鲁雄刚认为周国治的这一说法激发了学生们极大的科研热情：

> 他给我们信心，对我们自己做科研、对我们自己对专业的热爱，给了极大信心，（他让我们相信）我是最强的。②

这种“静”体现在科研上是“坐得住冷板凳，啃得了硬骨头”，体现在日常生活和与学生的相处上就可以说是“朴素”了。周国治本人从未有过太过奢侈的爱好，甚至可以说在生活方面没什么追求。他没有太强的口腹之欲，也没有太强的物欲，即使到了老年，所有的心思也都集中在科研上。如今，在北京科技大学的教工食堂里，人们总能看见满头银发的他简简单单地打一份饭菜在餐桌前与同事吃饭，聊科研。张国华算是周国治较晚招收的博士研究生了，2007 年开始读博，2012 年获得博士学位。当时周国治已经 70 多岁了，但在张国华的记忆中，周国治从未将

① 鲁雄刚访谈，访谈时间：2020 年 8 月 27 日。

② 鲁雄刚访谈，访谈时间：2020 年 8 月 27 日。

自己的任何琐事交给学生，无论是做会议PPT、写各类发言稿，还是收拾资料，甚至拎包这些小事，周国治都尽量不让学生代劳。他最常和学生说的一句话是："做好你们该做的事。"张国华曾有过帮导师拎包结果却拎错了的糗事，这导致周国治做报告的时候没有材料，只得即兴发挥。尽管如此，他也没有批评或指责张国华，而是玩笑般地对他说："就说不让你们帮我拎，我自己是有条理的。"[①]这种事事亲力亲为、不摆架子、没有派头的朴素精神，也深刻影响着他的学生们。

2011年底，张国华进行博士学位论文答辩

周国治在生活上也可以说得上是对学生春风化雨，竭尽心力。除了为研究生陈双林打点出国大小事宜，2004年鲁雄刚前往美国访学时，周国治也是事事亲力亲为地为他打算。他为鲁雄刚提前租好房子，以提供安身之所，连床上的被子都为鲁雄刚准备好。张捷宇回忆起2003年刚到上海难以适应的那一个月的情形，一度想要放弃在上海打拼，但又很想跟随周国治在上海大学的团队做研究，这让他常常陷入矛盾之中。周国治劝慰张捷宇不要一个人钻牛角尖，要和家人沟通，问问妻子和孩子们的想法。2003年下半年，周国治又主动邀请张捷宇带着家人去体验上海的生活，并亲自开车带领他们领略上海的风土人情。对此，张捷宇至今还充满感激之情：

---

① 张国华访谈，访谈时间：2021年11月18日。

一般哪有一个那么大的院士陪着你到处转的，他都联系好参观上海大学的美术学院、图书馆，包括在校园里参观，好多地方都是他陪的，所以我们的生活，包括我来这儿的好多条件也都是他帮忙建立起来的。①

在科研上，周国治教导学生要沉稳，要抛弃功利心态，沉下心来做研究；在生活中，周国治教会学生要朴素，心态要平和，不要虚荣。面对自己的国家，周国治坚守品格，保有家国情怀，即使身在美国，也要用自己的科研报效祖国。多年来，周国治用自己在国内外的声望与人脉，推荐学生出国进修、访学，其初心是让学生们去见识更广阔的天地，与更多一流的专家、学者进行思想碰撞，吸收更多的知识与方法。也为此，在招收博士研究生时，周国治特别注重为学生寻找最合适的联合培养机构与专家，并与学生们约定，无论将来去到世界的哪个角落，被什么样的利益所诱惑，最终都要尽量回到祖国的怀抱，用自己的才能来为祖国的建设贡献力量。

五、高层次人才不断涌现

在周国治培养的博士中，鲁雄刚是国家杰出青年科学基金获得者；侯新梅是“长江学者奖励计划”青年学者、国家杰出青年科学基金获得者；李谦是国家优秀青年科学基金获得者、“长江学者奖励计划”特聘教授；王丽君是国家优秀青年科学基金获得者、“长江学者奖励计划”特聘教授，他们都成为冶金物理化学领域的佼佼者。

“长江学者奖励计划”是国家重大人才工程的重要组成部分，是高等学校高层次人才队伍建设的引领性工程。国家杰出青年科学基金是我国高端人才资助计划的引领者，是科学家的科研事业走向成功的源头和标志之一。优秀青年科学基金旨在培养一批有望进入世界科技前沿的优秀学术骨干，为科技强国建设贡献力量。这些在科研工作者心目中享有很高的声誉，它们评审严格，竞争激烈，反映了科研人员及其所在单位或团队的综合实力。能够获得这些学术性、荣誉性称号和基金资助，意味

① 张捷宇访谈，访谈时间：2020 年 8 月 27 日。

着获得者的学术水平得到了国内外同行的高度认可。周国治指导的四位博士研究生先后获得这些荣誉，从侧面反映了他的人才培育结出了累累硕果。

自己的学生先后入选上述人才奖励计划或获得项目支持，周国治也感到由衷的高兴和欣慰。当得知 2023 年李谦和王丽君成为“长江学者奖励计划”特聘教授时，他在给笔者的越洋电话中开心地说道：

> 我真是太开心了！据我所知，像这样一人门下培养出了四名长江学者或杰青的情况真是少之又少，甚至于没有。我为学生们的成长感到欣慰！①

可以说，周国治真正做到了育英才桃李满天下，其学生遍布四方，为祖国各项事业的建设添砖加瓦。诚如邢献然②教授所言：“周先生让我感佩最深的除了他的自学精神，以及不断追求卓越成为科学的常青树以外，还有一点就是他在教书育人方面有一套好方法。他招来的学生，不管生源好坏，不管是应届生还是工厂来的（在职生），经他指导若干年后，最后都能成为‘好钢’！”③周国治以培养祖国的年轻一代为己任，数十年如一日地兢兢业业、言传身教，践行着“教书与育人相辅相成”的育人模式，弘扬着“甘为人梯，奖掖后学”的育人精神。无论是在北京还是在上海，周国治的学生都继承着周国治的坚毅、合作、创新精神，看到学生们获得的种种成就，周国治也感到十分欣慰。他将带着自己的科研团队继续前进，引领越来越多的年轻人在冶金物理化学领域耕耘收获，屹立于世界之林，为国家富强而不懈奋斗。

---

① 周国治在越洋电话中访谈，访谈时间：2023 年 7 月 10 日。

② 邢献然（1963—），固体化学专家，主要研究方向有固体新物质合成、负热膨胀与多功能物质及低维铁电材料与器件等。曾任北京科技大学冶金与生态工程学院理化系主任，现任北京科技大学固体化学研究所所长。

③ 邢献然访谈，访谈时间：2020 年 7 月 17 日。

第八章 学术、家庭与社会

理论计算与实验验证是周国治学术人生的中心，但他的世界不只是埋首于办公室或实验室，他的科研和育人成就既源于他的执着坚守，也得益于他广泛的学术交流与合作。他始终致力于沟通国际国内学术领域，促进相互交流，推动国内冶金物理化学学科与国际接轨，促进人才队伍的建设与发展。同时，他还积极投入学校课程改革与教育工作，亲自为本科生上课，将前沿专业知识融入本科生的教育教学之中。此外，他还积极为我国冶金行业的发展出谋划策，贡献自己的一腔热忱。回首周国治已经走过的人生岁月，可以说，家庭是他人生拼搏中源源不断的力量源泉，同行的认可与社会的回馈则见证了周国治的成长和卓越贡献。

一、学术交流与合作

自 1979 年作为进修生第一次踏出国门后，周国治一直与美国、瑞典、日本在内的多个国家的专家学者保持着长期的学术交流与合作。多年来，周国治十分注重和国外同行的交流。尽管工作非常繁忙，但他还是尽量抽出时间参加本领域一系列的国内外学术会议，作为组织者或特邀学者做学术报告。近年来，即使已经 80 多岁的高龄，他依然坚持前往美国、智利、瑞典、英国等国参加国际学术会议，始终走在冶金物理化学研究的最前沿。

瑞典皇家理工学院的西塔拉玛教授是较早与周国治建立联系的国外学者之一。早在20世纪70年代，还是学生的西塔拉玛第一次读到周国治发表在《中国科学》上的那篇有关R函数的学术论文，便立即想办法联系到周国治，希望能与他做进一步的学术交流。20世纪90年代初，西塔拉玛已是瑞典皇家理工学院的教授，此时正值周国治第二次远赴美国麻省理工学院担任客座教授的交流期间。本书第六章中提到，由于深知周国治的专业水平，西塔拉玛将自己的儿子引荐给周国治，希望自己孩子的博士阶段能够在周国治的指导下开展专业学习。周国治回忆：

> 当时他发现我在MIT，所以就把他儿子派到我这，当时在MIT我是客座教授，还不是当地的教授，所以他就找了当地那个教授帕，跟着他，但要我负责具体指导。①

于是，周国治开始了在美国麻省理工学院指导多名研究生的实验与论文发表工作。后来，周国治与西塔拉玛教授加强了学术合作，鼓励并推进了双方互派学生进行交流学习和联合指导。

1998年，周国治在瑞典皇家理工学院

周国治前往瑞典熟悉了情况后，双方就学生的联合培养签订了协议。周国治首先将北京科技大学冶金物理化学专业的学生送去瑞典学习。之后，周国治与瑞典的学术交流逐渐加强。

① 周国治访谈，访谈时间：2021年4月20日。

周国治与日本的学术交流也要追溯到他刚到美国麻省理工学院求学访问时期。本书第五章中提到，20世纪80年代初，刚到美国麻省理工学院一个月的周国治发表了他到美国的第一篇学术论文。为此，麻省理工学院的合作教授埃利奥特甚是惊喜，特别邀请周国治参加了第一届国际熔盐会议。

周国治如此回忆道：

> 我是在麻省理工学院写了篇论文……他觉得“周国治你不错，你来了一个月就写出论文了，我奖励你去加拿大参加这个国际会议”，当时（这个会议）是第一届。[①]

在同去参加这次国际学术会议的人员中，还有时任日本东北大学教授、日本工程院院士、美国国家工程院外籍院士、后当选中国工程院首批外籍院士的不破祐。不破祐于1958年获得麻省理工学院的博士学位，是日本著名工程及冶金物理化学家、钢铁界权威人士之一。看到同样从麻省理工学院来参会的周国治，不破祐对周国治的工作十分感兴趣，自此以后双方的合作交流一直持续到21世纪前十年。据周国治回忆，1984年，不破祐前往上海交通大学进行交流访问，周国治和父亲周修齐与不破祐在上海见面，谈及中日之间的科技交流与合作，三人还在上海交通

1984年，不破祐（左）、周修齐（中）与周国治（右）在上海交通大学

① 周国治访谈，访谈时间：2021年4月20日。

大学图书馆前留影。随后，周国治还带领不破祐参观了当时正在建设中的宝钢集团有限公司。

1991 年，不破祐访问美国麻省理工学院，正好周国治在麻省理工学院访学，两人进行了密切的学术交流，筹划促进中日两国在钢铁科技研究领域的合作。1995 年 11 月，第七届中日钢铁科学和技术研讨会召开，周国治参会并发表学术报告，进一步推动了中日之间的科技交流与合作。

第七届中日钢铁科学和技术研讨会合影（第二排右一为周国治）

1998 年 6 月 1 日，中国科学院第九次院士大会、中国工程院第四次院士大会在北京召开。不破祐是中国工程院首批外籍院士之一，在会议召开期间，魏寿昆、周国治、不破祐三位院士进行了亲切交流，并合影留念。

1998 年，周国治（左）、魏寿昆（中）与不破祐（右）在院士大会期间合影

1999 年，周国治前往日本参加中日钢铁年会。会议期间，不破祐前来看望并在东京大学西餐厅宴请周国治。会后，不破祐陪同周国治一起参观了东京大学校园。

1999 年，不破祐教授陪同周国治参观东京大学校园

2017 年，日本铁钢协会第 173 届学术年会在日本首都大学东京（即东京都立大学）举行，周国治被授予日本铁钢协会名誉会员，并受邀做了题为《唯象理论在化学冶金学中的应用》（“Application of Phenomenological Theory to Chemical Metallurgy”）的特别演讲报告。

The Iron and Steel Institute of Japan

CITATION

to

Honorary Member

Professor Kuo Chih Chou

You were named
an Honorary Member of The Iron and Steel Institute of Japan
by the unanimous votes of the Board of Directors
in recognition of the distinguished contributions
made by you to iron and steel industry.

Yoichi Nimura, President
The Iron and Steel Institute of Japan

March 15, 2017

周国治的日本铁钢协会名誉会员证书

日本铁钢协会名誉会员是日本铁钢协会对为钢铁业做出显著贡献的国际知名的研究和技术人员所设置的最高荣誉称号，具有较大的国际影响力和很高的国际知名度，原则上每年推举一名外国人和两名本国会员授予此荣誉。周国治因“在冶金过程物理化学的研究中取得的突出成就以及对日中学术交流的贡献”而被推举获得此项荣誉，成为自 1980 年以来第 7 位获得该项荣誉的中国学者。其他六位分别是：傅君诏（1980 年）、魏寿昆（1985 年）、邵象华（1992 年）、殷瑞钰（2002 年）、徐匡迪（2007 年）和赫冀成（2010 年）。随后，周国治由北京科技大学魏寿昆科技教育基金会推选获得“魏寿昆科技教育奖 • 魏寿昆冶金奖”。这两项荣誉在周国治的心中是分量最重的，它们意味着周国治得到了国内外同行的高度认可，以及他在冶金物理化学与冶金工程领域的重要学术地位。

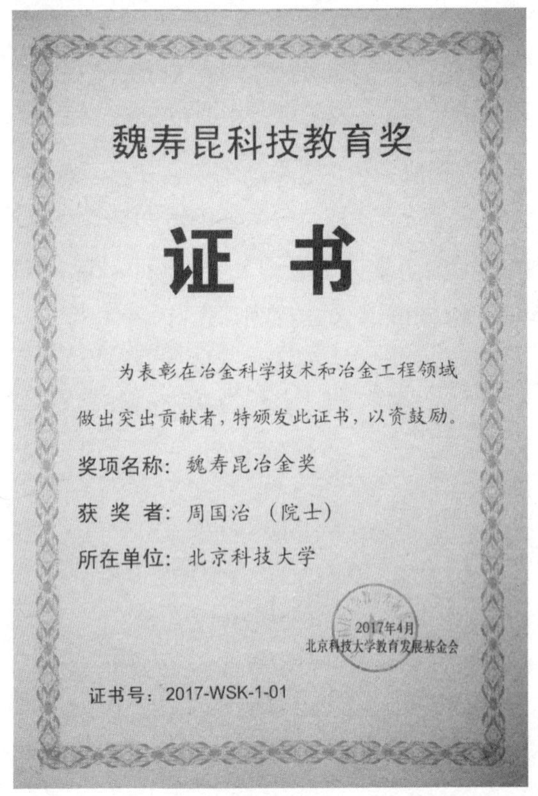
魏寿昆科技教育奖

证书

为表彰在冶金科学技术和冶金工程领域做出突出贡献者，特颁发此证书，以资鼓励。

奖项名称：魏寿昆冶金奖

获 奖 者：周国治（院士）

所在单位：北京科技大学

2017年4月
北京科技大学教育发展基金会

证书号：2017-WSK-1-01

周国治荣获“魏寿昆科技教育奖 • 魏寿昆冶金奖”

周国治与美国麻省理工学院材料系负责人帕教授的交流也十分广泛。周国治初次访问美国时，作为周国治合作导师的埃利奥特是美国麻省理工学院材料系的主要负责人。帕是埃利奥特的接班人，随着埃利奥特的荣休和去世，帕作为他的继任者，成为美国麻省理工学院材料系的主要负责人。如上文提到的，周国治作为客座教授实际指导的博士研究生就是挂在帕教授的名下。在美国访学期间，周国治与帕教授合作十分愉快。2001 年左右，帕教授偕妻子与女儿前来中国访问，与周国治在他北京科技大学的办公室中亲切交谈。当时正在攻读硕士研究生学位的王丽君还记得，自己参加了此次学术交流活动，周国治还鼓励她大胆用英语交流，鼓励学生勇敢地向帕教授提出学术问题[①]。

2001 年左右，麻省理工学院帕教授（左二）一家访问北京科技大学（左一为周国治）

除此之外，基本上周国治每年都会参加国际冶金物理化学领域的学术会议，并做学术报告。例如，2012 年 5 月 27—30 日，周国治担任第九届国际熔渣、熔剂与熔盐学术会议（MOLTEN12）主席。

在国内的学术交流方面，周国治通过参加各类型学术会议、任职期刊编委和机构职务等方面的工作，致力于促进国内冶金领域的交流与合作。2003 年，周国治当选中国金属学会理事。中国金属学会成立于 1956 年 11 月 26 日，是由冶金、材料科学技术工作者及相关单位自愿组成的依法登记的全国性、学术性、科普性、非营利性的社会组织，其宗旨是促进冶金、材料科学技术的繁荣和发展，以及相关科技的普及与推广，

① 王丽君访谈，访谈时间：2020 年 7 月 15 日。

促进冶金、材料科学技术人才的成长及相关科技与经济建设的结合，这些都与周国治的追求不谋而合。

中国金属学会与国外学术组织有着广泛的联系，并与美国、英国、德国、法国、日本、韩国、印度等国家的10多个学术团体建立了双边、多边交流和合作关系。周国治在国际上的学术活动与影响力，也为中国金属学会的海外交流拓展了方向与渠道。《中国金属学会章程》第十一条规定，对冶金科学技术和学会工作有重大贡献的70岁以上的著名专家、学者授予“荣誉会员”称号。2011年10月25日，周国治因对中国冶金科学技术发展和对中国金属学会的重大贡献，荣获“中国金属学会荣誉会员”称号。

除在学会担任重要职位、发挥积极作用之外，周国治还与全国多所高校有着密切的科研合作，在上海交通大学、安徽工业大学、重庆大学等多所大学担任兼职教授，在多个重要科研机构担任学术兼职。其中，2003年12月，周国治被聘请为河南省高温功能材料重点实验室学术委员会副主任。再如本书第七章中提到的，2001年周国治应徐匡迪院士的邀请，担任上海大学的兼职教授，这不但促进了学术交流，还在上海大学建立了强大的科研团队，推动了国内冶金物理化学的研究和学科建设。

2008年10月，周国治受邀担任安徽工业大学冶金工程与资源综合利用重点实验室学术委员会委员。2010年5月，周国治被聘为安徽工业大学“冶金减排与资源综合利用教育部重点实验室”学术委员会主任。同年，周国治被湖北省科学技术厅聘为湖北省耐火材料与高温陶瓷重点实验室——省部共建国家重点实验室培育基地第二届学术委员会主任。2013年12月，周国治被聘为上海市现代冶金与材料制备重点实验室学术委员会委员。2014年底，周国治被武汉科技大学聘请为省部共建耐火材料与冶金国家重点实验室第一届学术委员会主任。

各级重点实验室是国家科技创新体系中的重要实验室，是国家组织高水平基础研究和应用基础研究、聚集和培养优秀科技人才、开展高水平学术交流、具备先进科研装备的重要基地。重点实验室的主要任务是针对学科发展前沿和国民经济、社会发展及国家安全的重要科技领域与方向，开展创新性研究。周国治受邀担任各级相关重点实验室的学术委员会主任或顾问，主要源于他广阔的国际视野和扎实的研究基础，他始终站在冶金物理化学学科前沿，保持着创新成果的连续性。他受邀参与重点实验室建设，在国际交流、人才培养、创新研究等方面提供新方向和新思路，对促进我国相关学科前沿创新研究和冶金行业的可持续发展，产生了很大的影响力。

同时，周国治还积极在各类同行评议系统中承担相应任务，在推动相关学科科学研究和人才培养等方面，发挥知名科学家的积极作用。例如，他在多个国内外学术期刊担任编委，如国际采矿与冶金领域的权威国际期刊《采矿和冶金杂志 B 辑–冶金学》（*Journal of Mining and Metallurgy Section B-Metallurgy*）编委，重点关注在先进制造领域具有原创性的研究成果、重要进展和发展趋势的《先进制造进展》（*Advances in Manufacturing*）编委等。2016 年 5 月，周国治被聘为《中国钼业》期刊第七届编辑委员会高级顾问。2017 年 7 月，周国治被聘为中国有色金属学会主办的 *Rare Metals* 第四届编辑委员会的顾问委员。

此外，周国治还积极承担了其他各类评审工作，为冶金材料领域优秀科技人才的选拔和培育做出自己的贡献。例如，2002 年 9 月，周国治被聘为“科学中国人年度人物”评委。“科学中国人年度人物”评选始于 2002 年，除评选年度人物奖外，每届还将评选出两个特别奖项，包括“终身成就奖”和“杰出青年科学家奖”，所有获奖名单都将在颁奖典礼现场进行公布。截至 2019 年，已有杨振宁、孙家栋、吴孟超、王小谟、白春礼、王永志、黄旭华、许智宏、朱清时、李未、陈可冀、王恩哥、郭应禄、黄伯云、杨福家、顾秉林、李兰娟、施一公、潘建伟、杨利伟等多位知名科学家和企业家获奖①。2003 年 8 月，周国治被聘为 2003 年“新世纪百千万人才工程”国家级人选评审委员会委员。2004 年 6 月，周国治被聘为国家自然科学基金委员会第十届工程与材料科学部专家评审组成员，任期两年。2006 年 4 月，周国治再次被聘为 2006 年“新世纪百千万人才工程”国家级人选评审委员会委员。2008 年 6 月，周国治在担任中国科学院第十三届技术科学部常务委员会委员期间，在各类学术活动中发挥越来越重要的作用，获得中国科学院学部主席团颁发的纪

① 方方. 将科学家精神写在祖国大地上——科学中国人（2018）年度人物盛典侧论[J]. 科学中国人，2019，（13）：16-19.

念证书。2009 年 4 月，周国治还被中国科学技术协会聘请为 2009 年中国科学技术协会初遴选两院院士候选人评审委员。担任上述各类评委工作，彰显了周国治在科学技术领域的卓越贡献与重要地位。

2017 年 3 月 25 日，周国治院士 80 华诞暨冶金基础理论与学科发展研讨会在北京科技大学会议中心报告厅举行，国内冶金相关基础理论研究领域知名学者、国家自然科学基金委员会工程与材料科学部、国内主要冶金高校、研究所、院士工作站代表等，以及校内师生共计 140 余人前来参加学术研讨。在会议上，周国治结合自己的最新研究做了题为《化学冶金研究方法探讨》的学术报告。当时，全国政协副主席、中国工程院原院长徐匡迪院士专门发来贺信，对周国治的 80 岁生日表示衷心的

贺 信

周国治院士：

悉闻在您八十华诞、从事冶金基础研究和教书育人 58 年之际，北京科技大学将举办《冶金基础理论及学科发展研讨会》，在此，我向您表示衷心的祝福和问候，并祝会议圆满成功！

您长期从事冶金过程的基础理论研究，在冶金熔体理论、多元体系物理化学性质的计算和预报、气固反应动力学、冶金电化学等领域取得了突出的成绩。您教书育人 58 载，培养了一批从事冶金基础研究的年轻科技人才，为我国的冶金科技和教育事业做出了突出贡献。衷心希望您老骥伏枥，继续提携后学，再创佳绩！

冶金基础理论研究是推动冶金工业和冶金学科持续发展的重要保障，尤其在新的历史发展时期，要解决资源、环境、质量等方面的重大问题，需要全国的冶金工作者认真思考，努力工作，提出新的原理和方法，建立新的工艺和流程，引领冶金工业的可持续发展，实现我们的冶金强国梦！希望本次研讨会能够促进冶金基础理论的研究和发展，为未来冶金学科的发展方向提出指导建议。

祝本次会议取得丰硕成果！所有与会的朋友健康、 快乐!

2017 年 3 月 23 日

徐匡迪院士的贺信

祝福和问候，并希望会议能够促进冶金基础理论的研究和发展，为未来冶金学科的发展方向提出指导建议。中国科学院院长白春礼院士会前派专人到北京科技大学慰问周国治，他在贺信中对周国治在冶金基础理论研究中取得的重要成果和突出贡献、对学部工作的关心和支持、对年轻后学的培养表示感谢。[①]

贺　信

尊敬的周国治院士:

在您八十华诞之际，我谨代表中国科学院和中国科学院学部主席团，并以我个人的名义向您致以衷心的祝贺和诚挚的问候!

作为我国著名的冶金材料物理化学家，您长期致力于熔体热力学和冶金过程理论的研究和发展，取得了系列重要成果! 您在三元和多元熔体热力学性质研究方面做出了诸多的贡献: 导出了一系列各类体系的熔体热力学性质计算公式，概括了新原理，提出的新一代溶液几何模型解决了半个世纪以来几何模型存在的固有缺陷，为实现模型选择和计算全计算机化开辟了道路; 您系统地研究了冶金过程中氧离子的迁移规律，实现了对脱碳、脱氧过程的全过程模拟，提出了“无污染脱氧”，“无污染提取”等冶金新工艺，为描述和模拟各类冶炼过程打下了基础; 您在气固相反应动力学方面做了大量工作，全面考虑了各种因素对反应速率的影响，建立了系列的反应动力学模型。您的许多科研成果已被国内外专家学者应用到合金、熔盐、炉渣、半导体材料等各种体系来处理热力学和动力学问题，并被同行系统地编入到多本高校教科书中。在五十余载的科研生涯中，您不断开拓进取，提携后学，为我国冶金材料科技与教育事业及产业化发展做出了系统性和创造性的突出贡献!

您十分关心和支持中国科学院学部工作，承担过学部的“金属资源高效利用中的科学问题与相关建议”等咨询项目，曾任技术科学部第十三届常务委员会委员，为学部发展和国家科学思想库建设做出了重要贡献!

您勇于创新、锐意进取的科学精神和爱国奉献、平易近人的高尚品德，教育和影响了一大批优秀的科技人才，也将激励着年轻后学奋发有为。衷心感谢您对我国科技与教育事业做出的突出贡献!

祝您生日快乐! 健康长寿! 阖家幸福!

中 国 科 学 院 院 长　白春礼
中国科学院学部主席团执行主席

二〇一七年三月二十日

白春礼院士的贺信

① 胡晓军. “周国治院士 80 华诞暨冶金基础理论与学科发展研讨会” 召开[EB/OL]. https://news.ustb.edu.cn/info/1637/41885.htm[2024-10-07].

2017 年，在周国治院士 80 华诞暨冶金基础理论与学科发展研讨会上做题为《化学冶金研究方法探讨》的学术报告

二、课程改革与教育

周国治自 1959 年留校任教后，一直工作在教学一线。如本书第三章中提到的，周国治的老同事都称他特别擅长讲课，课程讲授深入浅出，学生很爱听他的课。多年下来，周国治针对不同层次的学生，在把握不同深浅的讲课内容、采用不同的教学方式等方面，可谓得心应手。更重要的是，周国治始终走在冶金物理化学领域的最前沿，即使至今已是 80 多岁，他依然活跃在相关学术领域前沿，笔耕不辍，带领团队和研究生攻坚克难，取得了一个又一个丰硕成果，正因如此，他能随时将科研成果和课堂教学充分结合起来。这一点是他自 1959 年留校任教以来就一贯坚持的做法，也是他的课程深受各类学生尤其是研究生喜爱的一个主要原因。

从教 60 余年来，周国治始终坚持站在讲台上，与学生们面对面交流，他既有丰富的专业知识和广阔的学术视野，又能将课讲得深入浅出、通俗易懂，他的教学获得了北京科技大学师生的一致好评。由于在教学方面做出突出贡献，周国治获得了第四届北京市高等学校教学名师奖。

不仅如此，周国治还十分重视教材建设工作。随着国家经济的迅猛发展，社会对冶金行业的高需求与严要求问题日益凸显。为了适应国家经济、社会的快速发展，在教学领域中迫切需要更新教学思路与教学方法。在此背景下，冶金专业本科生的“冶金物理化学”课程改革及配套教材的编订提上日程。周国治与北京科技大学冶金与生态工程学院的郭汉杰、张家芸、宋波、郭兴敏等教授合作，一起寻求更加贴近学科前沿的专业课程，并对相应的教材进行更新升级。

具体的教学团队构建和课堂设计工作由郭汉杰负责，周国治参与了教材更新和课堂教学工作。经过多年的修订与更新，“冶金物理化学”课程改革及配套教材编订任务终于完成，“冶金物理化学”这门课程获得2006 年度北京科技大学优秀课程奖；“冶金物理化学课程改革及配套教材建设”作为教学改革项目，获得了 2008 年北京市教育教学成果（高等教育）一等奖。

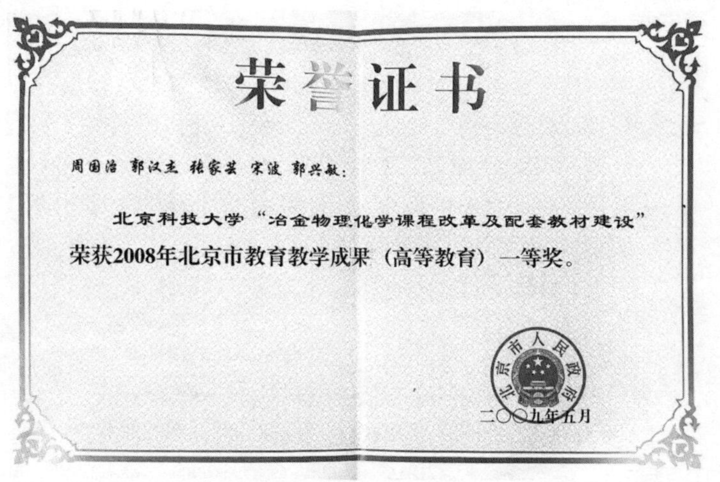

荣誉证书

周国治 郭汉杰 张家芸 宋波 郭兴敏：

北京科技大学“冶金物理化学课程改革及配套教材建设”
荣获2008年北京市教育教学成果（高等教育）一等奖。

北京市人民政府
二〇〇九年五月

2008 年“冶金物理化学课程改革及配套教材建设”获北京市教育教学成果（高等教育）一等奖

与此同时，以周国治、郭汉杰等为代表的“冶金物理化学”课程编写团队也获得了学校和北京市教育委员会的认可，2008 年，“冶金物理化学”课程获得了北京市精品课程的荣誉嘉奖。提到这段经历，郭汉杰至今记忆犹新，他说道：

他带着自己的电脑，讲课他都认真地准备，课件里面还有试

> 题，内容非常丰富。看到作为老教师的周老师如此认真，实际上对我们也是一个教育，虽然说学生对我的教学评价也还不错，但和周老师比起来，还是有差距（的）。从2006年开始，每年周老师的讲稿都是更新的，每年我都提前给周老师说我们什么时候开学，开学后的第一讲他再忙都会赶回来上课。①

周国治以身作则，70多岁时依然坚持站在讲台上给本科生上课，这对冶金专业的同学来说无疑是一种莫大的激励和鼓舞，教学效果也得到了学生们的一致肯定。除此之外，周国治还带领冶金原理教学团队开展教育教学改革，不断提升冶金专业的教学水平，为冶金专业的学科建设贡献力量。2009年，以周国治为团队带头人的北京科技大学“冶金原理教学团队”获得北京市教育委员会颁发的2009年“北京市优秀教学团队”荣誉称号。

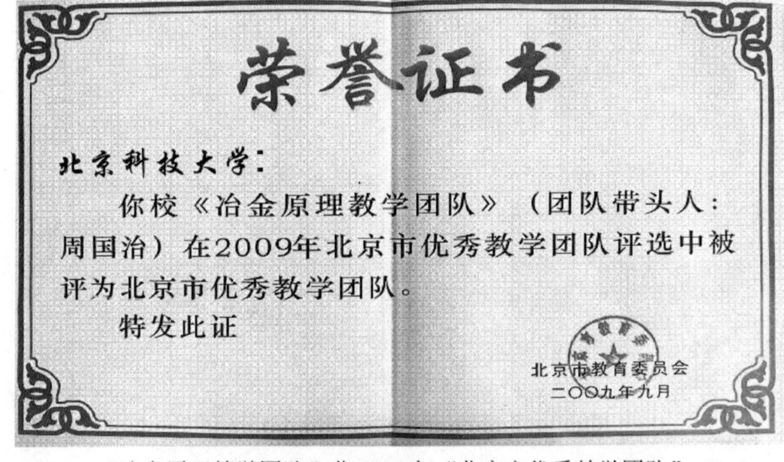
荣誉证书

北京科技大学：

你校《冶金原理教学团队》（团队带头人：周国治）在2009年北京市优秀教学团队评选中被评为北京市优秀教学团队。

特发此证

北京市教育委员会
二〇〇九年九月

“冶金原理教学团队”获2009年“北京市优秀教学团队”

2010年12月，北京科技大学举办周国治从教50周年暨中国材料名师讲坛第43讲的教学科研交流活动。周国治在会上做了题为《从我50年的经历谈化学冶金的进展与展望》的主题报告，与现场师生回顾并交流了自己的教学科研心得。他结合自己的经历强调，教学与科研始终是相辅相成、相互促进的。当时，他提道：“如果一定要把这50年做个划分的话，前25年以教学为主，但从未停止科研，后25年以科研为主，

① 郭汉杰访谈，访谈时间：2020年10月12日。

但也从未停止思考教学问题。”[①]在随后的几年中，课程编写团队再接再厉，不断修整，2012 年 12 月，由冶金与生态工程学院周国治、郭汉杰、郭兴敏、宋波、吴铿完成的“研究型大学目标定位下的冶金物理化学课程团队建设”获得第 25 届“北京科技大学教育教学成果奖”一等奖。2014 年 1 月，周国治支持并参与郭汉杰的“冶金物理化学”课程入选 2012 年度“第二批国家级精品资源共享课”立项项目，并在“爱课程”网以“中国大学资源共享课”形式实现全网共享使用。

“一年之计，莫如树谷；十年之计，莫如树木；终身之计，莫如树人。”人才是学科、学校发展和国家强盛的关键。教育教学改革成果的获奖与授课教材的成功编写，不仅展现了以周国治为代表的北京科技大学冶金与生态工程学院教师的整体专业水平与严谨求实的治学作风，而且展现出北京科技大学作为国内冶金学科建设“领头羊”的高瞻远瞩。

不局限于北京科技大学，周国治同样将严谨的治学态度与认真热情的教学态度带到了上海大学，2012—2013 年，周国治连续获得上海大学材料科学与工程学院“优秀导师”称号。为了培养和鼓励年轻人，周国治还曾多次参加青年学术论坛，在会议上分享科研心得和对冶金行业发展的思考。例如，2018 年 9 月 15—16 日，周国治参加第九届中国金属学会青年学术年会，并在会上做了题为《新时期冶金行业的机遇和挑战》的报告。多年来，周国治始终坚持以课堂教学、教材编写、课程改革、论文指导、学术报告等各种形式为我国冶金相关行业培养青年人才。他的付出获得了不同大学师生的广泛肯定。

三、政策咨询与服务

一直致力于冶金领域科研探索的周国治，对国家当前冶金行业的发展逐渐形成了清晰的认知与战略思考。针对国际及国内形势的变化，2018 年中国科学院技术科学部设立咨询项目，由周国治牵头，组织 60 多位院士专家经过深入调研和探讨，形成了战略咨询报告——《我国冶金行业发展的问题及对策》。

---

① 材料学院新闻中心. 周国治院士：笑谈一世冶金缘[EB/OL]. https://news.ustb.edu.cn/info/1092/8635.htm[2024-10-15].

该报告指出，我国金属资源的中长期保障程度较低，这成为制约我国经济社会发展的因素，而且形势非常严峻。报告分析了产生这种情况的主要原因，并针对其主要原因，建议突破传统选冶技术，另辟蹊径地解决问题。针对理论和实践上的解决出路，报告提出了针对不同类型矿冶，采用新一代理论和关键技术；针对矿冶人才，予以保护与重视；针对国家发展战略，提出平衡新兴与传统工业关系的重要建议。《我国冶金行业发展的问题及对策》报告最终修订完成后，以科发学部字〔2018〕2号文的形式，经由中国科学院呈送中共中央、国务院，为我国冶金行业发展建言献策。

在向国家建言献策的同时，周国治还身体力行地支援地方和企业的相关科研工作。通过设立院士专家工作站，进一步密切与行业的科研合作，为地方经济发展和行业进步提供智力支持。

2012年12月24日，周国治与中国科学院院士伍小平、中国工程院院士胡正寰、李德毅4位院士首批进驻北京汽车集团有限公司院士专家工作站。[①]在揭牌仪式上，周国治代表进站院士发表讲话。他表示，将全力参与工作站的有关工作，发挥自己的专长，带领科研团队为北京汽车集团有限公司进入国内行业前列、提升北京汽车集团有限公司在国际国内市场的竞争提供有力的支持，为推动我国汽车产业的健康、可持续发展做出贡献。

2012年，北京汽车集团有限公司院士专家工作站揭牌仪式现场（左八为周国治）
（供图：周国治）

① 陈海波. 北汽集团院士专家工作站揭牌[N]. 光明日报，2013-01-14：06版.

2014 年 10 月，烟台同立高科新材料股份有限公司获批山东省院士工作站。烟台同立高科新材料股份有限公司作为高新技术企业，一直将创新视为企业的核心发展动力，其技术中心研发团队专注于高纯氮化硅、氮化铝、氮化硼等高纯氮化物粉体材料和氮化物陶瓷材料的研究，形成了自主的核心技术和专有技术。公司获批山东省院士工作站资格后，2015 年承建了由周国治负责主持的院士工作站。这家院士工作站属于烟台市福山区第一家，周国治的冶金专业知识由此更为系统地向山东地区冶金行业辐射，促进了山东省地方经济的发展。

瑞浦科技集团有限公司同样是一家以科技创新引领转型升级的企业，拥有 1 家院士专家工作站，即周国治院士工作站。近几年，该集团依托周国治院士工作站、博士后科研工作站、省级重点企业研究院等创新平台，先后获得实用新型、发明专利等 42 项。其中，依托周国治院士工作站进行技术攻关，该集团从 2015 年开始连续铸钢炉数不断提升，可以实现连续铸钢 10 炉以上，年可节约成本 2000 万元以上，极大地提高了生产效率，有效地降低了生产成本①。

宝武集团环境资源科技有限公司（简称宝武环科）是中国宝武钢铁集团有限公司（简称中国宝武）旗下一家环保产业的专业化子公司，主要从事环境保护、治理评价及相关领域的技术开发和服务。2016 年，宝武环科在宝武集团建立了第一个院士工作站，即周国治院士工作站。工作站成立后，双方全面合作开展了冶金固废处置和利用等相关研究工作，周国治的科研团队在技术创新、工程攻关、高端人才培养等方面为该企业发展提供了重要支持。

2019 年，周国治被聘为中国恩菲工程技术有限公司院士专家工作站进站院士。中国恩菲工程技术有限公司业务涵盖非煤矿山、有色冶金、新高材料、能源环境等多个业务板块。该企业积极搭建科技创新平台体系，拥有 2 个博士后科研工作站和 1 个院士专家工作站。其中，院士专家工作站是中关村国家自主创新示范区首批创建的 7 个工作站之一，周国治通过院士专家工作站平台在有色冶金及相关产业发展规划、相关技术问题的解决、人才培养等方面，为该集团提供专业意见和建议，并参与其

---

① 丽水市经信局.【工业转型升级 2.0 版】科技创新引领企业转型升级——瑞浦科技集团有限公司[EB/OL]. https://www.sohu.com/a/490578247_121106832[2021-09-17].

相关的科技研发项目，帮助企业在相关行业实现高质量发展。

湖南华菱湘潭钢铁有限公司（简称湘钢）是国内线、棒材和宽厚板专业生产优钢企业之一，经历60多年的发展，其整体竞争力跻身行业前列。2019年，周国治与湘钢联合共建的科技创新服务平台——周国治院士工作站正式成立。工作站成立后，周国治带领团队以提升钢铁材料的基础科学理论和产业科技创新能力为出发点，依托“中厚板坯内部质量及组织遗传性研究”等科研项目，与湘钢深入合作、联合攻关，为全面提升该企业的创新能力、完成关键技术的“破题”、形成企业具有自主知识产权的创新技术和产品，做出了积极贡献。

2015年10月，周国治被聘为中国大唐集团有限公司专家委员会委员，聘期自2015年10月至2018年9月，通过专家委员会委员的身份对中国大唐集团有限公司相关领域所面临的专业问题提供技术指导。

2017年10月，周国治到神雾科技集团股份有限公司进行技术调研，交流探讨了该公司的创新技术及世界冶金前沿科学技术等议题。通过深入企业调研的形式，周国治寻求产学研的突破口和结合点，力求三者更有力地结合与发展。

无论是加入企业院士专家工作站，还是担任企业专家委员会委员或者到企业调研，都表明长期从事科研和教学工作的周国治一直没有脱离生产实践。他非常注重了解行业的现实需求，注重与冶金行业的企业合作，联合进行科技攻关，解决行业发展面临的现实困难，促进产学研的结合，推进科技成果的有效转化，用科技创新来引领行业发展。

广东是周国治的故乡，学成归来的周国治一直心系家乡发展。1938年，年幼的周国治曾随父母回潮阳县（今潮南区）峡山乡老家探望祖母，2003年，周国治再度回乡。他目睹家乡日新月异的变化，深感潮汕人民的勤劳刻苦与自强不息，这也正是潮汕人的精神本色。1998年，61岁的周国治担任了北京潮人海外联谊会的顾问。同时，为了回应家乡人民的期盼，周国治努力为汕头的建设贡献自己的智慧。2008年，金平区外出“借脑”，加大力度推动科技创新。该区派出工作小组专程赴京，周国治等3位潮籍院士受邀担任区政府科技顾问，为金平区进一步破解科技发展难题、实施“科技兴区”战略提供更高层次的智力支持。周国治对家乡的建设和发展给予了高度关注，并就一些具体产业的发展，以及科技项目、科技人才的引进等提出了诸多建议。

此外，周国治还荣获 2007 年上海市第七届“侨界十杰”称号，该称号是对多年来周国治为上海的发展做出的杰出贡献的高度肯定。

四、家庭与社会活动

人生如白驹过隙，转眼间，曾经英姿焕发的父母陆续离去，而活泼可爱的孩子也都成长为各自领域的精英。周国治的父亲周修齐 1985 年从上海交通大学退休后，偕夫人前往美国与两个小儿子周国平和周国强一起生活。周国治印象最深的一件事是，父母到美国后不久，正逢父亲周修齐的生日，美国总统克林顿夫妇不知如何得知周修齐教授已抵达美国的消息，特意给周修齐致信并送上祝福①。1990 年，周国治第二次前往美国麻省理工学院访学以后，相对有更多的时间陪伴父母。只要有空闲，他就会陪着父母四处走一走，尽一份孝心。三个弟弟周国城、周国平和周国强也经常看望父母，兄弟几家人平时经常相聚，孩子们也在一起玩耍长大。

1992 年，周国治父母与兄弟合影
（从左到右：周国城、罗碧焜、周修齐、周国平、周国强）

1994 年，罗碧焜由于罹患胆囊癌在美国去世。面对母亲的不幸离

① 周国治访谈，访谈时间：2021 年 4 月 20 日。

世，周国治十分伤心，或许是因为自己年少时是母亲最为疼爱的长子，又或许是因为多年历经困难后回首母亲的温柔呵护，直到现在，周国治每每提起母亲，都认为母亲离开得太早，思念和不舍之情溢于言表。1999 年，94 岁高龄的周修齐也离开了人世。当时，上海交通大学举办了专门会议，悼念早期在学校任教的周修齐教授。面对父亲的离开，周国治亦忧伤不已。与母亲不同，父亲对自己更多的是通过言传身教，默默关心和支持自己的学业和事业。诚如在本书第一章中提到的，在周国治的记忆里，从很小的时候开始，父亲周修齐在工作之余总会带着他出门参加社会交往活动，以拓宽他的眼界，同时也会在他升学考试取得优异成绩时默默送上钢笔和自行车作为礼物以表示嘉奖。

1991 年，周国治陪父母在海边度假

周修齐尤其注重子女的教育问题，从父亲周修齐到姐姐周国范以及几位弟弟，他们大都在上海交通大学上学或者工作过，与上海交通大学有着不解之缘。其中，周国范大学就读于上海交通大学，周国城从南京大学本科毕业后曾在上海交通大学工作过一段时间，周国平和周国强本科均就读于上海交通大学。相比于姐弟们毕业后陆续留在上海工作，只有周国治离开了上海，前往北京学习和工作。在大学阶段求学后，周家的几位兄弟也都在国内外获得了博士学位，在各自领域闯出了自己的一番天地。子女的成长离不开父母在子女幼年时润物细无声的教育，父母的一番教诲终于在孩子们身上得以开花结果。

其中，周国范大学毕业后几经辗转留在上海电讯研究所工作，丈夫为在上海电力公司工作的钱如瑛。周国范于 20 世纪 90 年代初申请提前退休，过起了相对安逸的晚年生活，闲暇时拾起了幼年喜爱画画的兴趣。与姐姐关系最为要好的大弟弟周国城 1978 年出国，先后去往瑞典、德国和美国，后将妻子和孩子们接到美国，随后一家人一直留在美国生活。2021 年，周国城因罹患肺癌在美国去世。每每提到自己的这位大弟弟，周国治总是赞叹他的头脑灵活、处事大胆，同时也感叹世事无常。周国平大学毕业后分配到广东肇庆工作，后来辗转到中国科学院上海生物化学研究所读研究生，再后来在周国城的帮助下到美国读博士研究生，后来在加利福尼亚大学工作。2000 年，周国平罹患肠穿孔，由于家人们工作繁忙抽不开身，周国治前往医院陪同他做了手术。回忆起这件事，周国治感到十分庆幸，因为当时医生认为弟弟的病已经无法医治了，结果却没想到手术很成功，弟弟的生命和健康得以保证。

我们全家，每个人都在工作，就我一个人还可以请假，我就特地陪他开一个刀，大夫一说，穿了孔了就没什么希望了（结果后来没事），世界上的事情真的说不好。①

自周国治 1979 年到美国麻省理工学院进修后，妻子邓美华也希望能到美国深造或者工作。正如本书第五章中提到的，在周国治的努力下，邓美华于 1981 年前往美国麻省理工学院工作。到达美国以后，由于她本科的医药学专业背景，邓美华得以以专业研究员的身份留在美国麻省理工学院从事医药方面的科学研究。工作一直持续到 2000 年，后邓美华跟随合作团队一起转到哈佛大学继续从事医学类相关的科学研究。邓美华在哈佛大学工作时一直勤勤恳恳，成果也得到了业内同行的好评。一直到 74 岁左右，邓美华才因身体原因选择退休。回忆起妻子的工作变动，周国治清晰地记得：

后来美国麻省理工学院和哈佛大学联合组成一个研究小组，（邓美华）她是联合小组的成员，所以后来她就在哈佛大学。②

① 周国治访谈，访谈时间：2021 年 8 月 2 日。

② 周国治访谈，访谈时间：2020 年 12 月 11 日。

20 世纪 90 年代，邓美华在麻省理工学院的实验室

2007 年，周国治的大儿子周维宁举行婚礼，周国治和妻子邓美华参加了儿子的婚礼仪式。周国治的两个儿子非常聪明上进，虽然没有和父亲一样继续从事科研工作，但是在进入企业工作后均展现出了优秀的才华并获得了长远的工作前景与发展。

2007 年，周国治、邓美华在周维宁与戴安娜的婚礼上合影

2013 年，由于工作业务拓展，周维宁得以有机会回到国内工作。由此，周维宁可以离父亲更近一些，方便照顾父亲。闲暇时，他经常从上海飞到北京看望父亲，带着父亲郊游。从事通信技术研发类工作的弟弟周维扬则留在美国和母亲邓美华一起生活，以方便照顾她。如今，周维宁和周维扬也都各自有了自己的子女。周国治和邓美华有空聚在一起时，也乐得带带孙子孙女，享受天伦之乐。

周国治、邓美华与孙子孙女们在一起（右图抱小孩的为周维扬）

无论是在国外还是在国内，周国治一直坚守自己的专业与初心，将自己的精力与热情贡献给科技事业，以实际行动激励着后来学习拼搏的莘莘学子。晚年的周国治除在学术领域和服务国家冶金行业发展方面继续耕耘和奉献之外，还利用自己的影响力参政议政，为国家发展和国计民生服务。

2003 年 1 月 23 日，中国人民政治协商会议第九届全国委员会常务委员会第二十次会议协商通过周国治为中国人民政治协商会议第十届全国委员会委员。2003—2007 年，中国人民政治协商会议第十届全国委员会陆续召开了第一至第五次会议，周国治作为教育界代表参加了历次会议，就高等教育发展与科技人才培养等方面向中央建言献策。

应该说，周国治的职业生涯是完美的，虽然其间也有坎坷和波折，但他靠着自己的聪明才智和坚忍不拔的精神，攀上了科研高峰，同时也为国家和社会做出了巨大贡献。

1999 年，周国治受邀前往天安门观看中华人民共和国成立 50 周年的国庆阅兵式，仪式结束后周国治受邀前往人民大会堂参加国宴活动。受邀参加这次活动，代表着国家的承认和对他在冶金领域数十年如一日的辛苦耕耘与卓越贡献的感谢。10 年后的 2009 年，周国治与中国工程

2003 年，周国治在人民大会堂参加中国人民政治协商会议时留影

院院士胡正寰一起，再次参加了中华人民共和国成立 60 周年的国庆阅兵活动。2019 年中华人民共和国成立 70 周年庆典时，周国治受邀作为中国科学院院士代表在天安门前观礼台观礼。

2009 年，周国治（左）与中国工程院院士胡正寰在天安门参加国庆庆典时合影留念

2012 年 4 月，周国治作为杰出校友在北京科技大学 60 周年校庆文艺晚会上致辞。他用自己的实际行动激励北京科技大学的莘莘学子锐意进取，再创佳绩。2017 年 4 月，在“魏寿昆科技教育奖·魏寿昆冶金奖”的颁奖仪式上，周国治表达了对魏寿昆院士丰硕的学术、教育成果

及高尚的品德修养的崇高敬意。魏寿昆先生启发并引领他进入了冶金物理化学领域，在周国治的职业生涯发展过程中提供了诸多的帮助和支持。也为此，周国治通过自己的故事告诉大家，我国的冶金事业发展需要一代代人传承和发扬，他对我国冶金科技教育事业的发展充满了信心。

在魏寿昆等老一代科学家榜样的引领下，周国治用自己的实际行动践行着自己的学术梦想，他淡泊名利、潜心研究，在教书育人、培植晚辈的同时，积极发挥自己的所学所能来报效国家、回馈社会。在此过程中，周国治不知不觉地将自己树立成了一位优秀的榜样，指引着后辈们继续前行。

1984 年，周国治（右）与魏寿昆（左）在长城合影留念

2022 年 1 月，周国治与北京科技大学的 14 位老教授一起给习近平总书记写了一封信，表达了为我国钢铁产业高质量发展培养更多高素质人才的坚定决心。习近平总书记在 4 月 21 日给北京科技大学老教授的回

信中提出“希望你们继续发扬严谨治学、甘为人梯的精神，坚持特色、争创一流，培养更多听党话、跟党走、有理想、有本领、具有为国奉献钢筋铁骨的高素质人才，促进钢铁产业创新发展、绿色低碳发展，为铸就科技强国、制造强国的钢铁脊梁作出新的更大的贡献！”①

在周国治的职业生涯中，始终秉承的正是一颗火红的“科研报国”之心，始终践行的正是“严谨治学、甘为人梯”的精神。他的身上，不仅体现了爱国、创新、求实、奉献、协同、育人的科学家精神，同样亦体现了心有大我、至诚报国的理想信念，启智润心、因材施教的育人智慧，勤学笃行、求是创新的躬耕态度，乐教爱生、甘于奉献的仁爱之心，闪耀着教育家精神的光辉。未来，他将继续为祖国的人才培养和钢铁工业发展做出新的积极贡献。

① 新华社. 习近平给北京科技大学的老教授回信[EB/OL]. https://www.gov.cn/xinwen/2022-04/22/content_5686641.htm[2024-10-15].

附　　录

附录一　周国治院士年谱

1937年

3月25日，出生于江苏南京，籍贯广东潮阳，在家中五个子女里排行第二。

年底，一家人经南京、武汉、广州多地辗转至香港。

1938年

继续随家人住在香港。

大弟周国城在香港出生。

1942年

日军攻打占领香港后，因周国治一家住在英国人居住区，周家的房屋被日军占领，无法取出任何物品。

中央机器厂厂长王守竞派两辆车接周国治一家人由香港转至昆明，路上颠簸三个月才抵达昆明。

不到半年，随家人从昆明迁往重庆。

9月，父亲周修齐在重庆第十兵工厂任研究室主任。全家住在化龙桥旁的第十兵工厂厂房内。

1944 年

年初，父亲周修齐受周仲宣之邀到恒顺机器厂任总工程师，一家人从化龙桥搬到李家沱。

1 月，父亲周修齐在国立交通大学（重庆总校）任兼课教授。

9 月，在国立交通大学（重庆总校）附属小学学习。

1945 年

二弟周国平在重庆出生。

11 月，父亲周修齐在国立交通大学（重庆总校）任教授。

12 月，交通大学由重庆迁回上海，与家人随该校教师乘军舰迁至上海，全家在交通大学对门的校外宿舍暂住，后抓阄搬进交通大学校园内的一栋洋房（位于今钱学森图书馆附近）。

1946 年

3 月，插班就读上海市私立培真小学。

1947 年

上小学五年级。

1948 年

上小学六年级。

三弟周国强在上海出生。

1949 年

5 月，上海战役打响，交通大学校园被国民党征作兵营，周国治一家搬至何应钦公馆暂住。

7 月，从上海市私立培真小学毕业。

9 月，进入上海市文治中学就读初中。

中华人民共和国成立后，周国治一家搬至交通大学“校长楼”暂住。

1952 年

7 月，毕业于上海市文治中学。

9 月，考入上海市市西中学就读高中。

1955 年

7 月，从上海市市西中学毕业。因家庭海外关系失去留苏、保送上大学以及报考理想的物理专业的机会。在周志宏的推荐下，报考北京钢铁工业学院。

9月，以优异的成绩考取北京钢铁工业学院，入读北京钢铁工业学院冶金系钢铁冶金专业电冶金专门化一年级（按毕业届次一般称为冶60·1班）。

1956年

9月，升入大学二年级，开始接触冶金物理化学等专业课程。

11月20日，于北京钢铁工业学院加入中国共青团。

1957年

4月，整风运动开始，参加“反右”思想改造运动，处于半停课状态。

1958年

跟随柯俊、肖纪美、朱觉等教授从事“高温合金”献礼项目研究。

下放到石景山钢铁厂，参加大炼钢铁运动。

下放到清河制泥厂，从事土高炉的生产工作。

1959年

3月，被提前抽调到北京钢铁工业学院物理化学系基础物理化学教研组任助教。

夏，随家人到浙江省莫干山避暑，留校任教获得家人支持。

7月，给电冶金1962届学生助讲“物理化学动力学”课程，主讲为高诒善。

9月，担任冶金专业1963届13个本科生班300多人的“物理化学”课程主讲教师。

1960年

继续担任冶金专业1963届13个本科生班“物理化学”课程主讲教师。

7月，正式获得北京钢铁学院本科毕业文凭。

去南京拜访邓美华，二人确立恋爱关系。

1961年

参与指导来北京钢铁学院进修的教师。

担任冶金工业部老干部班“物理化学”课程主讲教师。

1962年

北京钢铁学院按上级规定组织了“回炉”运动，因师资依旧匮乏，柯俊拒绝了周国治“回炉”学习的请求，挽留他继续留校任教。

魏寿昆、邵象华给物理化学 1962 年刚入学的本科生讲授“冶金过程物理化学”“真空冶金在炼钢过程中的应用”两门课程，周国治被教研组安排负责这两门课的教学辅导任务。

1963 年

社会主义教育运动期间，在天津杨村镇进行劳动改造和操练。

1964 年

因身体原因回北京钢铁学院上课并继续指导学生。

7 月，带领化 65・4 班学生去大连实习。

魏寿昆编写出版的《活度在冶金物理化学中的应用》一书，给予周国治很大启发，并对他的未来学术发展产生了深远的影响。

开始在学术期刊上阅读邹元爔的论文。针对邹元爔在《金属学报》上发表的论文中的有关专业问题，提出了解决方案，并把自己的发现写信告诉了邹元爔，获得了邹元爔的回复和肯定。

1965 年

在《金属学报》第 4 期发表第一篇学术论文《θ函数在变通的 Gibbs-Duhem 关系式中的应用》，影响深远。

被下放当铁道兵，修筑铁路。

1966 年

8—11 月，与罗泾源、屠式真一道去上海、桂林、九江、武汉等地参加串联。

1967 年

4 月，邓美华的父亲邓士章中风去世，邓美华到北京朝阳医院工作。

1969 年

被下放去迁安铁矿修矿山铁路。

12 月，参加北京钢铁学院迁校先遣队前往江西省考察，与邓美华的婚期推迟。

1970 年

3 月，随先遣队到昆明考察新校址未果，直接前往湖南。

7—11 月，在株洲冶炼厂进行现场教学。

11 月，带去株洲进行现场教学的 1969 届、1970 届两届物理化学系学生就地毕业分配，与魏寿昆、肖纪美、罗泾源等教师随先遣队回到北京。

1971 年

患肝炎，回上海的父母家中休养。

1972 年

9 月，与邓美华结婚，在北京钢铁学院六斋 212 室的单间宿舍安顿下来。

被编入学校的教改小分队。

1973 年

5 月，北京钢铁学院“冶金过程物理化学”专业改为“金属物理化学”专业，下设两个专门化——“冶金过程物理化学专门化”和“金属腐蚀物理化学专门化”。周国治断断续续讲授“物理化学”“化学热力学”“统计热力学”等课程。

7 月 9 日，大儿子周维宁出生。

作为教改小分队成员，辗转沈阳冶炼厂、鞍山炼钢厂、郑州铝厂、包头钢铁厂等地从事生产劳动和现场教学活动。

1974 年

作为教改小分队成员，到郑州化工厂、上海冶炼厂等地从事生产劳动和现场教学活动。

5 月，周国城在《中国科学（A 辑）》发表学术论文，解决了一个极为重要的学术难题，激起了周国治的科研斗志。

1975 年

国内学术期刊陆续复刊，重拾 *R* 函数法，去找魏寿昆先生指点及修改。

1976 年

在《金属学报》第 2 期发表《三元系和多元系的热力学——各组元偏克分子量的计算》一文。

1977 年

5 月，在《中国科学》第 5 期发表《三元系和多元系的热力学——用 *R* 函数计算三元系和多元系中组元的偏克分子量》一文。

1978 年

5 月，小儿子周维扬出生。

通过校评审答辩，破格由助教提升为副教授。

在《中国科学》发表《三元系中两相区边界上的活度》一文。

8月，教育部下发《关于增选出国留学生的通知》，选拔留学生。9月15日，通过了教育部的全国外语统考。

1979年

2月28日，中共北京钢铁学院委员会正式同意其越级提升为副教授，7月10日，北京市教育工作部正式通过了其副教授的职称。

4月，在《中国科学》发表了《van der Waals 力对扩散控制反应速率的影响——Smoluchowski 公式在非球形对称体系中的应用》一文。

12月，在魏寿昆、肖纪美等先生的帮助和推荐下，赴美国麻省理工学院进修，并跟随国际冶金学界的学术权威埃利奥特开展学术研究。

1980年

参加第一届国际熔盐学术会议。

1981年

2月23日，在美国芝加哥参加“纪念卡尔·瓦格纳”的学术会议。

9月14日，前往法国里昂参加先进材料科学与工程国际会议。

9月下旬，妻子邓美华前往美国，任职于麻省理工学院。

1982年

2月15日，参加美国采矿、冶金和石油工程师协会第111届年会。

7月，从美国学成归来，在熔体热力学、冶金过程理论、反应动力学三个方面不断创新理论。

1983年

3月，参加美国采矿、冶金和石油工程师协会第112届年会。

1984年

1月25日，中央北京钢铁学院委员会组织部同意周国治任基础物化教研室副主任。

8月27日，被破格提升为教授、博士研究生导师。

8月，获得首批“国家有突出贡献中青年专家”称号。

9月26日，国家科学技术委员会下达《关于批准有突出贡献的中青年专家晋升工资的通知》，同意增加周国治等9位同志的鼓励性的补贴工资。

10月，与王之昌合作，在《中国科学》发表论文，提出一种由单相区到两相区连续计算的新方法。

1985 年

8 月 18—24 日，赴美国加利福尼亚州太浩湖参加第五届国际固态离子学会议。

主持项目“三元系和多元系热力学性质的计算”，提出了用解析计算法代替自达肯开创此计算法以来一直沿用的图解法。

1986 年

科研项目“提取冶金熔体热力学性质新方法的理论和实验研究”获国家自然科学基金资助（项目批准号：58670375）。

1987 年

科研项目“三元系和多元系热力学性质的计算”获国家教育委员会科学技术进步奖二等奖。

在《冶金与材料汇刊 A 辑》（*Metallurgical and Materials Transactions A*）、《相图与热化学的计算机耦合》（*Calphad-Computer Coupling of Phase Diagrams and Thermochemistry*）等权威学术期刊发表多篇高水平学术论文。

1989 年

在《相图与热化学的计算机耦合》等权威学术期刊发表多篇高水平学术论文，其中包括与张永山合作的论文《三元系几何模型研究》（“A Study of Ternary Geometrical Models”），对老一代几何模型研究进行了总结。

1990 年

被美国麻省理工学院、威斯康星大学、波士顿大学、瑞典皇家理工学院等多所著名大学聘请为客座教授。

在《相图与热化学的计算机耦合》等权威学术期刊发表多篇高水平学术论文。

1991 年

在《相图与热化学的计算机耦合》等权威学术期刊发表多篇高水平学术论文。

1992 年

与麻省理工学院帕教授合作研究电化学脱氧。

当选中国人民政治协商会议北京市第七届委员会委员。

在《相图与热化学的计算机耦合》等权威学术期刊发表多篇高水平学术论文。

1993年

6月，“二元相图正误判定及其推广应用”项目获得国家教育委员会科学技术进步奖二等奖。

在《相图与热化学的计算机耦合》等权威学术期刊发表多篇高水平学术论文。

1994年

在第23届国际相图学术会议暨材料科学与工程国际学术会议上，发表主要针对三元系包括金银铁、金银铜、铁铜铝的新一代几何模型。

1995年

在第24届国际相图学术会议上提出了多元系的计算方法，给出了更具普遍性的新一代几何模型，引起了国际冶金物理化学界更为广泛的讨论和关注。

10月，获得国务院颁发的政府特殊津贴。

10月，当选中国科学院院士。

关于新一代几何模型的首篇关键性学术论文《预测三元系热力学性质的通解模型》（“A General Solution Model for Predicting Ternary Thermodynamic Properties”）正式发表在学术期刊《相图与热化学的计算机耦合》上。

科研项目“多元熔体热力学性质的研究和新型的热力学与相图数据库”获国家自然科学基金面上项目资助（项目批准号：59574023）。

1996年

12月，“冶金熔体模型与热力学性质研究”项目获得国家冶金工业部科学技术进步奖一等奖。

1997年

2月18日，在《金属学报》发表《新一代的溶液几何模型及其今后的展望》。

3月，“多元熔体及其反应的基础研究”项目获国家教育委员会科学技术奖一等奖。

关于新一代几何模型的第二篇关键性学术论文《从二元系预测多元

系热力学性质的新一代溶液模型》（“A New Generation Solution Model for Predicting Thermodynamic Properties of A Multicomponent System from Binaries”）在学术期刊《冶金与材料汇刊 B 辑》正式发表。

9 月 29 日，提出申请发明专利，名称为“一种无污染脱氧体”。

12 月，“多元熔体及其反应的基础研究”项目获国家自然科学奖三等奖。

1998 年

前往瑞典参加瑞典皇家理工学院的研究生学位论文答辩，与西塔拉玛教授展开更密切的学术交流与合作。

11 月，参加中共中央统一战线工作部第三期中国科学院、中国工程院党外院士理论研究班。

1999 年

前往日本参加中日钢铁年会，会议期间，与日本东北大学前教授、中国工程院外籍院士不破祐会面并进行学术交流。

科研项目“金川/酒钢冶炼渣综合利用的新概念与物理化学”获国家自然科学基金重点项目资助（项目批准号：59934090）。

2000 年

指导博士研究生鲁雄刚完成的博士学位论文《钢渣脱碳反应的电化学机理研究》被评为 2000 年“全国优秀博士学位论文”。

2001 年

7 月，受聘上海大学材料科学与工程学院客座教授、博士研究生导师。

2002 年

2 月 23 日，被北京潮人海外联谊会聘请为该会第三届顾问。

9 月，被《科学中国人》杂志社聘请为“科学中国人年度人物”评委。

9 月，科研项目“以熔渣为介质的无污染脱氧过程的基础研究”获国家自然科学基金面上项目资助（项目批准号：50274008）。

2003 年

1 月 23 日，中国人民政治协商会议第九届全国委员会常务委员会第二十次会议协商通过周国治为中国人民政治协商会议第十届全国委员会委员。

8月，被聘为2003年“新世纪百千万人才工程”国家级人选评审委员会委员。

受聘国际《矿冶学报B–冶金》杂志编辑委员会委员。

受聘上海交通大学、安徽工业大学、重庆大学等多所大学兼职教授。

2004年

6月8日，被聘为国家自然科学基金委员会第十届工程与材料科学部专家评审组成员。

2006年

1月25日，作为第二完成人的“冶金物理化学模型、工艺设计与应用”项目获教育部科学技术进步奖二等奖。

4月24日，被聘为2006年“新世纪百千万人才工程”国家级人选评审委员会委员。

9月，指导博士研究生李谦完成的博士学位论文《镁基合金氢化反应的物理化学》获评2006年“全国优秀博士学位论文”。

10月18日，被聘为上海市金属学会第九届理事会名誉理事。

2007年

9月15日，在《中国科学基金》上发表《要从战略的高度去重视矿冶学科基础研究的投入》一文。

11月24日，荣获2007年上海市第七届“侨界十杰”称号。

科研项目“多元熔体中局部区域和离散点物理化学性质的测定和计算”获国家自然科学基金面上项目资助（项目批准号：50774004）。

2008年

6月，因在担任中国科学院第十三届技术科学部常务委员会委员期间所做的贡献，中国科学院学部主席团为其颁发纪念证书。

2009年

4月，被中国科学技术协会聘请为2009年中国科学技术协会初遴选两院院士候选人评审委员。

5月，作为第一完成人的北京科技大学“冶金物理化学课程改革及配套教材建设”项目获2008年北京市教育教学成果（高等教育）一等奖。

9月，带领北京科技大学“冶金原理教学团队”获评“北京市优秀教学团队”称号。

10月1日，受邀分别参加上午10时与晚8时在天安门广场举行的首都各界庆祝中华人民共和国成立60周年国庆阅兵式与联欢晚会。

11月，“冶金过程中的带电粒子控制技术”项目获上海市技术发明奖一等奖。

科研项目“冶金和材料过程中的气固相反应”获国家自然科学基金面上项目资助（项目批准号：50974084）。

2010年

5月10日，被安徽工业大学聘为“冶金减排与资源综合利用教育部重点实验室”学术委员会主任。

5月26日，被湖北省科学技术厅聘为湖北省耐火材料与高温陶瓷重点实验室——省部共建国家重点实验室培育基地第二届学术委员会主任。

2011年

1月，指导的上海大学硕士研究生刘杨的学位论文《微波合成Mg-Ni和Mg-Ni-Nd储氢合金及其性能研究》被评为上海市研究生优秀成果（学位论文）。

10月25日，被中国金属学会授予“中国金属学会学会荣誉会员”称号。

科研项目“冶金熔体的物理化学性质与组元的微观结构和粒子相互作用的关系”获国家自然科学基金面上项目资助（项目批准号：51174022）。

2012年

1月，获上海大学材料科学与工程学院2011年度“优秀导师”称号。

1月，被聘为《先进制造进展》编辑委员会委员。

4月22日，作为杰出校友在北京科技大学60周年校庆文艺晚会上致辞。

5月27—30日，担任第九届国际熔渣、熔剂与熔盐学术会议主席。

12月24日，与胡正寰、李德毅、伍小平院士首批进驻北京汽车集团有限公司院士专家工作站。

12月28日，指导的博士研究生侯新梅完成的博士学位论文《碳基和氮基无机非金属氧化动力学》获2012年“全国优秀博士学位论文”。

12月28日，被国务院学位委员会、教育部授予“全国优秀博士学位论文指导教师”称号。

12月，作为第一负责人完成的“研究型大学目标定位下的冶金物理化学课程团队建设”获第25届北京科技大学教育教学成果奖一等奖。

2013年

1月，获上海大学材料科学与工程学院2012年度“优秀导师”称号。

8月，指导的博士研究生张国华完成的博士学位论文《冶金熔体物理性质的研究及模型预报》获2013年“北京市优秀博士学位论文”。

12月，获聘为上海市现代冶金与材料制备重点实验室学术委员会委员，聘期自2013年12月至2016年12月。

2014年

1月，支持并参与郭汉杰的“冶金物理化学”课程入选2012年度“第二批国家级精品资源共享课”立项项目，并已在“爱课程”网以“中国大学资源共享课”形式全网共享使用。

6月5日，受中国科学院学部工作局的邀请，参加中国科学院第十七次院士大会、中国工程院第十二次院士大会。

12月，被武汉科技大学聘请为省部共建耐火材料与冶金国家重点实验室第一届学术委员会主任。

科研项目“闪烁炉中矿石还原过程的物理化学基础研究”获国家自然科学基金面上项目资助（项目批准号：51474141）。

2015年

10月，被中国大唐集团有限公司聘为中国大唐集团有限公司专家委员会委员。

11月26日，受邀参加2015冶金创新论坛。

2016年

3月18日，与金堆城钼业股份有限公司（金钼股份）签订合作协议。

5月11日，与瑞浦科技集团有限公司合作开展科研攻关。

5月26日，被聘为《中国钼业》期刊第七届编辑委员会高级顾问。

6月29日，参加中国金属学会在京召开的“冶金工程技术学科方向预测及技术路线图”项目工作会。

2017年

3月15日，被日本铁钢协会授予名誉会员称号。

3 月 25 日，周国治院士 80 华诞暨冶金基础理论与学科发展研讨会在北京科技大学会议中心报告厅举行。

4 月 25 日，由北京科技大学魏寿昆科技教育基金会推选获得“魏寿昆科技教育奖 · 魏寿昆冶金奖”。

6 月 25 日，作为第四届中美能源会议组委会中方主席主持开幕式，发表致辞演讲。

7 月，被聘为中国有色金属学会主办的学术期刊 *Rare Metals* 第四届编辑委员会的顾问委员。

10 月 12 日，前往神雾科技集团股份有限公司调研，交流探讨神雾科技集团股份有限公司的创新技术及世界冶金前沿科学技术等议题。

科研项目“多元系物理化学性质计算的唯象理论”获国家自然科学基金重点项目资助（项目批准号：51734002）。

2018 年

2 月 20 日，在由日本钢铁协会主办的钢铁类权威学术期刊《ISIJ 国际》（*ISIJ International*）发表《唯象理论在化学冶金中的应用》（“Application of Phenomenological Theory to Chemical Metallurgy”）一文。

9 月 15—16 日，参加第九届中国金属学会青年学术年会，并在会上做了题为《新时期冶金行业的机遇和挑战》的报告。

2019 年

1 月，被聘为中国恩菲工程技术有限公司院士专家工作站进站院士。

10 月 1 日，中华人民共和国成立 70 周年庆典时，受邀作为中国科学院代表在天安门前观礼台观礼。

2022 年

科研项目“多元冶金熔体物化性质计算的全域模型及验证”获国家自然科学基金面上项目资助（项目批准号：52274301）。

2023 年

5 月，“冶金物理化学”获评教育部国家级一流本科课程（线下一流课程）（第五完成人）。

7 月，“推进钢铁行业产教深度融合，建立教育人才链与产业创新链紧密衔接的培训体系”获 2022 年国家级教学成果奖二等奖（第一完成人）。

2024年

4月，“打破多重壁垒，坚持‘四化’培养，构建可持续高端复合型工程人才培养模式的实践”获北京科技大学教育教学成果奖一等奖（第二完成人）。

附录二　周国治院士主要论著目录①

（一）中文论文目录

周国治. θ函数在变通的 Gibbs-Duhem 关系式中的应用. 金属学报，1965，8（4）：545-548.

周国治. 三元系和多元系的热力学——用 R 函数计算三元系和多元系中组元的偏克分子量. 中国科学，1977，7（5）：456-465.

周国治. 三元系中两相区边界上的活度. 中国科学，1978，8（3）：312-324.

周国治. van der Waals 力对扩散控制反应速率的影响——Smoluchowski 公式在非球形对称体系中的应用. 中国科学，1979，9（3）：293-302.

王之昌，周国治. 三元系中单相区到两相区活度的连续计算. 中国科学，1984（10）：959-967.

李文超，何华，周国治. 二元相图的热力学分析. 中国稀土学报，1986（3）：79-81.

李瑞青，乔芝郁，段淑贞，周国治. 常用二元熔盐氯化物相图及其热力学性质的最优化. 北京钢铁学院学报，1987（3）：114-122.

章六一，周国治. M-A-B 体系热力学状态图的计算机绘制. 有色金属（冶炼部分），1987（2）：44-45，22.

蔡文娟，周国治. CaO-Al_2O_3-SiO_2三元系中两相区边界上活度的计算. 金属学报，1987，23（5）：480-485.

陈双林，郝占忠，李福燊，周国治. 1273K 下 $LaCrO_3$的标准生成自由能测定. 中国稀土学报，1987，5（3）：19-24.

李瑞青，周国治. 从二元相图提取活度的计算机算法. 化工冶金，1989（2）：8-16.

李瑞青，古伟良，周国治. 高频等离子体气相反应合成氮化硅超细粉系统的热力学分析. 硅酸盐学报，1989（3）：237-242.

李瑞青，周国治. 包含中间化合物二元相图的热力学分析. 物理化学学报，1989（2）：31-37.

① 按发表时间先后顺序排列，先展示中文论文，后展示英文论文。

李瑞青，周国治. Ge-Si 二元合金系的热力学. 北京科技大学学报，1989（3）：252-257.

陈双林，周国治. 二元系中不相邻化合物标准生成自由能之间的关系. 北京科技大学学报，1989，11（4）：376-381.

李瑞青，周国治. 分层体系二元相图的热力学分析. 北京科技大学学报，1989，11（5）：463-470.

蔡文娟，胡建虹，周国治. $CaO-CaF_2-SiO_2$ 三元系中两相区边界上的活度. 北京科技大学学报，1990，12（1）：79-84.

周国治，蔡文娟. 三元系中两相区边界上活度之间的关系以及该关系与结线方位的依从性. 物理化学学报，1990（2）：43-50.

周国治，陈晓怡，蔡文娟，花桂泰，白富荣. 结晶器中连铸保护渣的润滑与选择. 北京科技大学学报，1990，12（6）：572-577.

章六一，刘兴江，周国治. InP_1—InP_2 优势区相图及 E—pH 图的计算机绘制. 北京科技大学学报，1991，13（2）：173-178.

周国治，蔡文娟，胡建虹. 一种测量熔体密度的新方法——变颈法. 北京科技大学学报，1991，13（4）：380-384.

李兴康，李文超，王俭，周国治. 相图中化合物自由焓随组元浓度变化规则. 北京科技大学学报，1991，13（4）：358-366.

李文超，李兴康，王俭，周国治. 相图中各中间化合物的自由焓随组成变化的规则. 稀有金属，1991，15（5）：339-344.

李文超，李兴康，王俭，周国治. 用已知热力学数据判断含稀土元素三元系中各化合物的稳定性. 稀土，1991，12（6）：39-42.

蔡文娟，张帆，谢繁优，周国治. 由含固溶体二元相图提取活度. 北京科技大学学报，1992，14（6）：622-628.

谢繁优，张帆，蔡文娟，周国治. 由含化合物体系的二元相图提取活度. 北京科技大学学报，1992，14（6）：644-649.

蔡文娟，胡建虹，孙辰龄，夏玉华，周国治. 用变颈法研究熔盐的密度和表面张力. 北京科技大学学报，1994，16（1）：89-93.

周国治. 新一代的溶液几何模型及其今后的展望. 金属学报，1997，33（2）：126-132.

周国治. 高科技时代冶金物化工作者的使命和任务. 大自然探索，1997

（1）：10-11.

鲁雄刚，李福燊，李丽芬，周国治. ZrO_2高温固态电极交换电流密度的研究. 无机材料学报，1997，12（4）：531-535.

杨修春，韩高荣，李福燊，丁子上，周国治. SiC 纳米粉表面研究. 无机材料学报，1998，13（1）：99-104.

杨修春，韩高荣，杜丕一，丁子上，周国治. 热化学气相反应法制备 SiC 纳米粉的研究. 功能材料，1998（5）：523-526.

胡晓军，肖莉，李福燊，鲁雄刚，李丽芬，周国治. 一种无污染脱氧方法. 金属学报，1999，35（3）：316-319.

区铁，刘建功，张捷宇，周文英，李福燊，周国治. RH 法钢水定向循环流量操作模型的研究. 金属学报，1999，35（4）：411-415.

范鹏，周国治. 由组元的物性参数预测金属熔体的热力学性质. 金属学报，1999，35（4）：421-426.

鲁雄刚，李福燊，胡晓军，李丽芬，周国治. 铁碳金属颗粒与熔渣的反应. 钢铁研究学报，1999，11（3）：5-8.

区铁，周文英，张捷宇，刘建功，李福燊，周国治. 环流式真空脱气装置的脱碳反应速率. 金属学报，1999，11（7）：735-738.

区铁，李福燊，周国治，刘建功，周文英，刘良田，杨杰. RH 法的真空环流与脱碳速率. 钢铁，1999，34：540-542.

鲁雄刚，李福燊，胡晓军，李丽芬，周国治. Fe-C 熔体与熔渣反应的电化学机理. 化工冶金，1999（3）：278-282.

区铁，周文英，张捷宇，刘建功，李福燊，周国治. 环流式真空脱气装置的脱碳反应速率. 金属学报，1999，35（7）：735-738.

鲁雄刚，李福燊，李丽芬，周国治. 炉渣中氧离子迁移的电化学模型. 金属学报，1999，35（7）：743-747.

唐恺，蒋国昌，周国治，徐匡迪. 新几何模型与 SELF-SReM 模型的关系. 金属学报，1999，35（8）：801-804.

鲁雄刚，李福燊，李丽芬，周国治. 外加电势与电极对钢渣反应的影响. 化工冶金，1999（4）：402-404.

区铁，周国治，刘建功. RH 法的脱碳及脱硫速率. 炼钢，2000，16（2）：57-62.

唐恺，蒋国昌，周国治，丁伟中，李福燊，徐匡迪. 冶金熔渣热力学性质的 SReS 模型. 金属学报，2000，36（5）：502-506.

鲁雄刚，李福燊，李丽芬，周国治. 交流阻抗谱在炉渣电导率测定中的应用. 中国有色金属学报，2000，10（3）：437-439.

张捷宇，周国治，Oates W A，张帆，陈双林，张永山. 用改进的 CSA 法计算多元固溶体混合熵. 包头钢铁学院学报，2000（4）：283-288.

鲁雄刚，丁伟中，李福燊，李丽芬，周国治. Wagner 极化法对熔渣电子电导的研究. 金属学报，2001，37（2）：184-188.

胡晓军，方克明，李福燊，周国治. 硫在 Ti-IF 钢中的作用. 北京科技大学学报，2001，23（3）：275-277.

刘中兴，尹小东，石红梅，贺友多，周国治. 3 kA 钕电解槽磁场的研究. 包头钢铁学院学报，2002（2）：133-137.

李谦，蒋利军，林勤，周国治，詹锋，郑强，尉秀英. 氢化燃烧法合成 Mg_2Ni 的贮氢性能. 中国有色金属学报，2002，12（5）：912-914.

李谦，林勤，蒋利军，周国治，詹锋，郑强，尉秀英. 氢化燃烧法合成镁基储氢合金进展. 稀有金属，2002（5）：386-390.

刘中兴，石红梅，贺友多，周国治. 可调极距式稀土电解槽电场的计算机模拟. 包头钢铁学院学报，2003（1）：29-31，35.

李福燊，鲁雄刚，金从进，周国治，朱立新，胡晓军，李泽亚，王峰，沈强. 钢液的固体电解质无污染脱氧. 金属学报，2003，39（3）：287-292.

梁小伟，孙铭山，鲁雄刚，丁伟中，周国治. 渣金间外加电场无污染脱氧新方法. 上海大学学报（自然科学版），2003（4）：318-320.

揣晓红，张洪杰，李福燊，周国治. Sr_2CeO_4：Eu^{3+}柠檬酸-凝胶法的合成及发光性质研究. 无机化学学报，2003，19（5）：462-466.

鲁雄刚，周国治，丁伟中，蒋国昌，徐匡迪. 带电粒子流控制技术在冶金过程中的应用及前景. 钢铁研究学报，2003，15（5）：69-73.

李谦，蒋利军，林勤，周国治，詹锋，郑强，尉秀英. 银和铝对 Mg_2Ni 合金储氢性能的影响. 中国有色金属学报，2003（4）：864-870.

李谦，蒋利军，林勤，周国治，詹锋，郑强，魏秀英. Mg-50%Mm（NiCoMnAl）$_5$复合材料的储氢性能. 稀有金属材料与工程，2003，32（11）：939-941.

李谦，林勤，蒋利军，周国治，詹锋，郑强，尉秀英. 氢化燃烧法合成 $La_{1.5}Ni_{0.5}Mg_{17}$ 的工艺优化. 中国稀土学报，2003，21（6）：652-656.

高运明，郭兴敏，周国治. 熔渣中氧传递机理的研究. 钢铁研究学报，2004，16（4）：1-6.

李谦，蒋利军，林勤，周国治，詹锋. 氢化燃烧法合成 $La_{2-x}Ni_{x}Mg_{17}$（x=0.5，1，1.5）材料的储氢性能. 中国稀土学报，2004（1）：125-129.

李谦，蒋利军，林勤，周国治，詹锋，郑强，尉秀英. 机械合金化 La-Mg-Ni 系三元储氢合金的性能. 稀有金属材料与工程，2004（9）：941-944.

蒋利军，李谦，林勤，詹锋，周国治，雷霆权. 制备方法对 $La_{1.5}Mg_{17}Ni_{0.5}$ 储氢材料性能的影响. 稀有金属材料与工程，2004（8）：881-884.

李谦，蒋利军，林勤，周国治，詹锋. $Mg_{(2-x)}M_{x}Ni$ 氢化物储氢性能的一种计算方法. 稀有金属材料与工程，2005，34（6）：859-862.

鲁雄刚，梁小伟，袁威，孙铭山，丁伟中，周国治. 渣金间外加电场无污染脱氧方法的研究. 金属学报，2005（2）：113-117.

赵志国，鲁雄刚，丁伟中，周国治. 利用固体透氧膜提取海绵钛的新技术. 上海金属，2005（2）：40-43.

高运明，郭兴敏，甘硕，周国治. 氧化物熔渣的电化学还原. 钢铁研究学报，2005（2）：19-23.

高运明，郭兴敏，周国治. 利用阻抗谱测定氧化锆试样的电导率. 武汉科技大学学报（自然科学版），2005，28（3）：237-240.

彭波，周国治，李福燊，胡晓军，鲁雄刚. 无污染脱氧过程中外电路电压与熔池中氧含量的关系. 北京科技大学学报，2006，28（1）：29-33.

高运明，郭兴敏，周国治. 熔渣无污染短路电化学还原分析. 中国有色金属学报，2006，16（3）：530-535.

李建朝，张捷宇，鲁雄刚，周国治，周卫光，梁新腾. 渣金间外加直流电场无污染脱氧. 过程工程学报，2006，6（S1）：30-34.

侯新梅，徐恩霞，王习东，周国治. 热力学及热力学参数状态图在 SiAlON 材料合成中的应用. 耐火材料，2006，40（2）：136-138，144.

王芳，程晓英，李谦，周国治. Mg/ZrNiV 复合储氢材料工艺与性能的研究. 上海金属，2006（4）：18-22.

林根文，周国治，李谦，程晓英，左仲. 常压下催化合成氢化镁放氢动力学研究. 稀有金属材料与工程，2006，35（5）：802-805.

吴可，仇卫华，曹高萍，周国治. $Li_4Ti_5O_{12}$ 作为混合电化学电容器负极材料的电化学性能. 北京科技大学学报，2006，28（10）：951-955.

杨修春，Dubiel M，Hofmeister H，周国治. 硅酸盐玻璃中银纳米颗粒的原子状态. 材料研究学报，2006，20（6）：626-630.

李谦，蒋利军，鲁雄刚，刘晓鹏，周国治，徐匡迪. Mg-Ni-$Ti_{19}Cr_{50}V_{22}Mn_9$ 的结构及氢化动力学研究. 稀有金属材料与工程，2006，35（12）：1859-1863.

侯新梅，周国治. sialon 块体的变温氧化动力学. 硅酸盐学报，2007，35（6）：778-781.

胡晓军，松浦宏行，月桥文孝，周国治. 界面非平衡氧传递过程动力学的解析. 金属学报，2007，43（8）：829-833.

周国治. 要从战略的高度去重视矿冶学科基础研究的投入. 中国科学基金，2007，21（5）：265-268.

李谦，吴铸，鲁雄刚，周国治，徐匡迪. 机械化学法制备 Mg-Ni-$Ti_{0.32}Cr_{0.35}V_{0.07}Fe_{0.26}$ 复合材料的储放氢性能. 稀有金属材料与工程，2007（9）：1672-1676.

高运明，姜英，张华，郭兴敏，周国治. 可控氧流冶金. 武汉科技大学学报（自然科学版），2007，30（5）：449-453.

刘静，李谦，周国治，林根文. 纳米晶镁粉的吸放氢动力学模型分析. 稀有金属材料与工程，2007，36（10）：1802-1806.

刘杨，李谦，刘静，张旭，赵云鹤，周国治. 微波法制备 Mg_2NiH_4 氢化物及其性能. 材料导报，2007，21（S2）：77-80.

李谦，刘杨，张旭，崔晓阳，赵显久，林根文，周国治. 制备方法对 Mg_2Ni 合金储氢性能的影响. 材料导报，2007，21（S2）：74-76，87.

侯新梅，周国治. SiAlON 材料的氧化行为. 北京科技大学学报，2007，29（11）：1114-1117.

刘中兴，张宏光，伍永福，周国治. 稀土氧化物电解槽内阴极产生金属钕的研究. 有色金属（冶炼部分），2007（6）：28-30.

吴广新，张捷宇，吴永全，李谦，周国治，包新华. H 在 Mg（0001）表面吸附、解离和扩散的第一性原理研究. 物理化学学报，2008，24（1）：55-60.

李春宏，仇卫华，康晓丽，周国治，鲁雄刚，李福燊. 固相反应合成 $Ba_{1.0}Co_{0.7}Fe_{0.2}Nb_{0.1}O_{3-\delta}$ 的动力学. 物理化学学报，2008，24（5）：767-771.

赵显久，李谦，林根文，周国治，张捷宇，鲁雄刚. $Mg\text{-}Mg_2Ni_{1-x}Me_x$ 的氢化反应动力学. 中国有色金属学报，2008，18（5）：873-878.

王超，钟庆东，周国治，鲁雄刚. 环氧树脂/碳钢电极在硫酸溶液中的半导体导电行为. 物理化学学报，2008，24（7）：1277-1282.

郭慧鹏，叶亚平，李丽芬，周国治. 冰晶石熔体的电导性质. 北京科技大学学报，2008，30（9）：1037-1040.

刘晓丹，郭敏，张梅，王习东，周国治. 乙二醇溶剂中纳米铜镍复合粉的制备及表征. 材料工程，2008，36（10）：161-164.

崔晓阳，林根文，李谦，周国治. 球磨 $AB_2\text{-}Mg_{50}Ni_{50}$ 复合贮氢合金放电性能. 有色金属，2008，60（4）：48-51.

赵显久，李谦，林根文，周国治. 磁热处理对 La-Mg-Ni-Co 合金微结构与电化学性能的影响. 中国有色金属学报，2008，18（11）：2030-2035.

刘静，赵显久，张旭，李谦，林根文，周国治. 熔盐保护熔炼法制备 La_2Mg_{17} 合金及其储氢性能. 稀有金属材料与工程，2009，38（5）：924-929.

赵显久，李谦，刘静，周国治，林根文. 磁热处理对 La-Mg-Ni-Cu 合金相结构与电化学性能的影响. 稀有金属材料与工程，2009，38（5）：857-861.

郭汉杰，周国治. 现代冶金物理化学教学内容改革及教材建设. 中国冶金教育，2010（1）：30-33.

夏俊飞，许继芳，刘恭源，揭畅，周国治，王波，张捷宇. CaO 和 SiO_2 含量对 $CaO\text{-}SiO_2\text{-}Al_2O_3\text{-}MgO$ 熔渣熔化性能的影响. 过程工程学报，2010，10（S1）：78-82.

吴广新，张捷宇，李谦，周国治. H 在 MgH_2 表面的吸附研究. 中国稀土学报，2010，28：306-312.

张国华，周国治，李丽芬，胡晓军. 钢液中电化学脱氧新方法. 钢铁，2010，45（5）：30-32，37.

赵阳子，赵云鹤，李谦，陈双林，张捷宇，周国治. Mg-Zn-Si 体系的相平衡计算及应用. 稀有金属材料与工程，2010，39（8）：1385-1389.

付威，李谦，鲍正洪，丁伟中，周国治. 铝含量对焦炉煤气制氢用 Cu/ZnO/Al_2O_3 催化剂前驱体协同效应的影响. 上海金属，2010，32（5）：50-54.

杨帆，张捷宇，李谦，陈双林，周国治. Al-Zn-Fe 三元系相平衡优化及实验验证. 上海金属，2010，32（5）：8-13，34.

张旭，李谦，陈双林，张捷宇，周国治. La-Mg-Ni 体系富镁角的热力学优化与计算. 稀有金属材料与工程，2010，39（9）：1618-1622.

揭畅，刘恭源，张捷宇，许继芳，阮飞，周国治. Mo-ZrO_2 金属陶瓷耐蚀性能与组成的关系. 过程工程学报，2010，10（6）：1206-1211.

周国治，李谦. 镁基储氢材料的热力学和动力学. 自然杂志，2011，33（1）：6-12.

刘素霞，任雁秋，张捷宇，李谦，周国治，赵显久，吴广新. 元素取代和磁热处理对 $La_{0.67}Mg_{0.33}Ni_{3-x}M_x$（M=Co，Cu）（$x$=0，0.5）合金贮氢性能的影响. 稀有金属材料与工程，2011，40（4）：655-660.

郭婷，胡晓军，侯新梅，松浦宏行，月桥文孝，周国治. $ZnFe_2O_4$ 与 $CaCl_2$ 氯化反应机理. 北京科技大学学报，2011，33（4）：474-478.

胡晓军，郭婷，周国治. 含锌冶金粉尘处理技术的发展和现状. 钢铁研究学报，2011，23（7）：1-5，9.

郭俊波，王丽君，刘延强，周国治. 高铁弹条钢夹杂物塑性化控制的热力学分析. 中国材料进展，2011，30（12）：27-33.

陈志远，刘俊昊，周国治. 钛氧化物熔盐电脱氧工艺用氯化物熔盐的选择. 中国材料进展，2012，31（1）：44-49.

虞自由，侯新梅，周国治. 高温含水条件下非氧化物材料的反应行为. 有色金属科学与工程，2012，3（1）：18-22.

陈记龙，李谦，张捷宇，陈双林，安学会，罗群，李冰，周国治. Al-Si-Fe 三元系热力学计算与评估. 上海金属，2012，34（3）：1-8.

张腾，胡晓军，侯新梅，周国治. 同位素交换技术研究 CO_2-CO 和铁氧化物体系的反应及方法分析. 钢铁研究学报，2012，24（7）：59-62.
任中山，胡晓军，侯新梅，薛向欣，周国治. Fe_2O_3/TiO_2扩散偶的固相反应. 材料导报，2012，26（16）：79-82，101.
张国华，薛庆国，李丽芬，李福燊，周国治. $CaO-Al_2O_3-SiO_2$熔体的电导率和离子扩散系数研究. 北京科技大学学报，2012，34（11）：1250-1255.
刘延强，王丽君，胡晓军，周国治. 国内外超低氧弹簧钢生产工艺比较. 钢铁研究学报，2012，24（12）：1-5.
李雪，赵海雷，罗大为，周国治. 采用质量三角形模型估算 $SrTiO_3$-$La_{0.3}Sr_{0.7}TiO_3$-（$La_{0.3}Sr_{0.7}$）$_{0.93}TiO_3$ 体系中固溶体电导率. 北京科技大学学报，2012，34（12）：1405-1409.
陈志远，周国治. 未来月球冶金工艺方法探索. 金属世界，2013（1）：21-25.
陈志远，周国治. 月球冶金技术的发展前景. 自然杂志，2013，35（1）：1-8.
刘静，李谦，周国治. 磁场辅助烧结法制备 $La_{0.67}Mg_{0.33}Ni_3$ 储氢合金. 稀有金属材料与工程，2013，42（2）：392-395.
刘延强，王丽君，郭俊波，胡晓军，周国治. 高铁扣件弹簧钢中含 Ce 夹杂物生成的热力学分析. 中国有色金属学报，2013，23（3）：720-726.
刘延强，王丽君，郭俊波，胡晓军，李丽芬，周国治. 高铁扣件弹簧钢中夹杂物的非水溶液电解分析及其控制. 炼钢，2013，29（3）：53-57.
王赛，吴永全，周国治，李钊，孟文健. 氮化铝单晶的布里渊散射几何研究. 光散射学报，2013，25（2）：138-141.
李杨，连芳，周国治. 应用于锂离子电池的无机晶态固体电解质导电性能研究进展. 硅酸盐学报，2013，41（7）：950-958.
侯新梅，虞自由，陈志远，周国治. 高温含水条件下 BN 粉体的反应动力学. 北京科技大学学报，2013，35（10）：1346-1352.
刘彦祥，侯新梅，周国治. TiO_2-C 体系在不同气氛下的反应. 耐火材料，2013，47（6）：401-405.
田俊，薛顺，吴铖川，成国光，周国治，王文虎，盛伟. 弹簧钢热处理前后显微组织对抗腐蚀性能的影响. 材料工程，2014，42（4）：18-25.
任中山，胡晓军，薛向欣，周国治. 氩气下 Fe_2O_3-TiO_2 体系的固相反应.

北京科技大学学报，2014，36（5）：597-602.
王亚娴，王丽君，周国治. 铬铁矿高效还原的动力学分析. 材料与冶金学报，2014，13（2）：112-118.
杨涛，侯新梅，周国治. 利用煤矸石制备堇青石多孔陶瓷. 耐火材料，2014，48（3）：197-200.
方飞，胡晓军，杨晓波，周国治. 氢还原块状 Fe_2O_3 的动力学及分层现象. 过程工程学报，2014，14（5）：829-834.
陈志远，王丽君，李福燊，周国治. 碳基燃料 SOFC 的 Ni-YSZ 阳极过程动力学. 电源技术，2014，38（7）：1377-1379.
朱立全，胡晓军，姜平国，周国治. 钢铁冶金过程脱铜方法研究的发展和现状. 钢铁研究学报，2014，26（8）：1-7.
甄玉兰，张国华，周国治. 铝热法还原含钛高炉渣的试验研究. 钢铁钒钛，2014，35（5）：40-44.
严红燕，胡晓军，周国治. 气体同位素交换技术及其在冶金中的应用. 材料导报，2014，28（23）：60-63.
张昭亮，胡晓军，严红燕，朱荣，周国治. 碳粉在 O_2-CO_2 气氛下的燃烧行为. 过程工程学报，2014，14（6）：989-993.
严红燕，胡晓军，周国治. 固体铁氧化物与 CO_2-CO 气体间 ^{18}O 交换的质谱研究. 质谱学报，2015，36（1）：85-90.
杨晓波，胡晓军，陈志远，党杰，方飞，周国治. 氧化亚铁颗粒氢还原过程的结构演变. 工程科学学报，2015，37（2）：163-167.
严红燕，胡晓军，张昭亮，侯新梅，周国治. 气相质谱法研究 Fe 与 CO_2-CO 氧化反应动力学. 工程科学学报，2015，37（3）：281-285.
陈志远，周国治，王丽君，李福燊. 新一代溶液几何模型中的关键参数——偏差函数的性质. 中国材料进展，2015，34（5）：383-388.
王旗，王丽君，李建民，周国治. 410 不锈钢脱氧与夹杂物控制的热力学研究. 钢铁研究，2015，43（4）：9-13.
虞自由，陈志远，周国治. 拉曼光谱法研究连接体氧化层应力变化及其进展. 光散射学报，2015，27（4）：342-349.
罗群，周国治，陈双林，李谦，张捷宇. 基于热力学和动力学计算的 Mg-Ni-RE（La，Nd，Ce，Y）-H 多元系设计及应用. 中国材料进展，

2016，35（1）：49-56，63.
杨晓波，胡晓军，陈志远，周国治. 氢含量对氧化亚铁粉体还原动力学的影响. 材料与冶金学报，2016，15（2）：107-111.
陈志远，王丽君，赵海雷，李福燊，周国治. 碳基燃料气体组成和运行温度对固体氧化物燃料电池开路电压的影响. 工程科学学报，2016，38（11）：1610-1619.
孙恒，胡晓军，胡小杰，张国华，郭占成，周国治. 熔融钢渣水热制氢的实验验证及热力学分析. 过程工程学报，2017，17（2）：292-298.
吴跃东，张国华，周国治. 碳热还原氮化法制备氮化钒铁合金的研究. 铁合金，2017，48（6）：31-35.
候朋涛，王丽君，刘仕元，张建坤，周国治. K_2O 含量对 $CaO-Al_2O_3-MgO-Fe_xO-SiO_2$ 系熔体黏度及析出相的影响. 中国有色金属学报，2017，27（9）：1929-1935.
常希望，陈宁，王丽君，李福燊，卞刘振，周国治. 固体氧化物燃料电池 Sr 系钙钛矿电极 B 位元素成分优化规律. 无机材料学报，2017，32（10）：1055-1062.
卜春阳，曹维成，王璐，张国华，常贺强，周国治，何凯. 辉钼矿冶炼工艺综述及展望. 中国钼业，2017，41（6）：5-11.
王凯飞，张国华，王璐，周国治. 添加 Fe_2O_3 对碳热还原含钛高炉渣的影响. 过程工程学报，2018，18（6）：1276-1282.
严红燕，胡晓军，罗超，李晨晓，朱荣，周国治. 气相质谱法研究 CO_2-O_2 钢液脱碳反应. 化工进展，2018，37（12）：4572-4578.
吴柯汉，张国华，周国治. 真空碳热还原直接制备铁/碳化钛复合粉体和陶瓷. 重庆大学学报，2019，42（4）：49-55.
徐瑞，吴跃东，周英聪，张国华，周国治. 碳热还原氮化法制备高品质氮化钒的研究. 江西冶金，2019，39（2）：1-6.
苟海鹏，裴忠冶，周国治，刘诚，吕东，陈学刚，余跃，李明川. 废旧三元锂离子电池热解工艺研究. 中国有色冶金，2019，48（5）：74-79.
李谦，周国治. 稀土镁合金中关键相及其界面与性能的相关性. 中国有色金属学报，2019，29（9）：1934-1952.

刘慧娟，白帆，王恩会，杨涛，陈俊红，周国治，侯新梅. 层状氮化硼纳米片的制备及表征. 工程科学学报，2019，41（12）：1543-1549.

杨涛，冯娇，陈俊红，周国治，侯新梅. 基于氮化钛-石墨烯的传感器对多巴胺和尿酸的电化学检测. 工程科学学报，2019，41（12）：1536-1542.

吴顺，谭博，何晓波，薛未华，丁航，王丽君，周国治. $TiCl_4$-$AlCl_3$ 水解制备金红石 TiO_2 对 Cr（VI）吸附研究. 江西冶金，2019，39（6）：15-20.

谭博，冯晓霞，吴顺，何晓波，王丽君，周国治. 钒渣微波升温特性及氯化的研究. 江西冶金，2020，40（1）：1-7.

石磊，张捷宇，周国治. 新一代溶液几何模型改进及应用. 有色金属科学与工程，2020，11（2）：7-19.

宋成民，张国华，周国治. CO 气基还原 MoO_3 制备 MoC. 中国有色金属学报，2020，30（4）：906-911.

冯晓霞，王旗，谭博，王丽君，周国治. 精炼渣中 TiO_2 对含 Ti 铁素体不锈钢夹杂物的影响. 钢铁钒钛，2020，41（2）：108-113.

王敬飞，张国华，周国治. 纳米二氧化锆粉体的制备. 江西冶金，2020，40（3）：1-5.

谭博，王丽君，闫柏军，周国治. 微波场下的钒渣氯化动力学. 工程科学学报，2020，42（9）：1157-1164.

张勇，张国华，周国治. 缺碳预还原 MoO_3 氢气深脱氧工艺制备超细钼粉. 粉末冶金技术，2021，39（4）：339-344，357.

陈维，陈洪灿，王晨充，徐伟，罗群，李谦，周国治. Fe-C-Ni 体系膨胀应变能对马氏体转变的影响. 金属学报，2022，58（2）：175-183.

（二）英文论文

Chou K C. Thermodynamics for ternary and multicomponent systems：calculation of partial molal properties of components in ternary and multicomponent systems. Scientia Sinica，1978（1）：73-86.

Chou K C. Activities on boundaries of two-phase region in ternary systems. Scientia Sinica，1978（5）：601-612.

Chou K C. Influences of van der Waals' force upon diffusion-controlled reaction rate-with a discussion on Smoluchowski's formula applied in nonspherically symmetric reaction systems. Scientia Sinica，1979（7）：845-858.

Wang Z C，Chou K C. Continuous calculation of activities from a single-phase region to a two-phase region in a ternary system and its verification. Scientia Sinica，1984（12）：1328-1338.

Chou K C，Chen S L. Electrochemical determination of thermodynamic properties of intermediate compound in Mo-O system. Solid State Ionics，1986，18-19（2）：907-911.

Chou K C. The application of r function to predicting ternary thermodynamic properties. Calphad：Computer Coupling of Phase Diagrams and Thermochemistry，1987，11（2）：143-148.

Chou K C，Wang J J. Calculating activities from the phase diagram involving an intermediate compound using its entropy of formation. Metallurgical Transactions A，1987，18（2）：323-326.

Chen S L，Chou K C. The application of rational function to predict ternary thermodynamic properties. Calphad：Computer Coupling of Phase Diagrams and Thermochemistry，1989，13（1）：79-82.

Chen S L，Cui J Q，Chen T K，Chou K C. Integration model predicting ternary thermodynamic properties from binary ones. Calphad：Computer Coupling of Phase Diagrams and Thermochemistry，1989，13（3）：225-230.

Chen S L，Chou K C. General representation of geometrical solution model for predicting ternary thermodynamic properties. Rare Metals，1989，8（4）：22-26.

Chen S L，Chou K C. Quasi-parabolic regulation of the standard free energies of formation of binary intermediate compounds. Rare Metals，1989，8（2）：1-4.

Chou K C. Calculation of activities from the phase diagram involving two liquid or solid coexisting phases. Calphad：Computer Coupling of Phase Diagrams and Thermochemistry，1989，13（3）：301-310.

Chou K C，Li R Q. New symmetric model for predicting ternary

thermodynamic properties from its three binary systems. Rare Metals，1989，8（4）：12-17.

Li R Q，Chou K C. Some useful relationships between the thermodynamic properties and binary phase diagram involving an intermediate compound. Calphad：Computer Coupling of Phase Diagrams and Thermochemistry，1989，13（1）：53-60.

Alberty R A，Chou K C. Dependence of the standard thermodynamic properties of isomer groups of benzenoid polycyclic aromatic hydrocarbons on carbon number. Journal of Physical Chemistry，1990，94（22）：8477-8482.

Alberty R A，Chou K C. Representation of standard chemical thermodynamic properties of isomer groups by equations. Journal of Physical Chemistry，1990，94（4）：1669-1674.

Chou K C. A new treatment for calculating activities from phase diagrams involving two liquid or solid coexisting phases. Calphad：Computer Coupling of Phase Diagrams and Thermochemistry，1990，14（4）：349-362.

Chou K C. A new treatment for calculating activities from phase diagrams containing solid solution. Calphad：Computer Coupling of Phase Diagrams and Thermochemistry，1990，14（3）：275-282.

Chou K C. Estimation of stability from phase diagram. Calphad：Computer Coupling of Phase Diagrams and Thermochemistry，1991，15（2）：131-142.

Zhang F，Chen S L，Chou K C. A new treatment for calculating activities from phase diagrams involving intermediate compounds. Calphad：Computer Coupling of Phase Diagrams and Thermochemistry，1992，16（3）：269-276.

Zhang F，Xie F Y，Chou K C. A new treatment for calculating activities from a simple eutectic phase diagram. Calphad：Computer Coupling of Phase Diagrams and Thermochemistry，1992，16（3）：261-268.

Chen S L，Chou K C，Chang Y A. On a new strategy for phase diagram calculation 1. basic principles. Calphad：Computer Coupling of Phase Diagrams and Thermochemistry，1993，17（3）：237-250.

Chou K C，Pal U B，Reddy R G. A general model for BOP decarburization. ISIJ International，1994，33（8）：862-868.

Yuan S，Pal U B，Chou K C. Deoxidation of molten metals by short circuiting yttria-stabilized zirconia electrolyte cell. Journal of the Electrochemical Society，1994，141（2）：467-474.

Chou K C. A general solution model for predicting ternary thermodynamic properties. Calphad：Computer Coupling of Phase Diagrams and Thermochemistry，1995，19（3）：315-325.

Hasham Z，Pal U，Chou K C. Deoxidation of molten steel using a short-circuited solid oxide electrochemical cell. Journal of the Electrochemical Society，1995，142（2）：469-475.

Chou K C，Li W C，Li F，He M. Formalism of new ternary model expressed in terms of binary regular-solution type parameters. Calphad：Computer Coupling of Phase Diagrams and Thermochemistry，1996，20（4）：395-406.

Patsiogiannis F，Pal U B，Chou K C. Incorporation of chlorine in a secondary steelmaking slag based on the $CaO-Al_2O_3-SiO_2$ system. ISIJ International，1996，36（9）：1119-1126.

Yuan S，Pal U B，Chou K C. Modeling and scaleup of galvanic deoxidation of molten metals using solid electrolyte cells. Journal of the American Ceramic Society，1996，79（3）：641-650.

Chou K C，Wei S K. New generation solution model for predicting thermodynamic properties of a multicomponent system from binaries. Metallurgical and Materials Transactions B：Process Metallurgy and Materials Processing Science，1997，28（3）：439-445.

Chou K C，Sridhar S，Pal U B. Activities and ternary phase diagrams. Calphad：Computer Coupling of Phase Diagrams and Thermochemistry，1997，21（4）：483-495.

Chou K C，Wei S K. A new generation solution model for predicting thermodynamic properties of a multicomponent system from binaries. Metallurgical and Materials Transactions B：Process Metallurgy and Materials Processing Science，1997，28（3）：XVIII-XIX.

Lu X，Li F，Li L，Chou K. Influence of conductivity of slag on decarburization reaction. Journal of University of Science and Technology Beijing：Mineral Metallurgy Materials（Eng Ed），1998，5（1）：20-22.

Zhang J，Zhou T，Chou K C. A new thermodynamic approach for determining the activities from ternary miscibility gaps：the Cu-Pb-O system. Calphad：Computer Coupling of Phase Diagrams and Thermochemistry，1998，22（3）：303-311.

Fan P，Chou K C. A self-consistent model for predicting interaction parameters in multicomponent alloys. Metallurgical and Materials Transactions A：Physical Metallurgy and Materials Science，1999，30（12）：3099-3102.

Lu X G，Li F S，Li L F，Chou K C. Electrochemical characteristic of decarburization reaction. Journal of University of Science and Technology Beijing：Mineral Metallurgy Materials（Eng Ed），1999，6（1）：27-30.

Sridhar S，Pal U B，Chou K C. Relationship between activity and three phase boundary in the ternary phase diagram. Calphad：Computer Coupling of Phase Diagrams and Thermochemistry，1999，23（2）：165-172.

Lu X G，Li F S，Li L F，Chou K C. Study on electronic conductivity of CaO-SiO_2-Al_2O_3-FeO_x slag system. Journal of Iron and Steel Research International，2000，7（1）：9-13.

Zhang J，Oates W A，Zhang F，Chen S L，Chou K C，Chang Y A. Cluster/site approximation calculation of the ordering phase diagram for Cd-Mg alloys. Intermetallics，2001，9（1）：5-8.

Zhong X M，Chou K C，Gao Y，Guo X，Lan X. Estimating ternary viscosity in terms of Moelwyn-Hughes' model. Calphad：Computer Coupling of Phase Diagrams and Thermochemistry，2001，25（3）：455-460.

Li Q，Jiang L J，Lin Q，Chou K C，Zhan F，Zheng Q，Wei X Y. Hydriding and dehydriding characteristics of mechanically alloyed $LaMg_{17}Ni$

composite material. Journal of Rare Earths，2003，21（3）：337-340.

Qian L，Qin L，Lijun J，Chou K C，Feng Z，Qiang Z，Xiuying W. Properties of hydrogen storage alloy $Mg_{2-x}Ag_xNi$（x=0.05，0.1，0.5）by hydriding combustion synthesis. Journal of Alloys and Compounds，2003，359（1-2）：128-132.

Zhong X M，Liu Y H，Chou K C，Lu X G，Zivkovic D，Zivkovic Z. Estimating ternary viscosity using the thermodynamic geometric model. Journal of Phase Equilibria，2003，24（1）：7-11.

Chou K C，Zhong X，Xu K. Calculation of physicochemical properties in a ternary system with miscibility gap. Metallurgical and Materials Transactions B：Process Metallurgy and Materials Processing Science，2004，35（4）：715-720.

Li Q，Chou K C，Lin Q，Jiang L J，Zhan F. Hydriding kinetics of the $La_{1.5}Ni_{0.5}Mg_{17}$-H system prepared by mechanical alloying. Journal of Materials Science，2004，39（23）：6987-6991.

Li Q，Chou K C，Lin Q，Jiang L J，Zhan F. Hydrogen absorption and desorption kinetics of Ag-Mg-Ni alloys. International Journal of Hydrogen Energy，2004，29（8）：843-849.

Li Q，Chou K C，Lin Q，Jiang L J，Zhan F. Hydriding kinetics of the $LaNiMg_{17}$-H system prepared by hydriding combustion synthesis. Journal of Alloys and Compounds，2004，373（1-2）：122-126.

Li Q，Chou K C，Lin Q，Jiang L J，Zhan F. Influence of the initial hydrogen pressure on the hydriding kinetics of the $Mg_{2-x}Al_xNi$（x=0，0.1）alloys. International Journal of Hydrogen Energy，2004，29（13）：1383-1388.

Li Q，Lin Q，Chou K C，Jiang L. A study on the hydriding-dehydriding kinetics of $Mg_{1.9}Al_{0.1}Ni$. Journal of Materials Science，2004，39（1）：61-65.

Li Q，Lin Q，Chou K C，Jiang L J，Zhan F. Hydriding kinetics of the $La_{1.5}Ni_{0.5}Mg_{17}$-H system prepared by hydriding combustion synthesis. Intermetallics，2004，12（12）：1293-1298.

Li Q，Lin Q，Chou K C，Jiang L J，Zhan F. Hydrogen storage properties of mechanically alloyed Mg-8 mol% $LaNi_{0.5}$composite. Journal of Materials

Research，2004，19（10）：2871-2876.

Li Q，Lin Q，Jiang L，Chou K C. On the characterization of $La_{1.5}Mg_{17}Ni_{0.5}$ composite materials prepared by hydriding combustion synthesis. Journal of Alloys and Compounds，2004，368（1-2）：101-105.

Li Q，Lin Q，Jiang L，Chou K C，Zhan F，Zheng Q. Characteristics of hydrogen storage alloy Mg_2Ni produced by hydriding combustion synthesis. Journal of Materials Science and Technology，2004，20（2）：209-212.

Chou K C，Li Q，Lin Q，Jiang L J，Xu K D. Kinetics of absorption and desorption of hydrogen in alloy powder. International Journal of Hydrogen Energy，2005，30（3）：301-309.

Gao Y M，Guo X M，Gan S，Chou K C. Electrochemical reduction of molten oxide slags. Journal of Iron and Steel Research，2005，17（2）：19-23.

Li Q，Chou K C，Xu K D，Lin Q，Jiang L J，Zhan F. Determination and interpretation of the hydriding and dehydriding kinetics in mechanically alloyed $LaNiMg_{17}$ composite. Journal of Alloys and Compounds，2005，387（1-2）：86-89.

Li Q，Jiang L J，Chou K C，Lin Q，Zhan F，Xu K D，Lu X G，Zhang J Y. Effect of hydrogen pressure on hydriding kinetics in the $Mg_{2-x}Ag_xNi$-H（x=0.05，0.1）system. Journal of Alloys and Compounds，2005，399（1-2）：101-105.

Li Q，Lin Q，Chou K C，Jiang L J，Xu K D. A mathematical calculation of the hydriding characteristics of $Mg_{2-x}A_xNi_{1-y}B_y$ alloy systems. Journal of Alloys and Compounds，2005，397（1-2）：68-73.

Li Q，Xu K D，Chou K C，Lin Q，Zhang J Y，Lu X G. Investigation of the hydriding kinetic mechanism in the MgH_2/Cr_2O_3-nanocomposite. Intermetallics，2005，13（11）：1190-1194.

Wang L J，Chen S，Chou K C，Austin Chang Y. Calculation of density in a ternary system with a limited homogenous region using a geometric model. Calphad：Computer Coupling of Phase Diagrams and Thermochemistry，2005，29（2）：149-154.

Wang L J，Chou K C，Chen S，Chang Y A. Estimating ternary surface tension for systems with limited solubility. Materials Research and Advanced Techniques，2005，96（8）：948-950.

Chen S L，Zhang J Y，Lu X G，Chou K C，Chang Y A. Application of Graham scan algorithm in binary phase diagram calculation. Journal of Phase Equilibria and Diffusion，2006，27（2）：121-125.

Chou K C. A kinetic model for oxidation of Si-Al-O-N materials. Journal of the American Ceramic Society，2006，89（5）：1568-1576.

Chou K C，Qiu W，Wu K，Zhang G. Kinetics of synthesis of $Li_4Ti_5O_{12}$ through solid-solid reaction. Rare Metals，2006，25（5）：399-406.

Li Q，Chou K C，Xu K D，Jiang L J，Lin Q，Lin G W，Lu X G，Zhang J Y. Hydrogen absorption and desorption characteristics in the $La_{0.5}Ni_{1.5}Mg_{17}$ prepared by hydriding combustion synthesis. International Journal of Hydrogen Energy，2006，31（4）：497-503.

Li Q，Chou K C，Xu K D，Lin Q，Jiang L J，Zhan F. The structural and kinetic characteristics of $Mg_{1.9}Al_{0.1}Ni$ alloy synthesized by mechanical alloying. Intermetallics，2006，14（12）：1386-1390.

Chen S L，Zhang J Y，Lu X G，Chou K C，Oates W A，Schmid-Fetzer R，Chang Y A. Calculation of rose diagrams. Acta Materialia，2007，55（1）：243-250.

Chou K C，Xu K. A new model for hydriding and dehydriding reactions in intermetallics. Intermetallics，2007，15（5-6）：767-777.

Gao Y M，Chou K C，Guo X M，Wang W. Electroreduction Kinetics for Molten Oxide Slags. Journal of Iron and Steel Research International，2007，14（1）：16-20.

Li Q，Chou K C，Xu K D，Lu X G，Zhang J Y，Lin Q，Jiang L J. Kinetic analysis of Mg-8 mol%$LaNi_{0.5}$ composite. Materials Science and Engineering：A，2007，457（1-2）：1-5.

Li Q，Lu X G，Chou K C，Xu K D，Zhang J Y，Chen S L. Feasibility study on the controlled hydriding combustion synthesis of Mg-La-Ni ternary hydrogen storage composite. International Journal of Hydrogen Energy，2007，32（12）：1875-1884.

Li Q，Xu K D，Chou K C，Lu X G，Zhang J Y，Lin G W. Synthesis and hydrogenation properties of Mg-3 mol%$LaNi_3$ composite prepared under an external magnetic field. Intermetallics，2007，15（1）：61-68.

Chen S L，Schmid-Fetzer R，Chou K C，Chang Y A，Oates W A. A note on the application of the phase rule. International Journal of Materials Research，2008，99（11）：1210-1212.

Chen S L，Yang Y，Cao W，Bewlay B P，Chou K C，Chang Y A. Calculation of two-dimensional sections of liquidus projections in multicomponent systems. Journal of Phase Equilibria and Diffusion，2008，29（5）：390-397.

Cui X Y，Li Q，Chou K C，Chen S L，Lin G W，Xu K D. A comparative study on the hydriding kinetics of Zr-based AB_2 hydrogen storage alloys. Intermetallics，2008，16（5）：662-667.

Hou X M，Chou K C. Model of oxidation of SiC microparticles at high temperature. Corrosion Science，2008，50（8）：2367-2371.

Hou X M，Chou K C. Comparison of the diffusion control models for isothermal oxidation of SiAlON powders. Journal of the American Ceramic Society，2008，91（10）：3315-3319.

Hou X M，Chou K C，Hu X J，Zhao H I. A new measurement and treatment for kinetics of isothermal oxidation of Si_3N_4. Journal of Alloys and Compounds，2008，459（1-2）：123-129.

Hou X M，Chou K C，Zhong X C，Seetharaman S. Oxidation kinetics of aluminum nitride at different oxidizing atmosphere. Journal of Alloys and Compounds，2008，465（1-2）：90-96.

Hou X M，Liu X D，Guo M，Chou K C. A theoretical analysis for oxidation of titanium carbide. Journal of Materials Science，2008，43（18）：6193-6199.

Hou X M，Zhang G H，Chou K C，Zhong X C. A comparison of oxidation kinetics of O'-SiAlON and β-SiAlON powders synthesized from bauxite. International Journal of Applied Ceramic Technology，2008，5（5）：529-536.

Li Q，Liu J，Chou K C，Lin G W，Xu K D. Synthesis and dehydrogenation behavior of Mg-Fe-H system prepared under an external magnetic field. Journal of Alloys and Compounds，2008，466（1-2）：146-152.

Liu Y，Li Q，Chou K C. Dehydriding reaction kinetic mechanism of MgH_2-Nb_2O_5 by Chou model. Transactions of Nonferrous Metals Society of China（English Edition），2008，18（SPEC. ISSUE 1）：s235-s241.

Wang L J，Chou K C，Seetharaman S. A comparison of traditional geometrical models and mass triangle model in calculating the surface tensions of ternary sulphide melts. Calphad：Computer Coupling of Phase Diagrams and Thermochemistry，2008，32（1）：49-55.

Zhang X，Li Q，Chou K C. Kinetics of hydrogen absorption in the solid solution region for Laves phase $Ho_{1-x}Mm_xCo_2$（x=0，0.2 and 0.4）alloys. Intermetallics，2008，16（11-12）：1258-1262.

Chou K C，Hou X M. Kinetics of high-temperature oxidation of inorganic nonmetallic materials. Journal of the American Ceramic Society，2009，92（3）：585-594.

Chou K C，Zhang G H. Calculation of physicochemical properties with limited discrete data in multicomponent systems. Metallurgical and Materials Transactions B：Process Metallurgy and Materials Processing Science，2009，40（2）：223-232.

Hou X M，Chou K C. Corrosion resistance of AlN-SiC-TiB_2 composite in air. Composites Science and Technology，2009，69（15-16）：2527-2531.

Hou X M，Chou K C. Investigation of isothermal oxidation of AlN ceramics using different kinetic model. Corrosion Science，2009，51（3）：556-561.

Hou X M，Chou K C. Quantitative interpretation of the parabolic and nonparabolic oxidation behavior of nitride ceramic. Journal of the European Ceramic Society，2009，29（3）：517-523.

Hou X M，Chou K C，Li F S. A new treatment for kinetics of oxidation of silicon carbide. Ceramics International，2009，35（2）：603-607.

Hou X M，Zhang G，Chou K C. Influence of particle size distribution on oxidation behavior of SiC powder. Journal of Alloys and Compounds，

2009，477（1-2）：166-170.

Wang B，Zhang J Y，Fan J F，Zhao S L，Ren S B，Chou K C. Modelling of melt flow and solidification in the twin-roll strip casting process. Steel Research International，2009，80（3）：218-222.

Wu G X，Liu S X，Zhang J Y，Wu Y Q，Li Q，Chou K C，Bao X H. Density functional theory study on hydrogenation mechanism in catalyst-activated Mg（0001）surface. Transactions of Nonferrous Metals Society of China（English Edition），2009，19（2）：383-388.

Wu G X，Zhang J Y，Wu Y Q，Li Q，Chou K C，Bao X H. The effect of defects on the hydrogenation in Mg（0001）surface. Applied Surface Science，2009，256（1）：46-51.

Yan B，Feng Q，Liu J，Chou K C. A kinetic study on $LaFeO_{3-\delta}$ preparation with solid-state reaction technique. High Temperature Materials and Processes，2009，28（1-2）：101-108.

Zhang G H，Chou K C. A criterion for evaluating glass-forming ability of alloys. Journal of Applied Physics，2009，106（9）.

Zhang G H，Chou K C. Estimating the excess molar volume using the new generation geometric model. Fluid Phase Equilibria，2009，286（1）：28-32.

Zhang G H，Chou K C，Li F S. A new model for evaluating the electrical conductivity of nonferrous slag. International Journal of Minerals，Metallurgy and Materials，2009，16（5）：500-504.

Zhang G H，Hou X M，Chou K C. Influence of particle size distribution on oxidation behaviour of β-SiAlON powder. Advances in Applied Ceramics，2009，108（3）：174-177.

Zhang G H，Singh A K，Chou K C. An empirical mo.del for estimating density of multicomponent system based on limited data. High Temperature Materials and Processes，2009，28（5）：309-314.

Zhao Y Z，Zhao Y H，Li Q，Chen S L，Zhang J Y，Chou K C. Effects of step size and cut-off limit of residual liquid amount on solidification simulation of Al-Mg-Zn system with Scheil model. Intermetallics，2009，17（7）：491-495.

Guo X，Guo M，Zhang M，Wang X，Chou K C. Effects of pretreatment of substrates on the preparation of large scale ZnO nanotube arrays. Rare Metals，2010，29（1）：21-25.

Hou X M，Chou K C. A simple model for the oxidation of carbon-containing composites. Corrosion Science，2010，52（3）：1093-1097.

Hou X M，Chou K C，Zhang M. The model for oxidation kinetics of titanium nitride coatings. International Journal of Applied Ceramic Technology，2010，7（2）：248-255.

Hou X M，Yue C s，Kumar Singh A，Zhang M，Chou K C. Morphological development and oxidation mechanisms of aluminum nitride whiskers. Journal of Solid State Chemistry，2010，183（4）：963-968.

Li Q，Liu J，Liu Y，Chou K C. Comparative study on the controlled hydriding combustion synthesis and the microwave synthesis to prepare Mg_2Ni from micro-particles. International Journal of Hydrogen Energy，2010，35（7）：3129-3135.

Li Q，Zhao Y Z，Luo Q，Chen S L，Zhang J Y，Chou K C. Experimental study and phase diagram calculation in Al-Zn-Mg-Si quaternary system. Journal of Alloys and Compounds，2010，501（2）：282-290.

Meng J，Pan Y B，Luo Q，An X H，Liu Y，Li Q，Chou K C. A comparative study on effect of microwave sintering and conventional sintering on properties of Nd-Mg-Ni-Fe_3O_4 hydrogen storage alloy. International Journal of Hydrogen Energy，2010.

Shu Q F，Hu X J，Yan B J，Zhang J Y，Chou K C. New method for viscosity estimation of slags in the CaO-FeO-MgO-MnO-SiO_2 system using optical basicity. Ironmaking and Steelmaking，2010，37（5）：387-391.

Singh A K，Hou X M，Chou K C. The oxidation kinetics of multi-walled carbon nanotubes. Corrosion Science，2010，52（5）：1771-1776.

Zhang G H，Chou K C. Model for evaluating density of molten slag with optical basicity. Journal of Iron and Steel Research International，2010，17（4）：1-4.

Zhang G H，Chou K C. Simple method for estimating the electrical conductivity of oxide melts with optical basicity. Metallurgical and Materials Transactions B：Process Metallurgy and Materials Processing Science，2010，41（1）：131-136.

Zhang G H，Hou X M，Chou K C. Kinetics of non-isothermal oxidation of AlN powder. Journal of the European Ceramic Society，2010，30（2）：629-633.

Zhang G H，Wang L J，Chou K C. A comparison of different geometrical models in calculating physicochemical properties of quaternary systems. Calphad：Computer Coupling of Phase Diagrams and Thermochemistry，2010，34（4）：504-509.

Fu W，Bao Z，Ding W，Chou K，Li Q. The synergistic effect of the structural precursors of Cu/ZnO/Al_2O_3 catalysts for water-gas shift reaction. Catalysis Communications，2011，12（6）：505-509.

Hou X M，Chou K C. Investigation of the effects of temperature and oxygen partial pressure on oxidation of zirconium carbide using different kinetics models. Journal of Alloys and Compounds，2011，509（5）：2395-2400.

Hou X M，Hu X J，Chou K C. Kinetics of thermal oxidation of titanium nitride powder at different oxidizing atmospheres. Journal of the American Ceramic Society，2011，94（2）：570-575.

Hou X M，Yue C S，Singh A K，Zhang M，Chou K C. Morphological development and oxidation of elongated β-SiAlON material. Corrosion Science，2011，53（6）：2051-2057.

Shu Q F，Wang Z，Chou K. Viscosity estimations of multi-component slags. Steel Research International，2011，82（7）：779-785.

Wang Z，Shu Q F，Chou K C. Structure of Cao-B_2O_3-SiO_2-TiO_2 glasses：a raman spectral study. ISIJ International，2011，51（7）：1021-1027.

Wu G X，Zhang J，Li Q，Chou K. A new model to describe absorption kinetics of Mg-based hydrogen storage alloys. International Journal of Hydrogen Energy，2011，36（20）：12923-12931.

Xu J F，Zhang J Y，Jie C，Ruan F，Chou K C. Experimental measurements and modelling of viscosity in CaO-Al_2O_3-MgO slag system. Ironmaking and

Steelmaking，2011，38（5）：329-337.

Xu J F，Zhang J Y，Jie C，Tang L，Chou K C. Melting temperature of a selected area in CaO-MgO-Al_2O_3-SiO_2 slag system. in Advanced Materials Research. 2011.

Zhang G H，Chou K C. Diffusion coefficient of calcium ion in CaO-Al_2O_3-SiO_2 melts. Journal of Iron and Steel Research International，2011，18（3）：13-16.

Zhang G H，Xue Q G，Chou K C. Study on relation between viscosity and electrical conductivity of aluminosilicate melts. Ironmaking and Steelmaking，2011，38（2）：149-154.

Zhang G H，Yan B J，Chou K C，Li F S. Relation between viscosity and electrical conductivity of silicate melts. Metallurgical and Materials Transactions B：Process Metallurgy and Materials Processing Science，2011，42（2）：261-264.

Hou X M，Lu X，Peng B，Zhao B，Zhang M，Chou K C. A new approach to interpreting the parabolic and non-parabolic oxidation behaviour of hot-pressed β-SiAlON ceramics. Corrosion Science，2012，58：278-283.

Luo Q，Chen J L，Li Y，Yang F，Li Q，Wu Y，Zhang J Y，Chou K C. Experimental study and thermodynamic assessment of the Al-Fe rich side of the Al-Zn-Fe system at 300 and 550℃. Calphad：Computer Coupling of Phase Diagrams and Thermochemistry，2012，37：116-125.

Mills K C，Yuan L，Li Z，Zhang G H，Chou K C. A review of the factors affecting the thermophysical properties of silicate slags. High Temperature Materials and Processes，2012，31（4-5）：301-321.

Wang L J，Hayashi M，Chou K C，Seetharaman S. An insight into slag structure from sulphide capacities. Metallurgical and Materials Transactions B：Process Metallurgy and Materials Processing Science，2012，43（6）：1338-1343.

Wang L J，Liu Q Y，Chou K C. Estimating sulfide capacities for ternary systems with limited solubility. Journal of Mining and Metallurgy，Section B：Metallurgy，2012，48（2）：219-226.

Wang Z，Shu Q F，Hou X M，Chou K C. Effect of substituting SiO_2 with TiO_2 on viscosity and crystallisation of mould flux for casting titanium stabilised stainless steel. Ironmaking and Steelmaking，2012，39（3）：210-215.

Xu J F，Zhang J Y，Jie C，Tang L，Chou K C. Measuring and modeling of density for selected CaO-MgO-Al_2O_3-SiO_2 slag with low silica. Journal of Iron and Steel Research International，2012，19（7）：26-32.

Zhang G H，Chou K C. Correlation between viscosity and electrical conductivity of aluminosilicate melts. Metallurgical and Materials Transactions B：Process Metallurgy and Materials Processing Science，2012.

Zhang G H，Chou K C. Viscosity model for aluminosilicate melt. Journal of Mining and Metallurgy，Section B：Metallurgy，2012，48（3）：433-442.

Zhang G H，Chou K C. Viscosity model for fully liquid silicate melt. Journal of Mining and Metallurgy，Section B：Metallurgy，2012，48（1）：1-10.

Zhang G H，Chou K C. Measuring and modeling viscosity of CaO-Al_2O_3-SiO_2（-K_2O）melt. Metallurgical and Materials Transactions B：Process Metallurgy and Materials Processing Science. 2012.

Zhang G H，Chou K C，Mills K. Modelling viscosities of CaO-MgO-Al_2O_3-SiO_2 molten slags. ISIJ International，2012，52（3）：355-362.

Zhang G H，Chou K C，Xue Q G，Mills K C. Modeling viscosities of CaO-MgO-FeO-MnO-SiO_2 molten slags. Metallurgical and Materials Transactions B：Process Metallurgy and Materials Processing Science，2012，43（1）：64-72.

Zhang T，Hu X J，Shu Q F，Chou K C. A model for estimating the rate constant between CO_2-CO gas and molten slag containing iron oxides using optical basicity. International Journal of Minerals，Metallurgy and Materials，2012，19（8）：685-688.

Chen Z Y，Wang L J，Li F S，Chou K C. Oxidation mechanism of Fe-16Cr alloy as SOFC interconnect in dry/wet air. Journal of Alloys and

Compounds，2013，574：437-442.

Dang J，Zhang G H，Chou K C. Study on kinetics of hydrogen reduction of MoO_2. International Journal of Refractory Metals and Hard Materials，2013，41：356-362.

Dang J，Zhang G H，Hu X J，Chou K C. Non-isothermal reduction kinetics of titanomagnetite by hydrogen. International Journal of Minerals，Metallurgy and Materials，2013，20（12）：1134-1140.

Hou X M，Yu Z Y，Chou K C. Facile synthesis of hexagonal boron nitride fibers with uniform morphology. Ceramics International，2013，39（6）：6427-6431.

Ren Z S，Hu X H，Chou K C. Model for diffusion coefficient estimation of calcium ions in CaO-Al_2O_3-SiO_2 slags. Ironmaking and Steelmaking，2013，40（8）：625-629.

Ren Z S，Hu X J，Li S Y，Xue X X，Chou K C. Interdiffusion in the Fe_2O_3-TiO_2 system. International Journal of Minerals，Metallurgy and Materials，2013，20（3）：273-278.

Shu Q F，Chou K C. Calculation for density of molten slags using optical basicity. Ironmaking and Steelmaking，2013，40（8）：571-577.

Zhang G H，Chou K C. Model for calculating physicochemical properties of aluminosilicate melt. High Temperature Materials and Processes，2013，32（2）：139-147.

Zhang G H，Chou K C. Modeling the viscosity of aluminosilicate melt. Steel Research International，2013，84（7）：631-637.

Chen Z Y，Wang L J，Chou K C，Li F S. Comparison of different calculation methods of the new generation geometric model in predicting the density of $NaCl$-$MgCl_2$-$CaCl_2$ systems. Journal of Solution Chemistry，2014，43（3）：577-584.

Chou K C，Luo Q，Li Q，Zhang J Y. Influence of the density of oxide on oxidation kinetics. Intermetallics，2014，47：17-22.

Dang J，Zhang G H，Chou K C. Phase transitions and morphology evolutions during hydrogen reduction of MoO_3 to MoO_2. High Temperature Materials and Processes，2014，33（4）：305-312.

Hou X M，Chou K C. Oxidation kinetics of TiN-containing composites. Ceramics International，2014，40（1 PART A）：961-966.

Leng H，Pan Y，Li Q，Chou K C. Effect of LiH on hydrogen storage property of MgH_2. International Journal of Hydrogen Energy，2014.

Shu Q，Wang L，Chou K C. Estimation of viscosity for some silicate ternary slags. Journal of Mining and Metallurgy，Section B：Metallurgy，2014，50（2）：139-144.

Zhang G H，Chou K C，Li F S. Deoxidation of liquid steel with molten slag by using electrochemical method. ISIJ International，2014，54（12）：2767-2771.

Zhang G H，Chou K C，Lv X Y. Influences of different components on viscosities of CaO-MgO-Al_2O_3-SiO_2 melts. Journal of Mining and Metallurgy，Section B：Metallurgy，2014，50（2）：157-164.

Zhang G H，Chou K C，Zhang J L. Influence of TiO_2 on viscosity of aluminosilicate melts. Ironmaking and Steelmaking，2014，41（1）：47-50.

Dang J，Zhang G H，Chou K C. Kinetics and mechanism of hydrogen reduction of ilmenite powders. Journal of Alloys and Compounds，2015，619：443-451.

Gou H P，Zhang G H，Chou K C. Phase evolution during the carbothermic reduction process of ilmenite concentrate. Metallurgical and Materials Transactions B：Process Metallurgy and Materials Processing Science，2015，46（1）：48-56.

Gou H P，Zhang G H，Chou K C. Influence of pre-oxidation on carbothermic reduction process of ilmenite concentrate. ISIJ International，2015，55（5）：928-933.

Leng H，Xu J，Jiang J，Xiao H，Li Q，Chou K C. Improved dehydrogenation properties of $Mg(BH_4)_2 \cdot 2NH_3$ combined with $LiAlH_4$. International Journal of Hydrogen Energy，2015.

Liu J H，Zhang G H，Chou K C. Electronic/ionic properties of Fe_xO-SiO_2-CaO-Al_2O_3 slags at various oxygen potentials and temperatures. ISIJ

International，2015，55（11）：2325-2331.

Liu J H，Zhang G H，Chou K C. Study on electrical conductivities of CaO-SiO_2-Al_2O_3 slags. Canadian Metallurgical Quarterly，2015，54（2）：170-176.

Luo Q，Chen S L，Zhang J Y，Li L，Chou K C，Li Q. Experimental investigation and thermodynamic assessment of Nd-H and Nd-Ni-H systems. Calphad：Computer Coupling of Phase Diagrams and Thermochemistry，2015，51：282-291.

Luo Q，Gu Q F，Zhang J Y，Chen S L，Chou K C，Li Q. Phase equilibria，crystal structure and hydriding/dehydriding mechanism of $Nd_4Mg_{80}Ni_8$ compound. Scientific Reports，2015，5.

Ren Z S，Hu X J，Zheng J C，Chou K C，Xue X X. Solid state reaction mechanism of the Fe_xO-TiO_2 system. Chinese Journal of Engineering，2015，37（7）：867-872.

Shu Q，Luo Q，Wang L，Chou K. Effects of MnO and CaO/SiO_2 mass ratio on phase formations of CaO-Al_2O_3-MgO-SiO_2-CrO_x Slag at 1673 K and PO_2= 10^{-10} atm. Steel Research International，2015，86（4）：391-399.

Wang L，Zhang G H，Dang J，Chou K C. Oxidation roasting of molybdenite concentrate. Transactions of Nonferrous Metals Society of China（English Edition），2015，25（12）：4167-4174.

Zhang G H，Chou K C. Kinetics for gas-solid reactions involving dual-reaction interfaces. International Journal of Materials Research，2015，106（8）：932-936.

Zhang G H，Chou K C. Deoxidation of Molten Steel by Aluminum. Journal of Iron and Steel Research International，2015，22（10）：905-908.

Zhang G H，Chou K C. Kinetics for gas-solid reactions involving dual-reaction interfaces. International Journal of Materials Research，2015，106（9）：932-936.

Zhang G H，Zhen Y L，Chou K C. Influence of TiC on the viscosity of CaO-MgO-Al_2O_3-SiO_2-TiC suspension system. ISIJ International，2015，55（5）：922-927.

Dang J，Zhang G，Wang L，Chou K C，Pistorius P C. Study on reduction of MoO_2 powders with CO to produce Mo_2C. Journal of the American Ceramic Society，2016，99（3）：819-824.

Li Y，Gu Q F，Luo Q，Pang Y，Chen S L，Chou K C，Wang X L，Li Q. Thermodynamic investigation on phase formation in the Al-Si rich region of Al-Si-Ti system. Materials and Design，2016，102：78-90.

Liu W，Yang T，Chen J，Chen Y，Hou X，Han X，Chou K C. Improvement in surface-enhanced Raman spectroscopy from cubic SiC semiconductor nanowhiskers by adjustment of energy levels. Physical Chemistry Chemical Physics，2016，18（39）：27572-27576.

Pang Y，Sun D，Gu Q，Chou K C，Wang X，Li Q. Comprehensive determination of kinetic parameters in solid-state phase transitions：an extended Jonhson-Mehl-Avrami-Kolomogorov model with analytical solutions. Crystal Growth and Design，2016，16（4）：2404-2415.

Wang L，Zhang G H，Chou K C. Study on oxidation mechanism and kinetics of MoO_2 to MoO_3 in air atmosphere. International Journal of Refractory Metals and Hard Materials，2016，57：115-124.

Wang L，Zhang G H，Chou K C. Mechanism and kinetic study of hydrogen reduction of ultra-fine spherical MoO_3 to MoO_2. International Journal of Refractory Metals and Hard Materials，2016，54：342-350.

Wang L，Zhang G H，Sun Y J，Zhou X W，Chou K C. Preparation of ultrafine β-MoO_3 from industrial grade MoO_3 powder by the method of sublimation. Journal of Physical Chemistry C，2016，120（35）：19821-19829.

Wang L，Zhang G H，Wang J S，Chou K C. Influences of different components on agglomeration behavior of MoS_2 during oxidation roasting process in air. Metallurgical and Materials Transactions B：Process Metallurgy and Materials Processing Science，2016，47（4）：2421-2432.

Wu K B，Luo Q，Chen S L，Gu Q F，Chou K C，Wang X L，Li Q. Phase equilibria of Ce-Mg-Ni ternary system at 673 K and hydrogen storage properties of selected alloy. International Journal of Hydrogen Energy，

2016，41（3）：1725-1735.

Chou K C，Application of surface effect on metallurgical processes. Springer International Publishing，2017.

Gou H P，Zhang G H，Chou K C. Phase evolution and reaction mechanism during reduction-nitridation process of titanium dioxide with ammonia. Journal of Materials Science，2017，52（3）：1255-1264.

Leng H，Yu Z，Yin J，Li Q，Wu Z，Chou K C. Effects of Ce on the hydrogen storage properties of $TiFe_{0.9}Mn_{0.1}$ alloy. International Journal of Hydrogen Energy，2017，42（37）：23731-23736.

Wu Y D，Zhang G H，Chou K C. Thermodynamic study on solubility of nitrogen in Fe-Mn-Al alloy melts. ISIJ International，2017，57（4）：630-633.

Yang T，Liu W，Li L，Chen J，Hou X，Chou K C. Synergizing the multiple plasmon resonance coupling and quantum effects to obtain enhanced SERS and PEC performance simultaneously on a noble metal-semiconductor substrate. Nanoscale，2017，9（6）：2376-2384.

Zhang G H，Zheng W W，Chou K C. Influences of Na_2O and K_2O additions on electrical conductivity of CaO-MgO-Al_2O_3-SiO_2 melts. Metallurgical and Materials Transactions B：Process Metallurgy and Materials Processing Science，2017，48（2）：1134-1138.

Zhang G H，Zheng W W，Jiao S，Chou K C. Influences of Na_2O and K_2O additions on electrical conductivity of CaO-SiO_2-（Al_2O_3）melts. ISIJ International，2017，57（12）：2091-2096.

Zheng J C，Hu X J，Ren Z S，Xue X X，Chou K C. Solid-state reaction studies in Al_2O_3-TiO_2 system by diffusion couple method. ISIJ International，2017，57（10）：1762-1766.

Chou K C. Application of phenomenological theory to chemical metallurgy. ISIJ International，2018，58（5）：785-791.

Chou K C，Yu Z G. Calculation of the physicochemical properties for ternary solution with limited solubility. Ceramics International，2018，44（17）：20955-20960.

Hou Y，Zhang G H，Chou K C. Research on reaction between SiC and Fe_2O_3. Materials Transactions，2018，59（1）：98-103.

Wang L，Zhang G H，Chou K C. Preparation of Mo_2C by reducing ultrafine spherical β-MoO_3 powders with CO or CO-CO_2 gases. Journal of the Australian Ceramic Society，2018，54（1）：97-107.

Zheng J，Hu X，Pan C，Fu S，Lin P，Chou K. Effects of inclusions on the resistance to pitting corrosion of S32205 duplex stainless steel. Materials and Corrosion，2018，69（5）：572-579.

Lin Y，Chou K C，Scheller P，Shu Q. Reduction of synthetic stainless steel slags by aluminium. Ironmaking and Steelmaking，2019，46（1）：81-88.

Lin Y，Liu Y，Chou K，Shu Q. Effects of oxygen atmosphere，FeO_x and basicity on mineralogical phases of CaO-SiO_2-MgO-Al_2O_3-FeO-P_2O_5 steelmaking slag. Ironmaking and Steelmaking，2019，46（10）：987-997.

Sun G D，Zhang G H，Chou K C. Preparation of Mo nanoparticles through hydrogen reduction of commercial MoO_2 with the assistance of molten salt. International Journal of Refractory Metals and Hard Materials，2019，78：68-75.

Yu Z G，Leng H Y，Wang L J，Chou K C. Computational study on various properties of CaO-Al_2O_3-SiO_2 mold flux. Ceramics International，2019，45（6）：7180-7187.

Yu Z G，Luo Q，Zhang J Y，Chou K C. An insight into the viscosity prediction of ternary alloys with limited solubility. Philosophical Magazine，2019，99（19）：2408-2423.

Zhang J T，Hu X J，Chou K C. Effect of thiosulfate on corrosion behavior and passive films of duplex stainless steel 2205 in chloride solutions. International Journal of Electrochemical Science，2019，14（10）：9960-9973.

Zhang J T，Hu X J，Lin P，Chou K C. Effect of solution annealing on the microstructure evolution and corrosion behavior of 2205 duplex stainless steel. Materials and Corrosion，2019，70（4）：676-687.

Zhang J T，Hu X J，Lin P，Chou K C. Electrochemical behavior of 2205 duplex stainless steel in a chloride-thiosulfate environment. International Journal of Electrochemical Science，2019，14（5）：4144-4160.

Zhu J H，Hou Y，Zheng W W，Zhang G H，Chou K C. Influences of Na_2O，K_2O and Li_2O additions on electrical conductivity of CaO-SiO_2-（Al_2O_3）melts. ISIJ International，2019，59（11）：1947-1955.

Gou H P，Chou K C，Pei Z Y，Chen S X，Chen X G，Li M C. Phase Evolution During the Oxidation Process of Low Grade Lead-Zinc Oxide Ore. in Minerals，Metals and Materials Series. 2020. Springer.

Hou Y，Wang L，Bian L，Wang Y，Chou K C，Kumar R V. High-performance $La_{0.3}Sr_{0.7}Fe_{0.9}Ti_{0.1}O_{3-\delta}$ as fuel electrode for directly electrolyzing CO_2 in solid oxide electrolysis cells. Electrochimica Acta，2020，342.

Leng H，Yu Z，Luo Q，Yin J，Miao N，Li Q，Chou K C. Effect of cobalt on the microstructure and hydrogen sorption performances of $TiFe_{0.8}Mn_{0.2}$ alloy. International Journal of Hydrogen Energy，2020，45（38）：19553-19560.

Li Z B，He K，Zhang G H，Chou K C. Preparation of fine-grained W-Ni-Fe alloys by using W nanopowders. Metallurgical and Materials Transactions A：Physical Metallurgy and Materials Science，2020，51（6）：3090-3103.

Liu S S，Wang B，Zhou A L，Zhang J Y，Chou K C. Estimation of surface tension of Al-Mg-Li ternary alloy. The Chinese Journal of Process Engineering，2020，20（1）：59-66.

Pan C，Hu X J，Lin P，Chou K C. Effects of Ti and Al addition on the formation and evolution of inclusions in Fe-17Cr-9Ni austenite stainless steel. Metallurgical and Materials Transactions B：Process Metallurgy and Materials Processing Science，2020，51（6）：3039-3050.

Pan C，Hu X J，Lin P，Chou K C. Evolution of inclusions after cerium and titanium addition in aluminum deoxidized Fe-17Cr-9Ni austenitic stainless steel. ISIJ International，2020，60（9）：1878-1885.

Pan C，Hu X J，Zheng J C，Lin P，Chou K C. Effect of calcium content on inclusions during the ladle furnace refining process of AISI 321 stainless steel. International Journal of Minerals，Metallurgy and Materials，2020，27（11）：1499-1507.

Shi H，Li Q，Zhang J，Luo Q，Chou K C. Re-assessment of the Mg-Zn-Ce system focusing on the phase equilibria in Mg-rich corner. Calphad：Computer Coupling of Phase Diagrams and Thermochemistry，2020，68.

Wang C，Chou K C，Yu Z G. Determination of viscosity and surface tension for $CaO-SiO_2-CaF_2$ slags. Journal of Solution Chemistry，2020，49（6）：863-874.

Wang H Y，Zhang G H，Chou K C. Preparation of low-carbon and low-sulfur Fe-Cr-Ni-Si alloy by using $CaSO_4$-containing stainless steel pickling sludge. Metallurgical and Materials Transactions B：Process Metallurgy and Materials Processing Science，2020，51（5）：2057-2067.

Wang Q，Wang L J，Sun Y H，Zhao A M，Zhang W，Li J M，Dong H B，Chou K C. The influence of Ce micro-alloying on the precipitation of intermetallic sigma phase during solidification of super-austenitic stainless steels. Journal of Alloys and Compounds，2020，815.

Wang Q，Wang L J，Zhang W，Li J M，Chou K C. Effect of cerium on the austenitic nucleation and growth of high-Mo austenitic stainless steel. Metallurgical and Materials Transactions B：Process Metallurgy and Materials Processing Science，2020，51（4）：1773-1783.

Yu Z G，Leng H Y，Luo Q，Zhang J Y，Chou K C. Geometrical modelling of the physicochemical properties of $CaO-Al_2O_3-CaF_2$ slag at 1873 K. Ceramics International，2020，46（6）：8075-8081.

Yu Z G，Leng H Y，Luo Q，Zhang J Y，Wu X，Chou K C. New insights into ternary geometrical models for material design. Materials and Design，2020，192.

He X B，Wang L J，Chou K C. Modification of interface chemistry and slag structure by transition element Cr. Ceramics International，2021，47（9）：12476-12482.

Hou Y，Wang Y，Wang L，Zhang Q，Chou K C. Electrochemical properties of $La_{0.5}Sr_{0.5}Fe_{0.95}Mo_{0.05}O_{3-\delta}$ as cathode materials for IT-SOEC. RSC Advances，2021，11（51）：32077-32084.

Hou Y，Zhang G H，Chou K C. Reaction behavior of SiC with CaO-SiO_2-Al_2O_3 slag. ISIJ International，2021，61（3）：745-752.

Liu S Y，Wang L J，Chou K C. Innovative method for minimization of waste containing Fe，Mn and Ti during comprehensive utilization of vanadium slag. Waste Management，2021，127：179-188.

Yu Z G，Xiao J W，Leng H Y，Wang J J. Direct carbothermic reduction of ilmenite concentrates by adding high dosage of Na_2CO_3 in microwave field. Transactions of Nonferrous Metals Society of China，2021，31（6）：1818-1827.

Yu Z G，Zhang J Y，Leng H Y，Wu X C，Chou K C. Estimating the density and molar volume of ferrite-based ternary molten slags by geometrical model. Ceramics International，2021，47（1）：634-642.

Yuan R，Yu Z G，Leng H Y，Chou K. Thermodynamic evaluation and experimental verification of the glass forming ability of Cu-Zr-based alloys. Journal of Non-Crystalline Solids，2021，564.

Zha X M，Hou D X，Yu Z G，Zhang J Y，Chou K C. Comparison of boundary interpolation methods on the geometrical modeling of viscosity for CaO-Al_2O_3-SiO_2 melts. Journal of Non-Crystalline Solids，2021，562.

Zhang J T，Hu X J，Chou K C. Effects of Ti addition on microstructure and the associated corrosion behavior of a 22Cr-5Ni duplex stainless steel. Materials and Corrosion，2021，72（7）：1201-1214.

Cai P C，Luan J，Liu J H，Li C，Yu Z G，Zhang J Y，Chou K C. A modified method for calculating the viscosity of multicomponent slags based on Kriging interpolation. Ceramics International，2022，48（15）：21844-21852.

Chen H C，Xu W，Luo Q，Li Q，Zhang Y，Wang J J，Chou K C. Thermodynamic prediction of martensitic transformation temperature in Fe-C-X（X=Ni，Mn，Si，Cr）systems with dilatational coefficient model. Journal of Materials Science and Technology，2022，112：291-300.

Chen W，Chen H C，Wang C C，Xu W，Luo Q，Li Q，Chou K C. Effect of dilatational strain energy of Fe-C-Ni system on martensitic transformation. Acta Metallurgica Sinica，2022，58（2）：175-183.

Fan Y W，Hu X J，Zheng Y H，Zhu R，Matsuura H，Chou K C. Pattern optimization of O_2-CO_2 mixed injection for decarburization reactions during steelmaking process. Journal of Sustainable Metallurgy，2022，8（1）：582-594.

He X B，Ma S D，Wang L J，Dong H B，Chou K C. Comparison of desulfurization mechanism in liquid CaO-SiO_2 and MnO-SiO_2：An ab initio molecular dynamics simulation. Journal of Alloys and Compounds，2022，896.

Liu C，Luo Q，Gu Q F，Li Q，Chou K C. Thermodynamic assessment of Mg-Ni-Y system focusing on long-period stacking ordered phases in the Mg-rich corner. Journal of Magnesium and Alloys，2022，10（11）：3250-3266.

Wei K J，Wang L J，Liu S Y，He X B，Xiao Y Y，Chou K C. Dissolution kinetics of synthetic $FeCr_2O_4$ in CaO-MgO-Al_2O_3-SiO_2 slag. ISIJ International，2022，62（4）：617-625.

Xie T C，Shi H，Wang H B，Luo Q，Li Q，Chou K C. Thermodynamic prediction of thermal diffusivity and thermal conductivity in Mg-Zn-La/Ce system. Journal of Materials Science and Technology，2022，97：147-155.

Yang W J，Wang L J，Liu S Y，Chou K C. Numerical simulation of powder spraying at the bottom of converter based on gas-liquid-solid coupling model. ISIJ International，2022，62（7）：1418-1429.

He X B，Xiao Y Y，Wang L J，Liu S Y，Chou K C. Theoretical study of the dissolution mechanism at the $FeCr_2O_4$-Slag interface：Density functional theory and molecular dynamics simulations. JOM，2023，75（5）：1460-1470.

He Z W，Hu X J，Chou K C. Oxidative modification of industrial basic oxygen furnace slag for recover iron-containing phase：study on phase transformation and mineral structure evolution. Process Safety and

Environmental Protection，2023，171：167-175.

Song Y S，Hu X J，Chou K C. Influence of BaO on viscosity and structure of $CaO-SiO_2-Fe_tO-Al_2O_3-BaO$ steel slag. Ironmaking and Steelmaking，2023，50（10）：1427-1433.

Wu S X，Wang L，Yuan H P，Luo Q，Li Q，Chou K C. Experimental investigation and thermodynamic assessment of La-Y-Ni ternary system in Ni-rich corner. Rare Metals，2023，42（4）：1316-1331.

Xiao Y Y，Wei K J，Wang L J，Liu S Y，He X B，Chou K C. Influence of slag chemistry on the dissolution of $FeCr_2O_4$ in $CaO-SiO_2-Al_2O_3-MgO$ slag with graphite crucible. ISIJ International，2023，63（4）：613-621.

Li L，Yang T，Liu S，Zhou L L，Wang K，Wang E H，Yu X T，Chou K C，Hou X M. Controlling surface reconstruction of transition metal-hydroxide organic framework to enhance the stability of oxygen evolution reaction. Ceramics International，2024，50（14）：25005-25012.

Liu J H，Wang P B，Luan J，Chen J W，Cai P C，Chen J H，Lu X G，Fan Y Y，Yu Z G，Chou K C. VASE：a high-entropy alloy short-range order structural descriptor for machine learning. Journal of Chemical Theory and Computation，2024.

Zhang H，Feng P F，Wang N，Li J，Wang Y Q，Zhang G H，Chou K C. Deep decarburization of molybdenum and tungsten powders by wet hydrogen. Materials Chemistry and Physics，2024，312.

Cai P C，Liu J H，Luan J，Chen J W，Chen J H，Lu X G，Yu Z G，Chou K C. Local chemical fluctuation-tailored hierarchical heterostructure overcomes strength-ductility trade-off in high entropy alloys. Journal of Materials Science & Technology，2025，214：74-86.

后　　记

2019年新冠疫情暴发前，我开始为周国治院士的传记写作查阅档案和文献资料，同时开展口述访谈工作。一晃已经过去了近5年的时间，几经波折，书稿终将付梓，周国治院士也即将迎来90岁的生日，回首过往，感慨良多。

几年来的资料搜集与传记的写作，是一个不断探秘与解惑的过程，其间既有获得新资料的欣喜与激动，也有因不懂专业或线索不清的苦恼与彷徨。所幸，几年来我得到了师长、同仁和学生提供的各种形式的帮助，在此向他们一一致谢。

感谢周国治院士，他对我的工作给予了最大程度的信任、支持和鼓励。他向我提供了大量的老照片、旧笔记、论文手稿等资料，跟我讲述了他的科研经历和成长故事，分享他的人生经验，耐心地向我科普相关的专业知识，努力地回忆往事的线索，指出初稿中的细节错误，为本书的写作和顺利出版打下了坚实的基础。他为人谦和，风趣率真，乐观豁达，每一次访谈都让人如沐春风。他醉心学术，热爱教学，甘为人梯，在理论创新的道路上永不停歇。他的身上，展现了科学家精神的光辉，是我辈学习的榜样。

感谢周国治院士的亲属和同事、学生，他们同样为我提供了大量的资料，热情地接受了我的访谈，耐心地帮助我解答了诸多专业方面的问题。他们是周维宁、方克明、李福燊、李丽芬、陈廷琨、毛裕文、熊楚强、邢献然、郭汉杰、陈双林、鲁雄刚、张捷宇、胡晓军、李谦、王丽君、侯新梅、张国华、王翠、于之刚等，其中李福燊、李丽芬、胡晓军、王丽君、张国华、王翠和于之刚几位老师还帮忙审校了书稿，提出了很好的补充和完善的建议。他们的热情、耐心、严谨和细致，让我深受感动，在此一并表示衷心的感谢。

感谢张跃院士、刘兵教授、潜伟教授、耿小红书记于百忙之中审读本书书稿并提出宝贵的指导意见，让我受益匪浅。感谢上海交通大学姜玉平教授在我们查找该校有关档案资料时提供的热心帮助。感谢参与过有关访谈稿整理和部分章节初稿撰写的研究生姜心玉、张馨予、陈笑钰、钱瑜阳、孟刘美、管恩江等，感谢他们的辛勤付出。感谢中国科学院学部工作局岳洋、钱莹洁对本书出版工作的大力支持，感谢科学出版社科学人文分社社长侯俊琳先生的帮助和责任编辑张莉、姚培培女士的细致工作与耐心敦促。

正是因为有了大家的支持和帮助，本书才得以顺利出版。本书如能引起读者的共鸣或对其有所助益，皆源于周国治院士及上述专家学者的指导和帮助；如有任何错漏之处，盖因本人学识能力有限，还请各位读者批评指正。

章梅芳

2024 年 11 月 25 日